読者限定

ことりっぷ co-Trip 会話帖

ドイツ語

電子書籍

無料ダウンロ

できます♪

電子書籍のいいところ

購入した「ことりっぷ」が
いつでも
スマホやタブレットで
持ち運べますよ♪

まずは
ことりっぷアプリを
ダウンロード

詳しくは裏面で

会話帖 ドイツ語を持って…

さあ、話してみましょう

旅に必要な基本会話から、とっておきの現地情報を聞いたり、ツウな旅を楽しむためのフレーズや単語を集めました。さあ、会話を楽しんでみませんか？

せっかく旅に出たのなら現地の人とコミュニケーションをとってみましょう。簡単なあいさつでもその土地の言葉で元気よく話しかければ、現地の人もあなたに笑顔で応えてくれるはず…。

グルメ、ショッピング、エステに観光など、会話を楽しむシーンはいっぱいです。少しの会話でもいつもと違った体験ができるかも!? 会話で旅はもっと楽しくなります。

check list

- □ あいさつ＆定番フレーズを覚える➡P.10～
- □ ノスタルジックな中世の古城へ➡P.34
- □ ドイツのビールをいただきます➡P.56
- □ ドイツ生まれのデザイングッズをお買いもの➡P.72
- □ 市場で楽しくコミュニケーション➡P.76
- □ 本場のエンターテインメントを鑑賞➡P.100
- □ ホテルで快適に過ごす➡P.108
- □ 空港＆乗りもの➡P.116～
- □ 日本を紹介➡P.146

おすすめは何ですか？
Was empfehlen Sie?
ヴァス　エムプフェーレン　ズィー

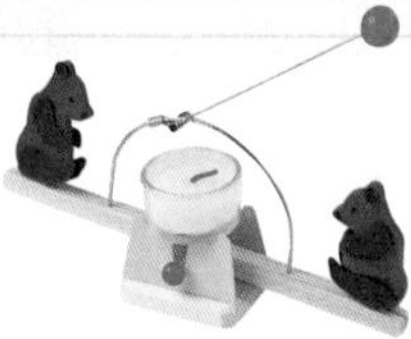

このケーキを1つください。
Ein Stück von diesem Kuchen, bitte.
アイン シュテュック フォン ディーゼム クーヘン ビッテ

写真を撮ってもいいですか？
Darf ich hier fotografieren?
ダルフ イッヒ ヒーア フォートグラフィーレン

いくらですか？
Was kostet das?
ヴァス コステット ダス

HOW TO
ことりっぷ会話帖

ドイツ語

ことりっぷ会話帖は、見ためがかわいいだけではなく、
内容も盛りだくさん。事前にちょこっとお勉強するのも◎。
現地でも使いやすい会話帖をうまく使いこなすコツを教えます。

"カフェで何といえば注文できるの?" "化粧水って何ていうの?" などいざという時に困ったことはありませんか?そんな時にシチュエーション別の構成は現地に行っても探しやすいです。シチュエーションに関連したフレーズや単語も充実しています。こんなフレーズほしかったという声にお答えした会話帖です。

使えるポイントはココ

- シチュエーション別の構成で使いやすい
- 様々なシーンでの基本フレーズが充実
- 単語集は和独が多く現地でも役立ちます

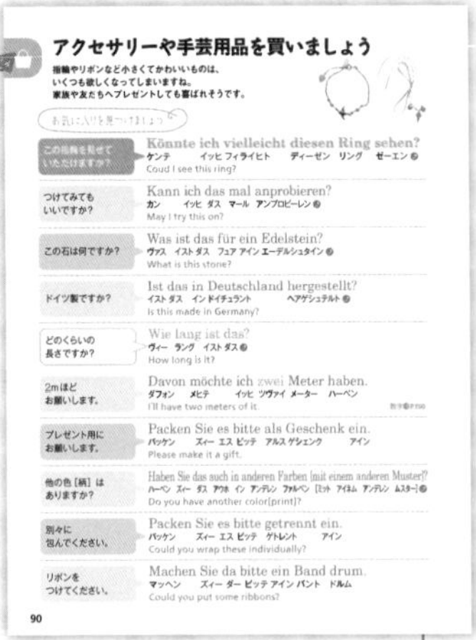

アクセサリーや手芸用品を買いましょう

指輪やリボンなど小さくてかわいいものは、
いくつも欲しくなってしまいますね。
家族や友だちへプレゼントしても喜ばれそうです。

お気に入りを見つけましょう

この指輪を見せていただけますか?	Könnte ich vielleicht diesen Ring sehen? ケンテ イッヒ フィライヒト ディーゼン リング ゼーエン Coud I see this ring?
つけてみてもいいですか?	Kann ich das mal anprobieren? カン イッヒ ダス マール アンプロビーレン May I try this on?
この石は何ですか?	Was ist das für ein Edelstein? ヴァス イスト ダス フュア アイン エーデルシュタイン What is this stone?
ドイツ製ですか?	Ist das in Deutschland hergestellt? イスト ダス イン ドイチュラント ヘアゲシュテルト Is this made in Germany?
どのくらいの長さですか?	Wie lang ist das? ヴィー ラング イスト ダス How long is it?
2mほどお願いします。	Davon möchte ich zwei Meter haben. ダフォン メヒテ イッヒ ツヴァイ メーター ハーベン I'll have two meters of it.
プレゼント用にお願いします。	Packen Sie es bitte als Geschenk ein. パッケン ズィー エス ビッテ アルス ゲシェンク アイン Please make it a gift.
他の色[柄]はありますか?	Haben Sie das auch in anderen Farben [mit einem anderen Muster]? ハーベン ズィー ダス アウホ イン アンデレン ファルベン [ミット アイネム アンデレン ムスター] Do you have another color[print]?
別々に包んでください。	Packen Sie es bitte getrennt ein. パッケン ズィー エス ビッテ ゲトレント アイン Could you wrap these individually?
リボンをつけてください。	Machen Sie da bitte ein Band drum. マッヘン ズィー ダー ビッテ アイン バント ドルム Could you put some ribbons?

90

1 シチュエーション別にアイコンがついています

シチュエーション別で分かれている「見どころ・グルメ・ショッピング・ビューティ・エンタメ・ホテル」は、それぞれのアイコンがタイトルの横についているので、すぐに見つけることができます。

2 単語が入れ替えできて使いやすいです

数字や地名など、入れ替えるだけで使えます。

ノイシュヴァンシュタイン城に行くバスはありますか?
Gibt es einen Bus zum Schloss Neuschwanstein?
ギブト エス アイネン ブス ツム シュロス ノイシュヴァーンシュタイン
Is there a bus that goes to Neuschwanstein Castle? 観光地●P.36

3 重要フレーズが探しやすいです

特に重要なフレーズは一目でわかるようになっています。

この指輪を見せていただけますか?
Könnte ich vielleicht diesen Ring sehen?
ケンテ イッヒ フィライヒト ディーゼン リング ゼーエン
Coud I see this ring?

4 相手の言葉もすぐ分かります

現地の人がよく使うフレーズも掲載しています。
事前にチェックしておけば、慌てずにすみますね。

どのくらいの長さですか?
Wie lang ist das?
ヴィー ラング イスト ダス
How long is it?

5 ドイツ語以外にも英語表記があります

英語の表記も掲載しています。
ドイツ語が通じなかったら英語で試してみましょう。

つけてみてもいいですか?
Kann ich das mal anprobieren?
カン イッヒ ダス マール アンプロビーレン
May I try this on?

6 対話形式でやりとりも把握できます

実際の対話例を掲載しているので、
どのようにやりとりしたらよいかが
分かります。

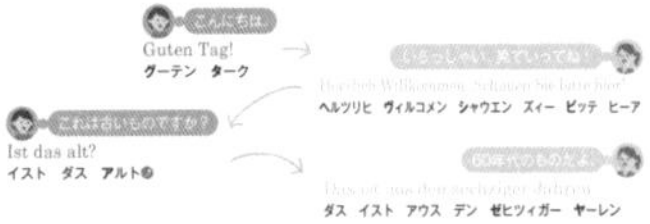

LOOK

イラスト&写真単語集

自分で指をさしたり、相手にもさしてもらえるイラストや写真が豊富。各シチュエーションで必要な単語を入れ替えて使えます。

※Ⓙ＝日本語を表しています。

現地の人と楽しく会話を楽しもう♪

インデックス

シチュエーションでインデックスを分けているので、すぐに必要なフレーズにたどり着けます。

リンクについて

例　数字➡P.150

数字や食べ物など、単語を入れ替えて使いたいときは、リンク先のページで見つけることができます。

お役立ち単語集 WORD

シチュエーションにより、知っていると役に立つ単語を一覧にしています。

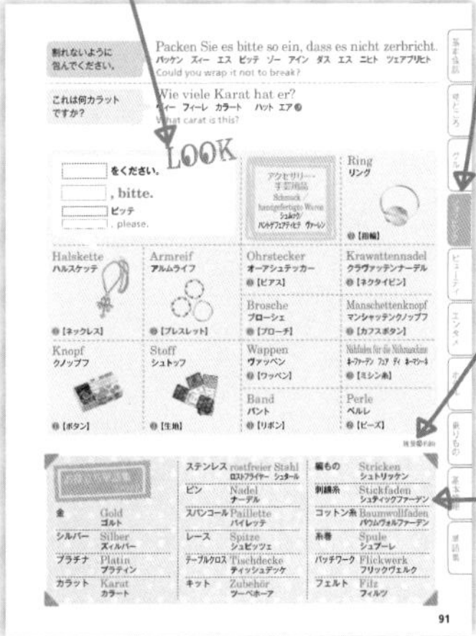

ことりっぷ会話帖で、積極的に現地の人とコミュニケーションを♪

コツ1 巻頭のあいさつや定番フレーズを事前に覚えておきましょう

簡単なあいさつや基本のフレーズを覚えておけばいざというとき便利です。

➡P.10

コツ2 写真・イラスト単語を相手に見せて伝えよう

うまく伝わらなかったら写真やイラストを見せて自分の意思を伝えてみましょう。

（例）➡P.36・48・80 など

コツ3 日本の文化紹介をして積極的にコミュニケーション

海外では日本文化に興味のある人も多いです。自分の国について紹介できれば、会話もはずみます。

➡P.146

発音・フリガナについて

それぞれのフレーズ、単語にはカタカナ表記を付けています。そのまま読めば、現地のことばに近い音になるように工夫してありますので、積極的に声に出してみてください。⤴がある疑問文のフレーズは、尻上がりに読めばOKです。

●ドイツ語の発音って？

●基本はローマ字読み

ドイツ語の表記は、26文字のアルファベットと3種類のウムラウト（“ä”，“ö”，“ü”）、エスツェット（“ß”）から成っています。まずはアルファベットの読み方を覚え、これを応用してローマ字読みをします。

●ドイツ語特有のウムラウト

変母音のウムラウトはそれぞれ次のように発音します。“ä”は「アー」の口の形のまま「エー」。“ö”は「オー」の口の形のまま「エー」。“ü”は「ユー」の口の形のまま「イー」。

●複母音

ドイツ語の複母音はそれぞれei「アイ」、ie「イー」、eu「オイ」、au「アウ」、äu「オイ」と発音します。

ドイツ語の文法は➡P.154へ

ことりっぷ co-Trip 会話帖

ドイツ語

Contents

シチュエーション別の会話は、

- 見どころ
- グルメ
- ショッピング
- ビューティ
- エンタメ
- ホテル

の6つのジャンルで紹介しています。

German

ドイツってこんなところです

豊かな歴史と文化をもち、全土にわたって見どころ満載のドイツ。目的地をたずねるときや現地の人との会話で活用しましょう。

ドイツのきほん

Q 言葉と文字は？

A ドイツ語です

一部の地域ではデンマーク語やソルブ語なども話されています。

Q 通貨は？

A ユーロです

欧州共通通貨のユーロ（€）と補助通貨のセント（¢）が使われています。ドイツではオイロ、ツェントと発音します。€1＝100¢。

Q 旅行シーズンは？

A 春〜夏がおすすめ

日照時間が長く、過ごしやすい気候の春〜夏が観光のベストシーズン。クリスマスマーケットなどで華やぐ秋〜冬のドイツも魅力的です。

ドイツのマナーを知っておきましょう。

○ジェスチャーに気をつけましょう
人前で鼻をすする行為は不快感を与え、口に手をあてて笑うなどはNGとされています。

○喫煙するときは注意
公共の場での喫煙は禁止されているので、確認してから喫煙するように。旅行者であっても違反すると罰金が科せられます。

○美術館・博物館のマナー
美術館や博物館などでは大きな荷物は預けるようにします。撮影禁止の場合もあるので注意しましょう。教会では肌を露出した服装は避けるようにしましょう。

ドイツのおもな地名はこちら

Hamburg
ハンブルク
ドイツでは2番目に大きな都市。倉庫街やシュテルンシャンツェなど、楽しいエリアが目白押しです。

Köln
ケルン
世界最大のゴシック建築である大聖堂は必見。ユニークなミュージアムも見逃せません。

DATA
正式国名／ドイツ連邦共和国
人口／約8450万人
面積／約36万㎢
首都／ベルリン
日本との時差／－8時間
（サマータイム時は－7時間）

Frankfurt
フランクフルト
ドイツの玄関口。帰国前のおみやげ探しにも便利で、名物のリンゴ酒も味わえます。

ロマンティック街道
絵画のような街並みをつなぐ、ドイツ観光のハイライトです。

その他の
見どころ
WORD

ライン川	バイロイト	ポツダム
Rhein	Bayreuth	Potsdam
ライン	バイロイト	ポツダム

ドイツの習慣を知っておきましょう

「閉店法」により営業時間や日曜日の営業が制限されているドイツ。最近は緩和されつつありますが、お買いものは平日の昼間がベターです。

Berlin
ベルリン

新旧のカルチャーが交錯するドイツの首都であり、最大の都市。本場のクラシックやアートを満喫できます。

古城街道

中世の伝説が息づく古城と、歴史ある数々の街が連なります。

München
ミュンヘン

バイエルン王国の首都として栄えた、南ドイツ最大の街。歌劇場や美術館のほか、ビールの都としても有名です。

Wien
ウィーン

ハプスブルク帝国約640年の歴史と、宮廷文化が残る「音楽の都」。名物のスイーツをはじめ、カフェめぐりははずせません。

ドイツ語を公用語としている国はドイツ以外にもオーストリア、スイス（他にイタリア語、フランス語、ロマンシュ語）、ベルギー（他にフランス語、フラマン語）などがあります。

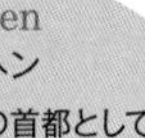

オーストリアのスイーツ，エンタメも紹介しています

ワンポイント

地名を使って会話してみよう

［　　　］に行きたいのですが。

Ich würde gern nach ［　　　］ gehen.

イッヒ ヴュルデ ゲルン ナーハ ［　　　］ ゲーエン

目的地への行き方をたずねるときは、地名をはっきり伝えましょう。

出身地はどこですか？

Woher kommen Sie?

ヴォヘーア コメン ズィー

出身は［　　　］です。

Ich komme aus ［　　　］.

イッヒ コメ アウス ［　　　］

積極的に現地の人とコミュニケーションをとってみよう。

まずはあいさつから始めましょう

ドイツでのコミュニケーションの始まりはあいさつです。
まずは基本のあいさつを覚えて、積極的に使うことから始めましょう。

おはよう。／こんにちは。／こんばんは。
Guten Morgen. ／ Guten Tag. ／ Guten Abend.
グーテン　モルゲン　／　グーテン　ターク　／　グーテン　アーベント
Good morning. ／ Good afternoon. ／ Good evening.
※南ドイツやオーストリアでは「こんにちは」は Grüß Gott!（グリュース　ゴット）と言います。

さようなら（丁寧）。／さようなら（カジュアル）。
Auf Wiedersehen. ／ Tschüs.
アウフ　ヴィーダーゼーン　／　チュース
Good-bye. ／ Bye.

はい。／いいえ。
Ja. ／ Nein.
ヤー　／　ナイン
Yes. ／ No.

よい１日を。
Schönen Tag noch.
シェーネン　ターク　ノッホ
Have a nice day.

ありがとう。
Danke schön.
ダンケ　シェーン
Thank you.

どういたしまして。
Bitte.
ビッテ
You are welcome.

またね！／また明日。
Bis bald! ／ Bis morgen.
ビス　バルト　／　ビス　モルゲン
Bye! ／ See you tomorrow.

相手の目を見て意思表示を
自分の意思を伝える時は、きちんと相手の目を見ましょう。ドイツでは、目をそらすことは良い印象を与えません。

2つの「あなた」

敬称のSieと親称のduは、英語で言うとどちらも「you」の意味ですが、親しさの程度によって使い分けられています。

はじめまして。私はスズキサトコです。

Freut mich. Ich heiße Satoko Suzuki.

フ**ロ**イト　ミッヒ　**イ**ッヒ **ハ**イセ　サトコ　スズキ

Nice to meet you. I'm Satoko Suzuki.

お目にかかれてうれしいです。

Es freut mich, Sie zu sehen.

エス フ**ロ**イト　ミッヒ ズィー　ツー　**ゼ**ーヘン

I'm glad to see you.

日本から来たのですか？

Kommen Sie aus Japan?

コメン　ズィー　**ア**ウス　**ヤ**ーパン

Are you from Japan?

はい、東京から来ました。

Ja, ich komme aus Tokyo.

ヤー　イッヒ　**コ**メ　**ア**ウス　**ト**ーキョー

Yes, I'm from Tokyo.

すみません(何かを尋ねる)。

Entschuldigung.

エント**シ**ュルディグング

Excuse me.

なんでしょうか？

Wie bitte?

ヴィー　**ビ**ッテ

Pardon?

知っていると便利なフレーズたちを集めました

旅先でよく使う簡単なフレーズを集めました。
これだけで、コミュニケーションの幅がぐっと広がりますよ。

どのくらい時間がかかりますか？

Wie lange dauert es?

ヴィー　ランゲ　ダウエルト　エス

How long does it take?

いくらですか？

Was kostet das?

ヴァス　コステット　ダス

How much is it?

はい、お願いします。／いいえ、結構です。

Ja, bitte. / Nein, danke.

ヤー　ビッテ　／　ナイン　ダンケ

Yes, please. / No, thank you.

これは何ですか？

Was ist das?

ヴァス　イスト　ダス

What is this?

わかりません。

Ich verstehe nicht.

イッヒ　フェアシュテーエ　ニヒト

I don't understand.

知りません。

Ich weiß nicht.

イッヒ　ヴァイス　ニヒト

I don't know.

もう1回言ってもらえますか？

Können Sie das bitte noch einmal sagen?

ケネン　ズィー　ダス　ビッテ　ノッホ　アインマール　ザーゲン

Can you repeat that again?

ゆっくり話してもらえますか？

Können Sie bitte langsamer sprechen?

ケネン　ズィー　ビッテ　ラングザマー　シュプレッヒェン

Could you speak more slowly?

紙に書いてもらえますか？

Können Sie mir das bitte aufschreiben?

ケネン　ズィー　ミーア　ダス　ビッテ　アウフシュライベン

Could you write it on the paper?

日本語[英語] のできる人はいますか？

Gibt es hier jemanden, der Japanisch [Englisch] spricht?

ギプト　エス　ヒーア　イェーマンデン　デア　ヤパーニシュ［エングリシュ］　シュプリヒト

Is there anyone who speaks Japanese[English] ?

とってもよいです。／まあまあです。

Sehr gut. ／ Es geht.

ゼーア　グート ／ エス　ゲート

It's very good. ／ So so.

いいですよ。／OK。／だめです。

Sicher. ／ OK. ／ Nein.

ズィヒャー ／ オッケー ／ ナイン

Sure. ／ OK. ／ No.

すみません。

Entschuldigung.

エントシュルディグング

Excuse me.

ごめんなさい。

Tut mir leid.

トゥット　ミーア　ライト

I'm sorry.

私です。／あなたです。

Ich. ／ Sie.

イッヒ ／ ズィー

It's me. ／ It's you.

これください。

Das, bitte.

ダス　ビッテ

I'll take this.

いつ？／誰？／どこ？／なぜ？

Wann?／Wer?／Wo?／Warum?

ヴァン ／ ヴェア ／ ヴォー ／ ヴァルム

When? ／ Who? ／ Where? ／ Why?

知っていると便利なフレーズたちを集めました

［　　　　］をください。

［　　　　］, bitte.

［　　　　］ビッテ

［　　　　］,please.

Point ～, bitte. は、何かがほしい時に相手に頼む表現。［　　］に「物」や「サービス」を入れて使いましょう。受け取った時、何かをしてもらった時にはDanke schön.（ダンケ シェーン／ありがとう）のひとことを忘れずに！

コーヒー
der Kaffee
デア　**カ**フェ
coffee

紅茶
der Tee
デア　**テー**
tea

コーラ
die Cola
ディ　**コー**ラ
coke

ミネラルウォーター
das Mineralwasser
ダス　ミネ**ラー**ルヴァッサー
mineral water

ビール
das Bier
ダス　**ビー**ア
beer

赤ワイン
der Rotwein
デア　**ロー**トヴァイン
red wine

牛肉
das Rindfleisch
ダス　**リ**ントフライッシュ
beef

ソーセージ
die Wurst
ディ　**ヴ**ルスト
sausage

プレッツェル
die Brezel
ディ　ブ**レ**ッツェル
pretzel

ザッハートルテ
die Sachertorte
ディ　**ザ**ッハートルテ
Sachertorte

メニュー
die Speisekarte
ディ　シュ**パ**イゼカルテ
menu

地図
der Stadtplan
デア　シュ**タ**ットプラーン
map

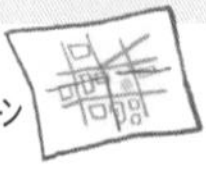

der、dieなどは定冠詞といいます。P.155参照。

パンフレット
die Broschüre
ディ　ブロ**シュー**レ
brochure

レシート
die Quittung
ディ　ク**ヴィ**ットゥング
reciept

[　　　]してもいいですか？

Darf ich [　　　]?

ダルフ　イッヒ [　　　]

Can I [　　　]?

Point Darf ich ～ ? は、「～してもいいですか」と相手に許可を求める表現。[　　　]に自分がしたいことを入れてたずねます。相手はたいてい Ja.（はい）か Nein.（いいえ）で答えてくれます。

写真を撮る
ein Foto machen
アイン　フォート　マッヘン
take a picture

トイレに行く
auf die Toilette gehen
アウフ　ディ　トイレッテ　ゲーエン
go to a restroom

注文する
bestellen
ベシュテレン
order

ここに座る
hier sitzen
ヒーア　ズィッツェン
sit here

窓を開ける
das Fenster öffnen
ダス　フェンスター　エフネン
open the window

予約する
reservieren
レゼァヴィーレン
make a reservation

チェックインする
einchecken
アインチェッケン
check in

そこに行く
dorthin gehen
ドルトヒン　ゲーヘン
go there

ここにいる
hier bleiben
ヒーア　ブライベン
stay here

電話を使う
das Telefon benutzen
ダス　テレフォーン　ベヌッツェン
use a phone

あとで電話する
nachher anrufen
ナーハヘーア　アンルーフェン
call later

クーポンを使う
einen Gutschein benutzen
アイネン　グートシャイン　ベヌッツェン
use a coupon

徒歩でそこへ行く
zu Fuß dorthin gehen
ツー フース　ドルトヒン ゲーヘン
walk there

ein、einenなどは不定冠詞といいます。P.155参照。

ここで支払う
hier bezahlen
ヒーア　ベツァーレン
pay here

知っているとと便利なフレーズたちを集めました

[　　　] はどこですか？

Wo ist [　　　] ?

ヴォー　イスト [　　　]

Where is [　　　] ?

Point Wo ist ～ ？は、「場所」などをたずねる表現。どこかへ行きたい時や、探し物がある時などに使います。[　　　] に「場所」「物」「人」などを入れてたずねれば OK。

このレストラン
dieses Restaurant
ディーゼス　レストラーン
this restaurant

トイレ
die Toilette
ディ　トイレッテ
a restroom

駅
der Bahnhof
デア　バーンホーフ
a station

きっぷ売り場
der Fahrkartenschalter
デア　ファールカルテンシャルター
a ticket booth

私の席
mein Sitzplatz
マイン　ズィッツプラッツ
my seat

地下鉄の駅
der U-Bahnhof
デア　ウーバーンホーフ
a subway station

案内所
die Information
ディ　インフォルマツィオーン
an information center

エスカレーター
die Rolltreppe
ディ　ロルトレッペ
an escalator

エレベーター
der Aufzug
デア　アウフツーク
an elevator

階段
die Treppe
ディ　トレッペ
stairs

カフェ
das Café
ダス　カフェー
a café

銀行
die Bank
ディ　バンク
a bank

街歩きから建物の中にいる時まで、幅広いシーンで使えます。

郵便局
das Postamt
ダス　ポストアムト
a post office

警察
die Polizei
ディ　ポリツァイ
a police station

□ はありますか?

Haben Sie □ ?

ハーベン　　ズィー □

Do you have □ ?

Point

Haben Sie ～ ? は「～はありますか」とたずねる表現。□ に「品物」や「料理」などを入れて、店で自分の欲しいものを売っているかたずねたり、レストランで注文するときなどに使います。

薬
die Medikamente
ディ　メディカ**メ**ンテ
medicines

牛乳
die Milch
ディ　**ミ**ルヒ
milk

雑誌
die Zeitschrift
ディ　**ツァ**イトシュリフト
magazine

チョコレート
die Schokolade
ディ ショコ**ラ**ーデ
chocolate

変圧器
der Transformator
デア トランスフォー**マ**ートーア
transformer

バター
die Butter
ディ **ブ**ッター
butter

ジャム
die Marmelade
ディ マルメ**ラ**ーデ
jam

ケチャップ
der Ketchup
デア　**ケ**チャップ
ketchup

塩
das Salz
ダス　**ザ**ルツ
salt

コショウ
der Pfeffer
デア プ**フェ**ファー
pepper

紙ナプキン
die Papierserviette
ディ　パ**ピ**ーアザヴィエッテ
paper napkins

電池
die Batterie
ディ　バテ**リ**ー
batteries

コピー機
der Kopierapparat
デア　コ**ピ**ーアアパラート
a copy machine

生理用品は
die Damenbinde
ディ ダーメンビンデ
といいます。

はさみ
die Schere
ディ　**シェ**ーレ
scissors

知っていると便利なフレーズたちを集めました

□ を探しています。

Ich suche □ .

イッヒ　**ズー**ヘ　□

I'm looking for □ .

Point Ich suche ～ . は、「～を探しています」と相手に伝える表現。「なくした物」、「買いたい物」、「欲しい物」だけでなく、「行きたい場所」などを伝えるときにも使います。

私のさいふ
mein Geldbeutel
マイン　**ゲ**ルトボイテル
my wallet

私のパスポート
mein Reisepass
マイン　**ライ**ゼパス
my passport

私のカメラ
mein Fotoapparat
マイン　**フォー**トアパラート
my camera

トイレ
die Toilette
ディ　トイ**レ**ッテ
a restroom

出口
der Ausgang
デア　**アウ**スガング
an exit

入口
der Eingang
デア　**アイ**ンガング
an entrance

Tシャツ
das T - Shirt
ダス　**ティー**シャート
T-shirts

靴
die Schuhe
ディ　**シュー**エ
shoes

かばん
die Tasche
ディ　**タ**ッシェ
bags

化粧品
die Kosmetik
ディ　コス**メー**ティク
cosmetics

写真店
das Fotogeschäft
ダス　**フォー**トゲシェフト
a photograph store

両替所
die Wechselstube
ディ　**ヴェ**クセルシュトゥーベ
a money exchange

「人」を探す
ときにも使えます。

本屋
die Buchhandlung
ディ　**ブー**フハンドルング
a bookstore

アスピリン
das Aspirin
ダス　アスピ**リー**ン
an aspirin

□ してくれませんか？

Könnten Sie bitte □ ?

ケンテン　ズィー　ビッテ □

Could you □ ?

Point

Könnten Sie bitte ～ ？ は、「よろしければ～してくれませんか」とていねいに相手に伝える表現。□ には「相手にしてほしいこと」を入れて使います。

お願いを聞く
einen Gefallen tun
アイネン　ゲファレン　トゥン
do me a favor

助ける・手伝う
helfen
ヘルフェン
help me

もう一度言う
noch einmal sagen
ノッホ　アインマール　ザーゲン
say that again

ゆっくり言う
langsamer sagen
ラングザマー　ザーゲン
speak slowly

今言ったことを書く
aufschreiben, was Sie gerade gesagt haben
アウフシュライベン　ヴァス　ズィー　ゲラーデ　ゲザークト　ハーベン
write down what you said

タクシーを呼ぶ
ein Taxi rufen
アイン　タクシー　ルーフェン
call me a taxi

道を教える
den Weg sagen
デン　ヴェーク　ザーゲン
show me the way

毛布をくれる
eine Decke geben
アイネ　デッケ　ゲーベン
give me a blanket

医者を呼ぶ
einen Arzt rufen
アイネン　アールツト　ルーフェン
call for a doctor

少し待つ
einen Augenblick warten
アイネン　アウゲンブリック　ヴァルテン
wait a minute

探す
suchen
ズーヘン
look for it

案内する
herumführen
ヘルムフューレン
show me around

荷物を運ぶ
das Gepäck tragen
ダス　ゲペック　トラーゲン
carry the luggage

～，bitte．よりも遠慮の気持ちが込められた言い方です。

連絡先を教える
die Kontaktadresse geben
ディ　コンタクトアドレッセ　ゲーベン
tell me your address

ドイツのことば

現地の人に気持ちを伝えてみましょう

ドイツ語を覚えるのはちょっと大変ですが、感情がすぐに伝わるひとことを事前に覚えておけば、地元の人ともすぐに仲良くなれますよ。

気軽にあいさつするときは…

Hallo! ハロー
こんにちは！

親しい間柄の相手に使います。知らない人でも、相手がそれほど年輩でない場合に使うこともあります。

感謝の気持ちでいっぱいのときは…

Vielen Dank!
フィーレン　ダンク
本当にありがとう！

Danke schön! の他にもこんな言い方があります。

レストランやビアホールで…

Lecker! レッカー
おいしい！

旅行中に何度も言いたいひとことですね。

しつこく誘われたら…

Nein, Danke!
ナイン　ダンケ
お断りします。

毅然とした態度ではっきり断るのが大事です。

旅人への別れのあいさつは…

Gute Reise!
グーテ　ライゼ
良い旅を！

これから旅に出る人や旅行中の相手には、ぜひこのひとことを。

相手のお詫びに対して…

Macht nichts.
マハト　ニヒツ
大丈夫ですよ。

「気にしないで」というニュアンスで使います。

恥ずかしがらずに、しっかり声に出して気持ちを伝えましょう。

コミュニケーションのコツを覚えておきましょう

よいコミュニケーションに必要なのは、何も言葉の知識だけではありません。
その国の文化や考え方、行動の背景を知ることも大切です。

コミュニケーションをとるときは、あいまいな態度をとらず相手の目を見て意思を伝えましょう。「照れ笑い」や「愛想笑い」は逆に不信感を与えることも。

ドイツでは店員さんにもあいさつをするのが基本です。お店に入ったら必ず「グーテンターク!」（こんにちは）とあいさつを。

街中でだれかの体に触れてしまったら、必ず「エントシュルディグング」（すみません）と言いましょう。

相手の警戒心を解くことがひとつのポイント。ちょっとしたひとことをかければコミュニケーションが円滑になることも。

こんなシーンで実際に使ってみましょう

旅先ではさまざまなシーンに出くわすでしょう。
おいしい料理を堪能したり、ショッピングでお目当てのアイテムを見つけたり。
または、道に迷ったり、持ち物をなくしてしまうこともあるかもしれません。
よい思い出を倍増させ、いざというときにあなたを助けてくれるのが
現地の人々との会話なんです。
現地の人々と積極的にコミュニケーションを取って、あなたの旅を
より魅力的なものにしましょう。

まずは街並みをおさんぽしてみましょう

地方の力が強かったドイツでは、各地で独自の文化が育まれてきました。まずはおさんぽして、それぞれの街の雰囲気を味わってみましょう。

道をたずねるフレーズはコチラ

ちょっとおたずねします。

Ich habe eine Frage.
イッヒ　ハーベ　アイネ　フラーゲ
May I ask you something?

マリエン広場へ行きたいのですが。

Ich möchte zum Marienplatz gehen.
イッヒ　メヒテ　ツム　マリエンプラッツ　ゲーエン
I'd like to go to Marienplatz.

観光地➡P.36

右に曲がると左手にありますよ。

Wenn Sie nach rechts abbiegen, sehen Sie es auf der linken Seite.
ヴェン　ズィー　ナーハ　レヒツ　アップビーゲン　ゼーエン　ズィー　エス　アウフ　デア　リンケン　ザイテ
Turn right and it's on your left.

私についてきてください。

Folgen Sie mir bitte!
フォルゲン　ズィー　ミーア　ビッテ
Follow me.

この住所に行きたいのですが。

Wie komme ich zu dieser Adresse?
ヴィー　コメ　イッヒ　ツー　ディーザー　アドレッセ
How can I get to this address?

この地図で今いるところはどこですか？

Wo bin ich auf diesem Stadtplan?
ヴォー ビン イッヒ アウフ ディーゼム シュタットプラーン
Where am I on this map?

ここはどこですか？

Wo sind wir?
ヴォー ズィント ヴィーア
Where are we?

道に迷ってしまいました。

Ich habe mich verlaufen.
イッヒ　ハーベ　ミッヒ　フェアラウフェン
I'm lost.

ここは何通りですか？

Wie heißt die Straße?
ヴィー　ハイスト ディ シュトラーセ
What is this street's name?

いちばん近い駅はどこですか？

Wo ist der nächste Bahnhof?
ヴォー イスト デア ネーヒステ バーンホーフ
Where is the nearest station?

あの〜すみません。
Entschuldigung!
エントシュルディグング

ありがとうございました。
Danke schön!
ダンケ　シェーン

道をたずねる時に使える単語

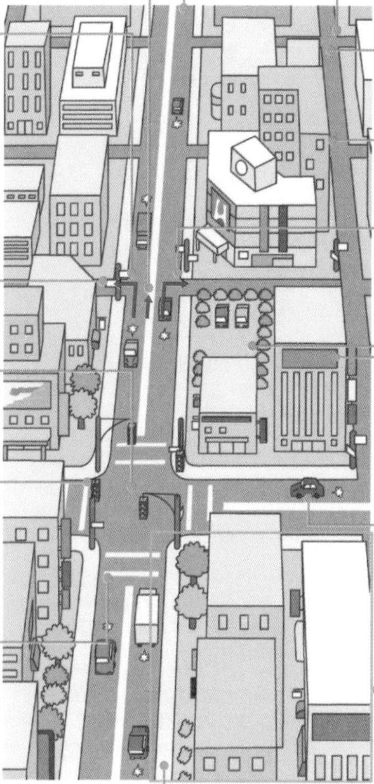

まずは街並みをおさんぽしてみましょう

観光地で

サンスーシ宮殿は今日開いていますか？

Ist Schloss Sanssouci heute geöffnet?
イスト　シュロス　サンスーシー　ホイテ　ゲエフネット
Is Schloss Sanssouci open today?
観光地 P.36

開いてます。／休みです。

Ja, es ist geöffnet. ／ Nein, es ist geschlossen.
ヤー　エス イスト ゲエフネット　／ナイン　エス　イスト　ゲシュロッセン
Yes, it is. ／ No, it isn't.

入場料はいくらですか？

Was kostet der Eintritt?
ヴァス　コステット　デア　アイントリット
How much is the admission?

1人8ユーロです。

8 Euro pro Person.
アハト オイロ プロ ペルゾーン
8 euros per a person.
数字 P.150

大人2人お願いします。

Zwei Erwachsene, bitte.
ツヴァイ　エアヴァクセネ　ビッテ
Two adults, please.
数字 P.150

日本語のパンフレットはありますか？

Haben Sie eine japanische Broschüre?
ハーベン　ズィー　アイネ　ヤパーニッシェ　ブロシューレ
Do you have a Japanese brochure?

館内ツアーは何時からですか？

Wann beginnt die Führung?
ヴァン　ベギント　ディ　フュールング
What time does the guided tour start?

あの建物はなんという名前ですか？

Wie heißt das Gebäude?
ヴィー　ハイスト ダス　ゲボイデ
What is the name of that building?

建物の中に入れますか？

Kann man hier hineingehen?
カン　マン　ヒーア　ヒナインゲーエン
Can I go inside of the building?

出口［入口／非常口］はどこですか？

Wo ist der Ausgang [Eingang ／ Notausgang]?
ヴォー イスト デア アウスガング［アインガング／ノートアウスガング］
Where is the exit [entrance ／ emergency exit]?

エレベーターはありますか？

Gibt es einen Aufzug?
ギプト　エス アイネン アウフツーク
Is there an elevator?

写真を撮っていただけませんか？

Könnten Sie bitte ein Foto machen?
ケンテン ズィー ビッテ アイン フォート マッヘン
Could you take a photo?

(シャッターボタンを指して) ここを押してください。

Drücken Sie bitte hier.
ドリュッケン ズィー ビッテ ヒーア
Press here, please.

フラッシュをたいてもいいですか？

Darf ich hier ein Blitzlicht benutzen?
ダルフ イッヒ ヒーア アイン ブリッツリヒト ベヌッツェン
Can I use the flash?

あれは何ですか？

Was ist das?
ヴァス イスト ダス
What is that?

おみやげ店はありますか？

Gibt es hier einen Souvenirladen?
ギプト エス ヒーア アイネン ズヴェニーアラーデン
Is there any gift shops?

何時ごろからライトアップされますか？

Wann wird die Beleuchtung eingeschaltet?
ヴァン ヴィルト ディ ベロイヒトゥング アインゲシャルテット
What time does the illumination go on?

この劇場はいつ頃作られたのですか？

Wann wurde das Theater gebaut?
ヴァン ヴルデ ダス テアーター ゲバウト
When was this theater built?

19世紀半ばです。

Mitte des 19. Jahrhunderts.
ミッテ デス ノインツェンテン ヤールフンダーツ
Mid 19th century.

数字 ➡ P.150

お役立ち単語集 WORD

観光案内所	Touristeninformation	トゥーリステンインフォルマツィオーン
城／王宮	Schloss／Palast	シュロス／パラスト
大聖堂	Kathedrale／Dom	カテドラーレ／ドーム
美術館	Kunstmuseum	クンストムゼーウム
広場	Platz	プラッツ
公園	Park	パルク
川	Fluss	フルス
島	Insel	インゼル
運河	Kanal	カナール
橋	Brücke	ブリュッケ
世界遺産	Weltkulturerbe	ヴェルトクルトゥアエルベ
遺跡	Ruine	ルイーネ
街道	Straße	シュトラーセ
庭園	Garten	ガルテン
撮影禁止	Fotografieren verboten!	フォートグラフィーレン フェアボーテン
立ち入り禁止	Eintritt verboten!	アイントリット フェアボーテン

まずは街並みをおさんぽしてみましょう

観光案内所を利用しましょう

観光案内所はどこですか？

Wo ist die Touristeninformation?
ヴォー イスト ディ トゥーリステンインフォルマツィオーン
Where is the tourist information?

無料の地図はありますか？

Haben Sie einen kostenlosen Stadtplan?
ハーベン ズィー アイネン コステンローゼン シュタットプラーン
Do you have a free map of this area?

観光パンフレットをください。

Ich hätte gern eine Reisebroschüre.
イッヒ ヘッテ ゲルン アイネ ライゼブロシューレ
Can I have a sightseeing brochure?

日本語版はありますか？

Gibt es die Broschüre auf Japanisch?
ギプト エス ディ ブロシューレ アウフ ヤパーニシュ
Do you have one in Japanese?

この街の見どころを教えてください。

Was für Sehenswürdigkeiten gibt es in dieser Stadt?
ヴァス フュア ゼーエンスヴュルディヒカイテン ギプト エス イン ディーザー シュタット
Could you recommend some interesting places?

日帰りで行けるところを教えてください。

Können Sie mir bitte einen Ort für einen Tagesausflug empfehlen ?
ケネン ズィー ミーア ビッテ アイネン オルト フュア アイネン ターゲスアウスフルーク エムプフェーレン
Could you recommend some places for a day trip?

景色がきれいなところはどこですか？

Von wo hat man eine schöne Aussicht?
フォン ヴォー ハット マン アイネ シェーネ アウスズィヒト
Where is the place with a nice view?

そこは今日開いていますか？

Ist es heute geöffnet?
イスト エス ホイテ ゲエフネット
Is it open today?

休みの日はいつですか？

Wann ist es geschlossen?
ヴァン イスト エス ゲシュロッセン
When do they close?

火曜日です。／無休です。

Dienstag. ／ Es ist jeden Tag geöffnet.
ディーンスターク ／エス イスト イェーデン ターク ゲエフネット
Tuesday. ／ They are open every day.

曜日➡P.151

歩いてそこまで行けますか？

Kann man zu Fuß dorthin gehen?
カン マン ツー フース ドルトヒン ゲーエン
Can I walk there?

ここから遠いですか？

Ist es weit von hier?
イスト エス ヴァイト フォン ヒーア
Is it far from here?

いえ、近いです。／バスで10分です。

Nein, nicht weit. ／ Es dauert 10 Minuten mit dem Bus.
ナイン ニヒト ヴァイト ／ エス ダウエルト ツェーン ミヌーテン ミット デム ブス
No, it's not. ／ It's ten minutes by bus.

数字➡P.150

ここから歩いて何分かかりますか？

Wie lange dauert es von hier zu Fuß?
ヴィー ランゲ ダウエルト エス フォン ヒーア ツー フース
How long does it take to walk from here?

行き方を教えていただけますか？

Können Sie mir bitte sagen, wie ich dorthin komme?
ケネン ズィー ミーア ビッテ ザーゲン ヴィー イッヒ ドルトヒン コメ
Could you tell me how to get there?

地下鉄で行けますか？

Kann man dort mit der U-Bahn hinfahren?
カン マン ドルト ミット デア ウーバーン ヒンファーレン
Can I go there by subway?

この地図で教えていただけますか？

Können Sie es mir bitte auf diesem Stadtplan zeigen?
ケネン ズィー エス ミーア ビッテ アウフ ディーゼム シュタットプラーン ツァイゲン
Could you tell me by this map?

何か目印はありますか？

Gibt es irgendein Wahrzeichen?
ギプト エス イルゲントアイン ヴァールツァイヒェン
Are there any landmarks?

この近くに案内所［交番］はありますか？

Gibt es hier eine Information [ein Polizeirevier] in der Nähe?
ギプト エス ヒーア アイネ インフォルマツィオーン ［アイン ポリツァイレヴィーア］ イン デア ネーエ
Is there an information center [a police station] near here?

お役立ち単語集 WORD

教会	Kirche	キルヒェ
礼拝堂	Kapelle	カペレ
ステンドグラス	Glasmalerei	グラスマーレライ
展望台	Aussichtsplattform	アウスズィヒツプラットフォルム
墓地	Friedhof	フリートホーフ
塔	Turm	トゥルム
天文台	Sternwarte	シュテルンヴァルテ
水族館	Aquarium	アクヴァーリウム
クルーズ	Kreuzfahrt	クロイツファールト
夜景	Nachtansicht	ナハトアンズィヒト
噴水	Springbrunnen	シュプリングブルネン
海岸	Küste	キュステ
蚤の市	Flohmarkt	フローマルクト
チケット	Karte	カルテ
売店	Verkaufsstand	フェアカウフスシュタント
パンフレット	Broschüre	ブロシューレ

ドイツの魅力的な旧市街を歩きます

**ドイツには中世の面影を残す街が数多く存在します。
おとぎ話に出てきたような街並みを探索しに出かけましょう。**

1 **ローテンブルク**
Rothenburg

中世の街並みがほぼそのまま残る美しい街。観光、ワイン、食事、歴史など魅力が満載です。

2 **ディンケルスビュール**
Dinkelsbühl

1時間もあればひと回りできてしまう小さな街。中世の建物がそのまま残っており、中でも美しい木組みの「ドイチェス・ハウス」は見逃せません。

3 **フュッセン**
Füssen

ノイシュヴァンシュタイン城へ向かう観光客が大勢訪れる街。古楽器リュートの発祥の地としても有名です。

じっくりと見てまわりたいですね

写真を撮っていただけませんか?

Könnten Sie vielleicht ein Foto machen?
ケンテン　ズィー　フィライヒト　アイン　フォート　マッヘン
Can you take a picture?

仕掛け時計は何時に見られますか?

Um wie viel Uhr kann man das Glockenspiel sehen?
ウム　ヴィー　フィール　ウーア　カン　マン　ダス　グロッケンシュピール　ゼーエン
What time can I see the marionette clock?

郷土料理が食べられるお店はありますか?

Gibt es hier ein Restaurant, wo man lokale Küche essen kann?
ギプト　エス　ヒーア　アイン　レストラーン　ヴォー　マン　ロカーレ　キュッヒェ　エッセン　カン
Is there a restaurant where I can have some local food?

ローテンブルクの「プレーンライン」

ラテン語で「小さな場所」という意味。二股に分かれた坂道の間に木組みの家が建つかわいい風景は、街一番の人気スポットです。

4 ニュルンベルク Nürnberg

神聖ローマ皇帝の拠点として栄えた城塞都市。中世へタイムトリップしたような光景が楽しめます。名物の焼ソーセージもぜひ食べてみて。

5 バンベルク Bamberg

第二次世界大戦の被害を免れた数少ない街で、世界遺産にも登録されている古い街並みが人気。名物のラオホビアは、独特の風味が楽しめる逸品です。

6 リューデスハイム Rüdesheim

11世紀の文献にも登場する、長い歴史を持つライン河岸の街。ワインの醸造が盛んで、街中心部の「つぐみ横丁」ではワインと料理を楽しめるお店が軒を連ねています。

焼ソーセージはどこで売っていますか?

Wo kann man eine Bratwurst kaufen?
ヴォー カン マン アイネ ブラートヴルスト カウフェン
Where can I buy a bratwurst?

おみやげには何がおすすめですか?

Was für ein Souvenir empfehlen Sie mir?
ヴァス フュア アイン ズヴェニーア エムプフェーレン ズィー ミーア
What do you recommend for a gift?

ブドウ畑はどこですか?

Wo gibt es hier einen Weingarten?
ヴォー ギプト エス ヒーア アイネン ヴァインガルテン
Where is a vineyard?

個性的な美術館・博物館を観に行きましょう

ドイツの都市には、充実のコレクションを誇る美術館や博物館がそろいます。
また、小さな町の個性豊かなミュージアムにも、ぜひ足を運んでみましょう。

さっそく中に入ってみましょう

チケット売り場はどこですか？
Wo ist der Ticketschalter?
ヴォー イスト デア ティケットシャルター
Where is the ticket counter?

ミュージアムパス・ベルリンを持っています。
Ich habe den Museumspass Berlin.
イッヒ ハーベ デン ムゼーウムスパス ベルリーン
I have a Museumspass Berlin.

ミュージアムパス・ベルリンは、ベルリンの主な美術館・博物館で使用できる共通券です。

館内マップはありますか？
Haben Sie einen Etagenplan?
ハーベン ズィー アイネン エタージェンプラーン
Do you have a floor map?

開館［閉館］時間は何時ですか？
Wann ist es geöffnet [geschlossen]?
ヴァン イスト エス ゲエフネット［ゲシュロッセン］
What time does it open [close]?

ミュージアムショップはありますか？
Gibt es ein Museumshop?
ギプト エス アイン ムゼーウムショップ
Is there a museum shop?

ロッカーはありますか？
Gibt es hier Schließfächer?
ギプト エス ヒーア シュリースフェッヒャー
Is there a locker?

美術館単語集 WORD

絵画	Gemälde	ゲメールデ
彫刻	Skulptur／Bildhauerei	スクルプトゥア／ビルトハウエライ
デッサン	Zeichnung	ツァイヒヌング
常設展	Dauerausstellung	ダウアーアウスシュテルング
企画展	Sonderausstellung	ゾンダーアウスシュテルング
アルブレヒト・デューラー	Albrecht Dürer	アルブレヒト デューラー
ピーテル・パウル・ルーベンス	Peter Paul Rubens	ペーター パウル ルーベンス
ヨハネス・フェルメール	Johannes Vermeer	ヨハネス フェルメール
ヴィンセント・ヴァン・ゴッホ	Vincent van Gogh	ヴィンセント ファン ゴッホ
フランツ・フォン・シュトゥック	Franz von Stuck	フランツ フォン シュトゥック
パブロ・ピカソ	Pablo Picasso	パブロ ピカソ
アンディ・ウォーホル	Andy Warhol	アンディ ウォーホル

階数の表示に注意しましょう

日本で言う「1階」はErdgeschoss エアトゲショス、「2階」は1. Stock エーアスター　シュトック、「3階」は2. Stock ツヴァイター　シュトックと表示されます。間違えやすいので気をつけましょう。

じっくりと見てまわりたいですね

今何か特別な展示をしていますか?

Gibt es zur Zeit eine Sonderausstellung?
ギプト エス ツーア ツァイト アイネ ゾンダーアウスシュテルング
Do you have any special exhibitions now?

デューラーの『自画像』はどこですか?

Wo finde ich das Selbstbildnis von Dürer?
ヴォー フィンデ イッヒ ダス ゼルプストビルトニス フォン デューラー
Where is Dürer's Self-Portrait?

オーディオガイドをお願いします。

Eine Audioführung, bitte.
アイネ　アウディオフュールング　ビッテ
An audio guide, please.

順路はこちらでいいですか?

Ist der Weg hier richtig?
イスト デア ヴェーク ヒーア リヒティヒ
Is this the correct way?

写真を撮ってもいいですか?

Darf ich hier fotografieren?
ダルフ イッヒ　ヒーア フォートグラフィーレン
May I take a photo?

トイレはどこですか?

Wo finde ich hier eine Toilette?
ヴォー フィンデ イッヒ ヒーア アイネ トイレッテ
Where is the restroom?

博物館単語集 WORD

展示品	Ausstellungsstücke アウスシュテルングスシュトゥッケ
模型	Modell モデル
実物	Original オリギナール
剥製	Präparat プレパラート
ミニチュア	Miniatur ミニアトゥーア
資料	Quelle クヴェレ
科学	Wissenschaft ヴィッセンシャフト
技術	Technik テヒニーク
文化	Kultur クルトゥーア
歴史	Geschichte ゲシヒテ
民俗学	Volkskunde フォルクスクンデ

現地発着ツアーに参加してプチトリップへ

**どこから見てまわろうか迷ったら、ツアーに参加してみるのもおすすめです。
コース、日程、条件などを確認しながら、興味のあるものを見つけましょう。**

ツアーの内容を確認しましょう

ノイシュヴァンシュタイン城に行くバスはありますか?

Gibt es einen Bus zum Schloss Neuschwanstein?
ギプト エス アイネン ブス ツム シュロス ノイシュヴァンシュタイン
Is there a bus that goes to Neuschwanstein Castle? 観光地 P.36

1日[半日]のコースはありますか?

Gibt es eine Tagestour [Halbtagstour]?
ギプト エス アイネ ターゲストゥーア [ハルプタークストゥーア]
Is there an one-day [a half-day] course?

何時集合ですか?

Um wie viel Uhr müssen wir hier sein?
ウム ヴィー フィール ウーア ミュッセン ヴィーア ヒーア ザイン
What time do we have to be there?

出発はどこですか?

Von wo fahren wir ab?
フォン ヴォー ファーレン ヴィーア アップ
Where will we leave from?

送迎はついていますか?

Wird man abgeholt?
ヴィルト マン アップゲホールト
Does it include a pickup service?

食事つきの料金でしょうか?

Ist das Essen im Preis enthalten?
イスト ダス エッセン イム プライス エントハルテン
Does it include the meal?

お役立ち単語集 WORD

予約	Reservierung	レゼァヴィールング
パンフレット	Broschüre	ブロシューレ
午前	Vormittag	フォーアミッターク
午後	Nachmittag	ナーハミッターク
日帰り旅行	Tagesausflug	ターゲスアウスフルーク
料金	Gebühr	ゲビューア
入場料	Eintritt	アイントリット
支払い	Bezahlung	ベツァールング
おすすめ	Empfehlung	エムプフェールング
取消料	Annulierungsgebühr	アヌリールングスゲビューア
食事	Essen	エッセン
バス	Bus	ブス
夜景	Nachtansicht	ナハトアンズィヒト
大人	Erwachsene	エアヴァクセネ
子ども	Kinder	キンダー

そのツアーはどこをまわりますか？

Welche Orte werden auf der Tour besichtigt?
ヴェルへ　オルテ　ヴェアデン　アウフ デア トゥーア ベズィヒティヒト
Where does the tour visit?

これに申し込みます。

Ich möchte mich dafür anmelden.
イッヒ　メヒテ　ミッヒ　ダフュア　アンメルデン
I want to take it.

プラッツルホテルから乗れますか？

Kann man am Platzl Hotel einsteigen?
カン　マン　アム　プラッツル　ホテル　アインシュタイゲン
Can we join from the Platzl Hotel?

プラッツルホテルで降ろしてもらえますか？

Kann man am Platzl Hotel aussteigen?
カン　マン　アム　プラッツル　ホテル　アウスシュタイゲン
Can you drop us at the Platzl Hotel?

日本語ガイドはつきますか？

Gibt es einen japanischen Reiseleiter?
ギプト　エス　アイネン　ヤパーニッシェン　ライゼライター
Does it have a Japanese guide?

トイレはどこですか？

Wo ist die Toilette?
ヴォー イスト ディ トイレッテ
Where is the restroom?

何時出発ですか？

Wann ist die Abfahrt?
ヴァン　イスト　ディ　アップファールト
What time does it leave?

何時にここに戻ってくればいいですか？

Wann soll ich wieder hier sein?
ヴァン　ゾル　イッヒ　ヴィーダー　ヒーア　ザイン
What time should I be back here?

あとどのくらいで着きますか？

Wie lange dauert es noch?
ヴィー　ランゲ　ダウエルト エス ノッホ
How long does it take to get there?

ツアーに遅れてしまったのですが…。

Ich habe leider den Tourbus verpasst.
イッヒ ハーベ ライダー　デン　トゥーアブス　フェアパスト
I'm late for the tour.

ツアーをキャンセルしたいのですが。

Ich möchte die Tour stornieren.
イッヒ　メヒテ　ディー　トゥーア　シュトルニーレン
I'd like to cancel the tour.

とても楽しかったです、ありがとう。

Ich hatte viel Spaß. Vielen Dank!
イッヒ ハッテ　フィール シュパース フィーレン ダンク
I had a wonderful time, thank you.

ノスタルジックな中世の古城を紹介します

ドイツには6000以上もの古城が残っているといわれています。
子どもの頃に絵本で見たような、どこか懐かしいお城を見に行きましょう。

1 ノイシュヴァンシュタイン城

Schloss Neuschwanstein

おとぎの国から出てきたような美しい白亜の城は、19世紀後半、「メルヘン王」と呼ばれたルートヴィヒ2世が築城。豪華な内部も鑑賞しましょう。

2 ホーエンシュヴァンガウ城

Schloss Hohenschwangau

ルートヴィヒ2世が幼少期を過ごした城。城内には中世の騎士道物語を描いた壁画などが飾られています。

3 ニュンフェンブルク城

Schloss Nymphenburg

「妖精の城」の意味の名前を持つ、バロック様式の城。吹き抜けの天井に描かれたフレスコ画や美人画のギャラリーなど、見どころがいっぱい。

じっくりと見てまわりたいですね

ノイシュヴァンシュタイン城のチケットセンターはどこですか?

Wo ist der Ticketschalter vom Schloss Neuschwanstein?
ヴォー イスト デア ティケットシャルター フォム シュロス ノイシュヴァンシュタイン
Where is the ticket office of Neuschwanstein Castle?

馬車でお城までどのくらい時間がかかりますか?

Wie lange dauert es mit der Kutsche zum Schloss?
ヴィー ランゲ ダウエルト エス ミット デア クチェ ツム シュロス
How long does it take to the castle by a coach?

ここでフラッシュをたいてもいいですか?

Darf ich hier ein Blitzlicht benutzen?
ダルフ イッヒ ヒーア アイン ブリッツリヒト ベヌッツェン
Can I use the flash here?

「城」を意味するBurgとSchloss

一般的に、「Burg」は外敵からの防御に利用された要塞、「Schloss」は君主が居住する領国統治の拠点、という違いがあります。

4 ハイデルベルク城
Heidelberger Schloss

14世紀以来破壊と再建が繰り返され、半ば廃墟のような姿で現存していますが、ロマン派の文学にたびたび登場するなど国内でも抜群の知名度を誇ります。

5 ツヴィンゲンベルク城
Schloss Zwingenberg

戦乱により破壊されることなく、中世の姿をほぼそのまま残しています。古城が多く残るネッカー川流域で最も美しいと讃えられるお城。

6 ブルク・ホルンベルク城
Burg Hornberg

ネッカー渓谷で最も古いと言われ、16世紀に「鉄腕ゲッツ」と呼ばれた騎士ゲッツ・フォン・ベルリヒンゲン男爵が暮らしたお城。現在はホテルとして営業しています。

7 プファルツ城
Burg Pfaltzgrafenstein

ライン川の中州に建つ美しい城。14世紀頃、通行税を徴収する目的で建てられました。現在は資料館になっています。

絵画のコレクションがある部屋はどこですか?

Wo ist hier die Gemäldesammlung?
ヴォー イスト ヒーア ディ ゲメールデザムルング
Where is the art collection room?

順路はどっちですか?

Welcher Weg ist richtig?
ヴェルヒャー ヴェーク イスト リヒティヒ
Which is the right way?

何世紀のお城ですか?

Im welchem Jahrhundert wurde das Schloss gebaut?
イム ヴェルヒェム ヤールフンダート ヴルデ ダス シュロス ゲバウト
In what century was this castle built?

LOOK

□ へ行きたいのですが。

Ich würde gern zu □ gehen.

イッヒ **ヴ**ュルデ **ゲ**ルン ツー □ **ゲー**エン

I'd like to go to □ .

ミュンヘン
München
ミュンヒェン

Marienplatz
マリーエンプラッツ

Ⓙ【マリエン広場】

Residenz
レズィデンツ

Ⓙ【レジデンツ】

neues Rathaus
ノイエス　ラートハウス

Ⓙ【新市庁舎】

Glockenspiel
グロッケン
シュピール

Ⓙ【仕掛け時計】

St. Peterskirche
ザンクト
ペータースキルヒェ

Ⓙ【聖ペーター教会】

Frauenkirche
フラウエンキルヒェ

Ⓙ【フラウエン教会】

St. Michaelskirche
ザンクト
ミヒャエルスキルヒェ

Ⓙ【聖ミヒャエル教会】

Theatinerkirche
テアティナー
キルヒェ

Ⓙ【テアティナー教会】

Karlstor
カールストーア

Ⓙ【カール門】

Neuhauser Straße
ノイハウザー　シュトラーセ

Ⓙ【ノイハウザー通り】

Oberpollinger
オーバー
ポーリンガー

Ⓙ【オーバーポーリンガー】

Galeria Kaufhof
ガレリア　カウフホーフ

Ⓙ【ガレリア・カウフホーフ】

Englischer Garten
エングリッシャー　ガルテン

Ⓙ【英国庭園】

Olympiapark
オリンピアパルク

Ⓙ【オリンピック公園】

Alte Pinakothek
アルテ　ピナコテーク

Ⓙ【アルテ・ピナコテーク】

Neue Pinakothek
ノイエ　ピナコテーク

Ⓙ【ノイエ・ピナコテーク】

Pinakothek der Moderne
ピナコテーク
デア　モデルネ

Ⓙ【ピナコテーク・デア・モデルネ】

ロマンティック街道
Romantische Straße
ロマンティッシェ　シュトラーセ

Residenz
レズィデンツ

Ⓙ【レジデンツ】

Festung Marienberg
フェストゥング　マリーエンベルク

Ⓙ【マリエンベルク要塞】

Burgmauer
ブルクマウアー

Ⓙ【城壁】

 ※Ⓙ＝日本語

Plönlein
プレーンライン

J【プレーンライン】

Deutsches Haus
ドイチェス
ハウス

J【ドイチェス・ハウス】

Rathaus
ラートハウス

J【市庁舎】

Hohes Schloss
ホーエス　シュロス

J【ホーエス城】

Schloss Neuschwanstein
シュロス　ノイシュ
ヴァンシュタイン

J【ノイシュヴァンシュタイン城】

Schloss Hohenschwangau
シュロス　ホーエンシュヴァンガウ

J【ホーエンシュヴァンガウ城】

古城街道

Burgenstraße
ブルゲンシュトラーセ

Heidelberger Schloss
ハイデルベルガー　シュロス

J【ハイデルベルク城】

Karl-Theodor-Brücke
カール　テオドール　ブリュッケ

J【カール・テオドール橋】

Das Gebäude der Alten Universität Heidelberg
ダス　ゲボイデ
デア　アルテン
ウニヴェルズィテート
ハイデルベルク

J【ハイデルベルク大学旧校舎】

Kaiserburg
カイザーブルク

J【カイザーブルク】

Festspielhaus
フェストシュピールハウス

J【祝祭歌劇場】

フランクフルト

Frankfurt
フランクフルト

Römerberg
レーマーベルク

J【レーマー広場】

Römer
レーマー

J【旧市庁舎】

Dom
ドーム

J【大聖堂】

Museum für Moderne Kunst
ムゼーウム　フュア　モデルネ　クンスト

J【近代美術館】

Goethehaus
ゲーテハウス

J【ゲーテ・ハウス】

Main Tower
マイン
タワー

J【マイン・タワー】

Katharinenkirche
カタリーネン
キルヒェ

J【カタリーネン教会】

ケルン

Köln
ケルン

Kölner Dom
ケルナー
ドーム

J【ケルン大聖堂】

Museum Ludwig
ムゼーウム　ルートヴィヒ

J【ルートヴィヒ美術館】

Kolumba
コルムバ

J【コルンバ】

LOOK

[ ] を探しています。

Ich suche [ ].

イッヒ　ズーヘ [ ]

I'm looking for [ ].

ベルリン

Berlin
ベルリーン

Brandenburger Tor
ブランデンブルガー　トーア

J【ブランデンブルク門】

Reichstagsgebäude
ライヒスタークスゲボイデ

J【ドイツ連邦議会議事堂】

Holocaust-Mahnmal
ホロカウスト　マーンマル

J【ホロコースト慰霊碑】

Potsdamer Platz
ポツダマー
プラッツ

J【ポツダム広場】

Berliner Mauer
ベルリナー　マウアー

J【ベルリンの壁】

Checkpoint Charlie
チェックポイント
チャーリー

J【チェックポイント・チャーリー】

Berliner Dom
ベルリナー　ドーム

J【ベルリン大聖堂】

Pergamonmuseum
ペルガモンムゼーウム

J【ペルガモン博物館】

Neues Museum
ノイエス　ムゼーウム

J【新博物館】

St. Marienkirche
ザンクト　マリーエンキルヒェ

J【聖マリエン教会】

Fernsehturm
フェルンゼー
トゥルム

J【テレビ塔】

East-Side-Gallery
イースト　サイド　ギャラリー

J【イースト・サイド・ギャラリー】

Bernauer Straße
ベルナウアー
シュトラーセ

J【ベルナウアー通り】

Museum Haus am Checkpoint Charlie
ムゼーウム　ハウス　アム　チェックポイント　チャーリー

J【ベルリンの壁博物館】

Topographie des Terrors
トポグラフィー　デス　テロアス

J【トポグラフィー・オブ・テラー】

Reiterstandbild Friedrichs des Großen
ライターシュタントビルト　フリードリッヒス　デス　グローセン

J【フリードリヒ大王騎馬像】

Kaiser-Wilhelm-Gedächtniskirche
カイザー　ヴィルヘルム　ゲデヒトニスキルヒェ

J【カイザー・ヴィルヘルム記念教会】

Tiergarten
ティーアガルテン

J【ティーアガルテン】

Siegessäule
ジーゲス
ゾイレ

J【ジーゲスゾイレ】

ハンブルク

Hamburg
ハンブルク

Rathaus
ラートハウス

J【市庁舎】

Hamburger Kunsthalle
ハンブルガー　クンストハレ

Ⓙ【ハンブルク市立美術館】

St. Nikolaikirche
ザンクト　ニコライキルヒェ

Ⓙ【聖ニコライ教会跡】

Museum für Gegenwartskunst
ムゼーウム　フュア　ゲーゲンヴァルツクンスト

Ⓙ【現代美術館】

St. Michaeliskirche
ザンクト　ミヒャエリスキルヒェ

Ⓙ【聖ミヒャエリス教会】

Miniatur Wunderland
ミニアトゥーア　ヴンダーラント

Ⓙ【ミニチュア・ワンダーランド】

Fischmarkt
フィッシュマルクト

Ⓙ【フィッシュマルクト】

街歩き
Stadtbummel
シュタットブンメル

Hotel
ホテル

Ⓙ【ホテル】

Bahnhof
バーンホーフ

Ⓙ【駅】

Geldautomat
ゲルトアウトマート

Ⓙ【ATM】

Schein
シャイン

Ⓙ【紙幣】

Münze
ミュンツェ

Ⓙ【硬貨】

Bank
バンク
Ⓙ【銀行】

Wechselstube
ヴェクセルシュトゥーベ
Ⓙ【両替所】

Telefonzelle
テレフォーンツェレ

Ⓙ【公衆電話】

Supermarkt
ズーパーマルクト

Ⓙ【スーパー】

Einkaufszentrum
アインカウフスツェントルム

Ⓙ【ショッピングモール】

Restaurant
レストラーン

Ⓙ【レストラン】

Café
カフェー

Ⓙ【カフェ】

Bierhaus
ビーアハウス

Ⓙ【ビアホール】

Gemischtwarenladen
ゲミッシュトヴァーレンラーデン

Ⓙ【雑貨店】

Antiquitätenhandlung
アンティクヴィテーテンハンドルング

Ⓙ【古道具店】

Buchhandlung
ブーフハンドルング

Ⓙ【本屋】

Getränkemarkt
ゲトレンケマルクト
Ⓙ【酒店】

Apotheke
アポテーケ
Ⓙ【薬局】

Kino
キーノ
Ⓙ【映画館】

Toilette
トイレッテ
Ⓙ【トイレ】

ドイツの魅力的な世界遺産を訪れましょう

ドイツでは、一生に一度は見てみたい美しい建造物や景観が世界遺産に登録されています。憧れの国で歴史的建造物や大自然に触れて、心ふるえる感動体験を。 ※一部オーストリアの遺産も紹介。

A ベルリンのムゼウムスインゼル（博物館島）

Museumsinsel Berlin

市街を流れるシュプレー川の中州に、ペルガモン博物館をはじめ5つの博物館が集中。貴重な遺物や芸術品をまとめて見ることができます。

D ヴィースの巡礼教会

Wallfahrtskirche “Die Wies”

「鞭打たれるキリスト像」で有名な教会。外観はシンプルですが、内部は金細工を多用した豪華な装飾が施され、ドイツ・ロココの最高傑作といわれています。

B ポツダムとベルリンの宮殿群と公園群

Schlösser und Parks von Potsdam und Berlin

18世紀に花開いた華やかな宮廷文化の跡に触れることができます。「ポツダム会談」の舞台となったツェツィリーエンホーフ宮殿も見学可能。

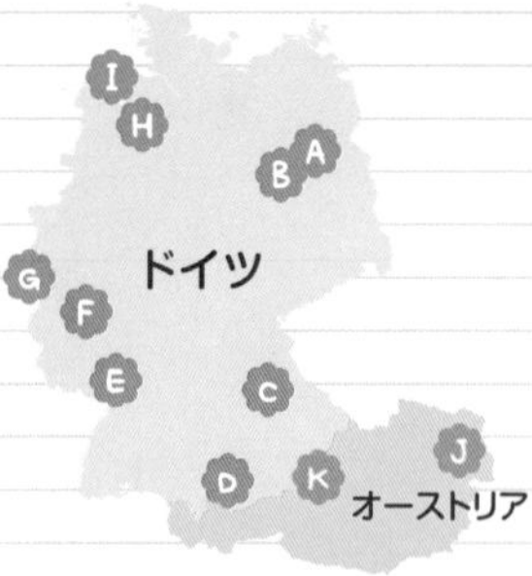

C レーゲンスブルクの旧市街とシュタットアムホーフ

Altstadt von Regensburg mit Stadtamhof

中世に交易都市として栄えた街で、歴史的建造物が点在しています。ゴシック様式の大聖堂は必見。

E シュパイヤー大聖堂

Speyerer Dom

ドイツでも代表的なロマネスク様式の教会建築で、11世紀に完成。地下礼拝堂は、美術史上もっとも美しいといわれています。

見どころが
いっぱいですね。

気軽に世界遺産観光

ドイツは30以上の登録数を持つ、世界遺産の宝庫。しかも国内各地に散らばっているので、旅行のプランに組み込みやすいのです。

F ライン渓谷中流上部

Kulturlandschaft Oberes Mittelrheintal

ドイツでは「父なる川」と親しまれているライン川。沿岸には古城やブドウ畑など優美な景色が続いています。

G アーヘン大聖堂

Aachener Dom

8世紀に建てられたドイツ最古のロマネスク風聖堂。何世紀にもわたって増改築が重ねられ、さまざまな建築様式が混在しています。

H ブレーメンのマルクト広場の市庁舎とローラント像

Rathaus und Roland in Bremen

15世紀に建てられたゴシック様式の市庁舎と、英雄ローラント像は街のシンボル。世界遺産が並ぶ美しい広場は訪れて。

I ワッデン海

Wattenmeer

2009年に登録された、オランダにまたがるワーデン海（干潟の海）。自然が作り出した美しい海岸地帯に魅了されます。

J シェーンブルン宮殿と庭園群　オーストリア

Schloss und Park von Schönbrunn

ハプスブルク家の栄華の象徴で、ウィーン観光最大の見どころ。美しい庭園は市民の憩いの場となっています。

K ザルツブルク市街歴史地区　オーストリア

Altstadt von Salzburg

街の中心を流れるザルツァッハ川の南は、中世の情緒漂う旧市街。歴代の大司教が残した豪華な建造物など、見どころがいっぱいです。

ドイツのおいしいごはんを楽しみましょう

ドイツには定番の肉料理をはじめ、各地の名物料理がそろっています。
せっかくなので、いろいろなお料理をいただきましょう。

予約の際の
会話はP.98も参考
にしてくださいね。

まずは予約をしましょう

今晩のディナーを予約したいのですが。

Ich möchte für heute Abend einen Tisch reservieren.
イッヒ　メヒテ　フュア　ホイテ　アーベント　アイネン　ティッシュ　レゼァヴィーレン
I'd like to make a reservation for tonight.

その時間は予約でいっぱいです。

Um diese Zeit haben wir leider keinen Tisch mehr frei.
ウム　ディーゼ　ツァイト　ハーベン　ヴィーア　ライダー　カイネン　ティッシュ　メーア　フライ
We have no table available at that time.

お席を用意しておきます。

Wir halten einen Tisch für Sie frei.
ヴィーア ハルテン アイネン ティッシュ フュア ズィー フライ
We'll have the table ready for you.

7時に2名でお願いしたいのですが。

Ich möchte für 7 Uhr einen Tisch für zwei Personen reservieren.
イッヒ　メヒテ　フュア　ズィーベン　ウーア　アイネン　ティッシュ　フュア　ツヴァイ　ペルゾーネン　レゼァヴィーレン
I'd like to reserve a table for two at seven o'clock.

数字➡P.150　時刻➡P.152

禁煙席をお願いします。

Nichtraucher, bitte.
ニヒトラウハー　ビッテ
Non-smoking section, please.

ワンポイント メニューの読み方

料理を注文する時、わからないことがあったら遠慮せずにウェイターに尋ねましょう。

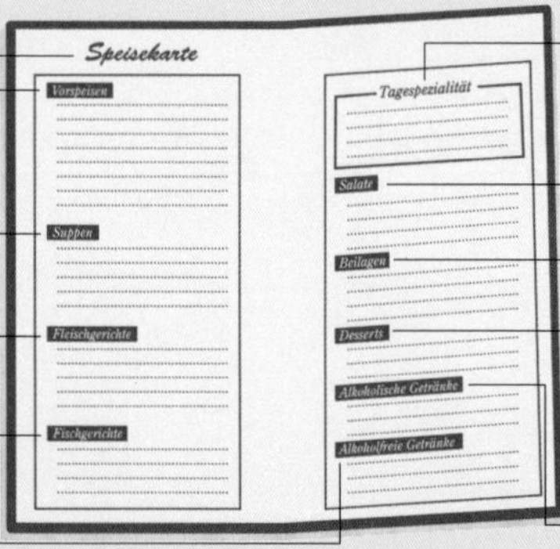

●メニュー
Speisekarte
シュパイゼカルテ

●前菜
Vorspeise
フォーアシュパイゼ

●スープ
Suppe
ズッペ

●肉料理
Fleischgericht
フライッシュゲリヒト

●魚料理
Fischgericht
フィッシュゲリヒト

●ソフトドリンク　Alkoholfreies Getränk
アルコホールフライエス　ゲトレンク

●日替わりメニュー
Tagesmenü
ターゲスメニュー

●サラダ
Salat
ザラート

●付け合わせ
Beilage
バイラーゲ

●デザート
Nachtisch
ナーハティッシュ

●アルコール
Alkohol
アルコホール

何時の席を予約できますか？

Für wie viel Uhr kann ich den Tisch reservieren?
フュア ヴィー フィール ウーア カン イッヒ デン ティッシュ レゼァヴィーレン
For what time can we reserve a table?

ドレスコードはありますか？

Haben Sie eine Kleiderordnung?
ハーベン ズィー アイネ クライダーオードゥヌング
Do you have a dress code?

高級レストランではスマートに…

Scene 1

レセプションで名前を告げ案内に従い席へ

こんばんは。
予約した田中です。
Guten Abend. Ich habe unter dem Namen Tanaka einen Tisch reserviert.
グーテン アーベント イッヒ ハーベ ウンター デム ナーメン タナカ アイネン ティッシュ レゼァヴィーアト

Scene 2

オーダーは自分のテーブル担当者に

すみません、
注文をお願いします。
Entschuldigung, ich möchte bestellen.
エントシュルディグング イッヒ メヒテ ベシュテレン

Scene 3

食事中に音をたてないように気をつけて

すみません。
Entschuldigung.
エントシュルディグング

Scene 4

落としたものは自分で拾わない

スプーンを
交換していただけますか？
Können Sie den Löffel austauschen?
ケネン ズィー デン レッフェル アウスタウシェン

Scene 5

食事中に席を立つときは……

化粧室はどこですか？
Wo ist die Toilette?
ヴォー イスト ディ トイレッテ

Scene 6

食事中のタバコはNGです

喫煙できるところは
ありますか？
Gibt es einen Platz, wo man rauchen kann?
ギプト エス アイネン プラッツ ヴォー マン ラウヘン カン

ドイツのおいしいごはんを楽しみましょう

デザートも楽しみですね

席はありますか？
Haben Sie noch einen Platz frei?
ハーベン ズィー ノッホ アイネン プラッツ フライ
Do you have a seat?

すみません。満席です。
Tut mir leid, aber wir sind voll.
トゥット ミーア ライト アーバー ヴィーア ズィント フォル
I'm sorry. All the tables are occupied tonight.

どのくらい待ちますか？／30分です。
Wie lange muss ich noch warten?／30 Minuten.
ヴィー ランゲ ムス イッヒ ノッホ ヴァルテン／ドライスィヒ ミヌーテン
How long do I have to wait?／Thirty minutes.
数字➡P.150

待ちます。／またにします。
Ich warte.／Ich komme ein anderes Mal wieder vorbei.
イッヒ ヴァルテ ／イッヒ コメ アイン アンデレス マール ヴィーダー フォーアバイ
I'll wait.／I'll come back again.

メニューとワインリストを見せてください。
Können Sie mir bitte die Speisekarte und die Weinkarte bringen?
ケネン ズィー ミーア ビッテ ディ シュパイゼカルテ ウント ディ ヴァインカルテ ブリンゲン
Can I see the menu and the wine list?

注文をお願いします。
Ich möchte gern bestellen.
イッヒ メヒテ ゲルン ベシュテレン
Can I order now?

何がおすすめですか？
Was empfehlen Sie?
ヴァス エムプフェーレン ズィー
What do you recommend?

名物料理はありますか？
Haben Sie eine lokale Spezialität im Angebot?
ハーベン ズィー アイネ ロカーレ シュペツィアリテート イム アンゲボート
Do you have any local food?

スズキのフィレとサラダをください。
Ein Barschfilet und ein Salat, bitte.
アイン バーシュフィレー ウント アイン ザラート ビッテ
A sea bass fillet and a salad, please.
料理➡P.48

この料理をわけて食べます。
Wir teilen uns das Essen.
ヴィーア タイレン ウンス ダス エッセン
We'll share this dish.

白アスパラの料理はありますか？
Haben Sie weißen Spargel?
ハーベン ズィー ヴァイセン シュパーゲル
Do you have a white asparagus dish?

注文をキャンセルできますか？

Kann ich meine Bestellung stornieren?
カン イッヒ マイネ ベシュテルング シュトルニーレン
Can I cancel my order?

すみませんが注文を変更したいのですが。

Entschuldigung, ich möchte meine Bestellung ändern.
エントシュルディグング イッヒ メヒテ マイネ ベシュテルング エンダーン
Excuse me, I'd like to change my order.

食事中に…

これはどう食べるのですか？

Wie kann man das essen?
ヴィー カン マン ダス エッセン
Could you tell me how to eat this?

すみません、ナイフがありません。

Entschuldigung, ich habe kein Messer.
エントシュルディグング イッヒ ハーベ カイン メッサー
Excuse me, I didn't get a knife.

スプーン［フォーク］を落としました。

Ich habe meinen Löffel [meine Gabel] fallen lassen.
イッヒ ハーベ マイネン レッフェル ［マイネ ガーベル］ ファレン ラッセン
I dropped my spoon[fork].

炭酸ガスの入っていないミネラルウォーターをください。

Ein Mineralwasser ohne Kohlensäure, bitte.
アイン ミネラールヴァッサー オーネ コーレンゾイレ ビッテ
Mineral water without gas, please.

この肉には十分火が通っていないようです。

Das Fleisch ist nicht richtig durchgebraten.
ダス フライシュ イスト ニヒト リヒティヒ ドゥルヒゲブラーテン
This meat is rather raw.

グラスが汚れています。取り替えてもらえますか？

Mein Glas ist schmutzig. Können Sie mir ein neues Glas bringen?
マイン グラース イスト シュムッツィヒ ケネン ズィー ミーア アイン ノイエス グラース ブリンゲン
My glass is dirty. Can I have another one?

テーブルの上を片付けてもらえますか？

Können Sie den Tisch abräumen?
ケネン ズィー デン ティッシュ アップロイメン
Can you clear the table?

ワインをこぼしてしまいました。

Ich habe meinen Wein verschüttet.
イッヒ ハーベ マイネン ヴァイン フェアシュッテート
I spilled my wine.

ここを拭いてもらえますか？

Können Sie hier bitte wischen?
ケネン ズィー ヒーア ビッテ ヴィッシェン
Could you wipe here, please?

ドイツのおいしいごはんを楽しみましょう

デザートも楽しみですね

デザートのメニューをください。

Ich möchte gern die Karte für die Nachspeisen sehen.
イッヒ　メヒテ　ゲルン　ディ　カルテ　フュア　ディ　ナーハシュパイゼン　ゼーエン
I'd like to see a dessert menu.

どのデザートがおすすめですか？

Welche Nachspeise empfehlen Sie?
ヴェルヒェ　ナーハシュパイゼ　エムプフェーレン　ズィー
Which dessert do you recommend?

ケーゼクーヘンをください。

Ein Stück Käsekuchen, bitte.
アイン　シュテュック　ケーゼクーヘン　ビッテ
A slice of cheese cake, please.

スイーツ⇨P.67

まだ食べ終わっていません。

Ich bin noch nicht fertig.
イッヒ　ビン　ノッホ　ニヒト　フェアティヒ
I've not finished yet.

コーヒーをもう一杯ください。

Ich hätte gern noch eine Tasse Kaffee.
イッヒ　ヘッテ　ゲルン　ノッホ　アイネ　タッセ　カフェ
I'd like to have another cup of coffee, please.

カフェメニュー⇨P.63

ドイツでは基本的に、席でお会計をします。テーブル担当の店員さんに声をかけましょう。

お会計で…

会計をおねがいします。

Ich möchte gern zahlen.
イッヒ　メヒテ　ゲルン　ツァーレン
Check, please.

とても楽しい時間を過ごせました、ありがとう。

Ich hatte eine sehr schöne Zeit. Vielen Dank!
イッヒ　ハッテ　アイネ　ゼア　シェーネ　ツァイト　フィーレン　ダンク
I had a great time. Thank you.

全部でいくらになりますか？

Was kostet das alles zusammen?
ヴァス　コステット　ダス　アレス　ツザメン
How much is the total?

私が払います。

Ich bezahle.
イッヒ　ベツァーレ
I'll pay.

シーフード専門のファストフード

ドイツのグルメは北部を除くと、やはり肉料理が中心。お肉に飽きたら、『Nordsee（ノルドゼー）』へ行ってみては？手軽にシーフードがいただけます。

計算違いがあるようです。

Ich glaube, dass die Rechnung nicht ganz richtig ist.
イッヒ　グラウベ　ダス　ディ　レヒヌング　ニヒト　ガンツ リヒティヒ イスト
I think the check is incorrect.

これは何の値段ですか？

Für was ist dieser Betrag?
フュア ヴァス イスト ディーザー ベトラーク
What's this charge for?

サラダは注文していません。

Ich habe den Salat nicht bestellt.
イッヒ ハーベ デン　ザラート ニヒト　ベシュテルト
I didn't order salad.

計算し直していただけますか？

Können Sie das noch einmal nachrechnen?
ケネン　ズィー ダス ノッホ　アインマール　ナーハレヒネン
Could you check it again?

（ホテルで）部屋の勘定につけておいてください。

Bitte setzen Sie das auf meine Zimmerechnung.
ビッテ　ゼッツェン ズィー ダス　アウフ マイネ　ツィマーレヒヌング
Will you charge it to my room, please?

支払いはクレジットカードでもいいですか？

Kann ich mit Kreditkarte bezahlen?
カン　イッヒ ミット　クレディートカルテ　ベツァーレン
Do you accept credit cards?

ごちそうさまでした。
Es hat gut geschmeckt.
エス　ハット　グート　ゲシュメックト

ひとことフレーズ

これはいい味ですね。
Das schmeckt aber gut.
ダス　シュメックト　アーバー　グート

すべて満足です。
Ich bin voll und ganz zufrieden.
イッヒ ビン フォル ウント ガンツ ツーフリーデン

おなかいっぱいです。
Ich bin satt.
イッヒ ビン ザット

料理を持ち帰ってもいいですか？
Kann ich das restliche Essen mitnehmen?
カン イッヒ ダス レストリッヘ エッセン ミットネーメン

とてもおいしくいただきました。
Das hat sehr gut geschmeckt.
ダス　ハット　ゼーア　グート　ゲシュメックト

これを下げてください。
Räumen Sie das bitte ab.
ロイメン　ズィー　ダス　ビッテ　アップ

領収書をください。
Die Quittung, bitte.
ディ　クヴィットゥング　ビッテ

LOOK

[　　　] をください。

[　　　], bitte.

ビッテ

[　　　], please.

定番料理

typisches Gericht

テュービッシェス　ゲリヒト

Tafelspitz
ターフェルシュピッツ

じっくり煮込んだ牛ロース。

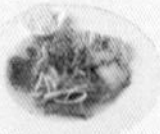

Ⓙ【ターフェルシュピッツ】

Zwiebelrostbraten
ツヴィーベルローストブラーテン

Ⓙ【牛肉のソテー】

Gulasch
グーラシュ

シカ肉や牛肉のハンガリー風シチュー。

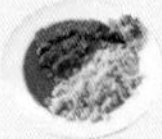

Ⓙ【グラーシュ】

Eisbein
アイスバイン

豚肉の塩漬けと香味野菜の煮込み。

Ⓙ【アイスバイン】

Hendel
ヘーンデル

Ⓙ【鶏の丸焼き】

Sauerkraut
ザウアークラウト

Ⓙ【キャベツの塩漬け】

Forellenfilet
フォレレンフィレー

Ⓙ【ヨーロッパマスのフィレ】

Weißer Spargel
ヴァイサー　シュパーゲル

ドイツの春の味覚。

Ⓙ【白アスパラ】

Krautwickel
クラウトヴィッケル

Ⓙ【ドイツ風ロールキャベツ】

Sauerbraten
ザウアーブラーテン

Ⓙ【牛肉の煮込み】

Wiener Schnitzel
ヴィーナー　シュニッツェル

肉にパン粉をつけて焼いたもの。

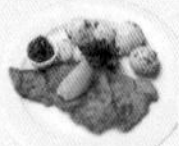

Ⓙ【ヴィーナーシュニッツェル】

Saumagen
ザウマーゲン

豚の胃袋に卵などを詰めて焼いたもの。

Ⓙ【ザウマーゲン】

Matjesfilet
マトイェスフィレー

クリームソースで食べるのが定番。

Ⓙ【ニシンの酢漬け】

Knödel
クネーデル

ニョッキのような食感のジャガイモ団子。

Ⓙ【クネーデル】

Kartoffelsuppe
カルトッフェルズッペ

Ⓙ【ジャガイモのポタージュ】

Leberknödelsuppe
レバークネーデルズッペ

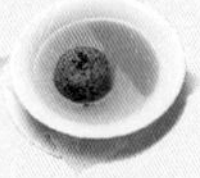

Ⓙ【レバー団子入りブイヨンスープ】

Linsensuppe
リンゼンズッペ

Ⓙ【レンズマメのスープ】

Soljanka
ゾリャンカ

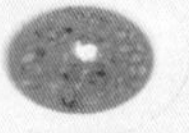

Ⓙ【カッテージチーズ入りスープ】

Brotzeitteller
ブロートツァイトテラー

Ⓙ【冷肉料理】

Bratkartoffeln
ブラートカルトッフェルン

ゆでたジャガイモを香ばしく焼いたもの。

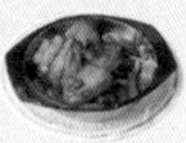

Ⓙ【焼きジャガイモ】

郷土料理
lokale Küche
ロカーレ　キュッヒエ

Schweinshaxe
シュヴァインスハクセ

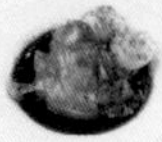

J【骨付き豚スネ肉のロースト】

Schweinebraten
シュヴァイネブラーテン

豚肉のスライスを焼き上げる。

J【シュヴァイネブラーテン】

Entenbraten
エンテンブラーテン

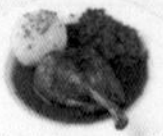

J【鴨モモ肉のロースト】

Pfannkuchensuppe
プファンクーヘンズッペ

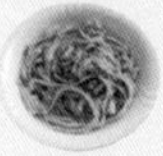

J【パンケーキ入りスープ】

Fränkische Scheurebenrahmsuppe
フレンキッシェ
ショイレベンラームズッペ

J【ワイン入りクリームスープ】

Maultaschen
マウルタッシェン

パスタの中にスパイシーなひき肉がたっぷり。

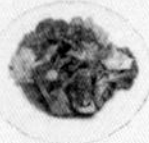

J【マウルタッシェン】

Käsespätzle
ケーゼシュペッツレ

パスタの一種。チーズ、揚げタマネギと食べる。

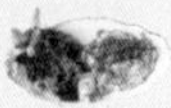

J【ケーゼシュペッツレ】

Handkäse
ハントケーゼ

パンと一緒に食べる。

J【酢漬けチーズとタマネギ】

Himmel und Erde
ヒンメル ウント　エアデ

リンゴとジャガイモ、ソーセージを使った料理。

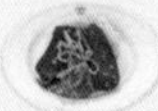

J【ヒンメル・ウント・エアデ】

Labskaus
ラプスカウス

コンビーフ、マッシュポテトの目玉焼きのせ。

J【ラプスカウス】

Fischpfanne
フィッシュプファネ

J【白身魚のムニエル】

Fischbrötchen
フィッシュブレートヒエン

エビや燻製の魚などをはさむ。

J【フィッシュサンド】

gebratene Scholle
ゲブラーテネ　ショレ

J【カレイのムニエル】

Wernigerode
ヴェルニゲローデ

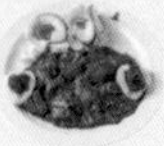

J【イノシシ肉の煮込み】

Hirschsteak
ヒルシュシュテイク

J【シカ肉のステーキ】

パン
Brot
ブロート

Brezel
ブレッツェル

岩塩が効いている。

J【プレッツェル】

Vollkornbrot
フォルコルンブロート

J【全粒粉パン】

Kaisersemmel
カイザーゼンメル

J【白パン】

Kürbiskernbrötchen
キュルビスケルンブロートヒエン

J【カボチャの種入りパン】

Roggenbrot
ロッゲンブロート

噛むほどに味わいが増す、少し固めのパン。

J【ライ麦パン】

Mohnsemmel
モーンゼンメル

J【ケシの実パン】

Bayerisches Croissant
バイエリッシェス　クロワッソーン

サクサクした食感とバターの香りのクロワッサン。

J【バイエルン・クロワッサン】

LOOK

をください。

, bitte.

ビッテ

, please.

Weizenbrot
ヴァイツェンブロート

Ⓙ【小麦のパン】

Römer
レーマー

皮は固め、中はふんわり。

Ⓙ【丸パン】

Pinienkernweckerl
ピニエンケルンヴェッケル

Ⓙ【松の実パン】

Laugenzopf
ラウゲンツォプフ

もっちりとした噛みごたえ。

Ⓙ【三つ編みパン】

Walnussweckerl
ヴァルヌスヴェッケル

Ⓙ【クルミパン】

ビール(種類)
Bier
ビーア

Weizen / Weisse
ヴァイツェン/ヴァイセ

白ビール。小麦麦芽を使用。

Ⓙ【ヴァイツェン/ヴァイセ】

Pils / Pilsner
ピルス/ピルスナー

ホップが効いた、チェコ生まれのビール。

Ⓙ【ピルス/ピルスナー】

Helles
ヘレス

軽くてさわやかな味。

Ⓙ【ヘレス】

Dunkles
ドゥンクレス

苦みと甘みが混じる濃厚な味。

Ⓙ【デュンケル】

Schwarz
シュヴァルツ

香ばしい麦芽の香りと深いコク。

Ⓙ【シュヴァルツ】

Bock
ボック

ずっしりした麦芽の風味、濃厚な味。

Ⓙ【ボック】

Altbier
アルトビーア

香ばしい風味と苦みのバランスがよい。

Ⓙ【アルトビア】

Rauchbier
ラオホビーア

燻製した麦芽を使用。

Ⓙ【ラオホビア】

ビール(銘柄)
Bier
ビーア

Hofbräu Original
ホーフブロイ
オリギナール

Ⓙ【ホーフブロイ・オリジナル】

Spaten Münchener Hell
シュパーテン
ミュンヘナー
ヘル

Ⓙ【シュパーテン・ミュンヘナー・ヘル】

Franziskaner Hefeweißbier
フランツィスカーナー
ヘーフェヴァイスビーア

Ⓙ【フランツィスカーナー・ヘーフェ・ヴァイスビア】

Paulaner Helles
パウラーナー
ヘレス

Ⓙ【パウラーナー・ヘレス】

Augustiner
アウグスティーナー

Ⓙ【アウグスティーナー】

Schneider Weisse
シュナイダー
ヴァイセ

Ⓙ【シュナイダー・ヴァイセ】

Erdinger Weißbier
エルディンガー ヴァイスビーア

J【エルディンガー・ヴァイスビィア】

Hacker Pschorr
ハッカー プショール

J【ハッカー・プショール】

Weihenstephaner Hefeweißbier
ヴァイエンシュテファーナー ヘーフェヴァイスビィア

J【ヴァイエンシュテファン・ヘーフェ・ヴァイスビア】

Würzburger Hofbräu
ヴュルツブルガー ホーフブロイ

J【ヴュルツブルガー・ホーフブロイ】

Arcobräu Urfass
アルコブロイ ウアファス

J【アルコブロイ・ウアファス】

Aecht Schlenkerla Rauchbier
エヒト　シュレンケルラ ラオホビーア

J【エヒト・シュレンケルラ・ラオホビア】

Rittmayer Rauchbier
リットマイヤー ラオホビーア

J【リットマイヤー・ラオホビア】

Rothaus Pils
ロートハウス ピルス

J【ロートハウス・ピルス】

Füssener Kellerbier
フュッセナー ケラービーア

J【フュッセナー・ケラービア】

Flensburger Pilsner
フレンスブルガー ピルスナー

J【フレンスブルガー・ピルスナー】

Jever Pilsner
イェーファー ピルスナー

J【イェーファー・ピルスナー】

Beck's
ベックス

J【ベックス】

Berliner Pilsner
ベルリナー ピルスナー

J【ベルリナー・ピルスナー】

Berliner Kindl Weisse
ベルリナー キンドル ヴァイセ

J【ベルリナー・キンドル・ヴァイセ】

Gaffel Kölsch
ガッフェル ケルシュ

J【ガッフェル・ケルシュ】

Dom Kölsch
ドーム ケルシュ

J【ドーム・ケルシュ】

Kirschweizen
キルシュヴァイツェン

J【キルシュ・ヴァイツェン】

ソーセージ
Wurst
ヴルスト

Nürnberger Bratwurst
ニュルンベルガー　ブラートヴルスト
ハーブ入りミンチを使用。

J【ハーブ入りソーセージ】

Wollwurst
ヴォルヴルスト

J【皮なしソーセージ】

Weißwurst
ヴァイスヴルスト

J【白ソーセージ】

Pfälzer
プフェルツァー
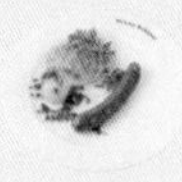
J【香草入りソーセージ】

Debreziner
デブレツィーナー

J【香辛料入りソーセージ】

Leberkäse
レーバーケーゼ

J【ドイツ風ミートローフ】

LOOK

[　　　] をください。

[　　　], bitte.

[　　　] ビッテ

[　　　],please.

Kalbsbratwurst
カルブスブラートヴルスト

J【仔牛肉の焼きソーセージ】

Currywurst
カリーヴルスト

カレー粉とケチャップたっぷり。

J【カリーヴルスト】

Frankfurter Würstchen
フランクフルター　ヴュルストヒェン

長さが20cmもある。

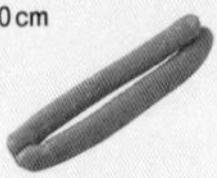

J【フランクフルトソーセージ】

Schweinsbratwurst
シュヴァインスブラートヴルスト

J【豚肉の焼きソーセージ】

Bierwurst
ビーアヴルスト

マスタードなどが入った柔らかいソーセージ。

J【ソフトサラミ】

Leberwurst
レーバーヴルスト

豚や牛のレバーを使用。皮をむいて食べる。

J【レバーソーセージ】

Zungenwurst
ツンゲンヴルスト

J【豚の舌のソーセージ】

Mettwurst
メットヴルスト

J【豚ひき肉のソーセージ】

Wiener Würstchen
ヴィーナー　ヴュルストヒェン

豚肉のミンチを羊の腸に詰めたもの。

J【ウィンナー・ソーセージ】

Riesen-Currywurst
リーゼン　カリーヴルスト

カレーの香辛料入り。

J【カレーソーセージ】

Grobe-Bratwurst
グローベ　ブラートヴルスト

厳選された豚肉を使ったもの。

J【粗挽きソーセージ】

スイーツ
Süßigkeiten
ジューシヒカイテン

Leipziger Lerche
ライプツィガー　レールヒェ

J【ナッツ生地のタルト】

Zwetschgenkuchen
ツヴェチゲンクーヘン

J【西洋スモモのケーキ】

Teegebäck
テーゲベック

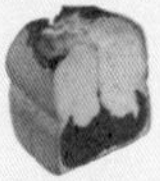

J【紅茶のスポンジケーキ】

Butterkuchen
ブッタークーヘン

J【バターケーキ】

Apfeltorte
アプフェルトルテ

J【リンゴケーキ】

Johannesbeere-Baiser
ヨハニスベーレ ベゼー

J【スグリの実のケーキ】

Rote Grütze
ローテ グリュッツェ

J【木いちごのプディング】

素材
Zutaten
ツーターテン

Rindfleisch
リントフライシュ
J【牛肉】

Hühnerfleisch
ヒューナーフライシュ
J【鶏肉】

Kalbfleisch
カルプフライシュ
J【仔牛肉】

Schweinefleisch
シュヴァイネフライシュ
J【豚肉】

Hammelfleisch ハメルフライシュ J【羊肉】	Putenfleisch プーテンフライシュ J【七面鳥肉】	Hackfleisch ハックフライシュ J【ひき肉】	Ei アイ J【卵】
Lammfleisch ラムフライシュ J【仔羊肉】	Keule コイレ J【もも肉】	Speck シュペック J【ベーコン】	Lachs ラクス J【サーモン】
Scholle ショレ J【舌ビラメ】	Garnele ガルネーレ J【エビ】	Möhre メーレ J【ニンジン】	Eisbergsalat アイスベルクザラート J【レタス】
Hering ヘリング J【ニシン】	Kartoffel カルトッフェル J【ジャガイモ】	Tomate トマーテ J【トマト】	Sellerie ゼレリー J【セロリ】
Spinat シュピナート J【ホウレンソウ】	Pilz ピルツ J【キノコ】	Apfel アプフェル J【リンゴ】	Butter ブッター J【バター】
Kohl コール J【キャベツ】	Traube トラウベ J【ブドウ】	Milch ミルヒ J【牛乳】	frische Sahne フリッシェ　ザーネ J【生クリーム】
調理法 **Rezept** **レツェプト**	geröstet ゲレーステット J【ローストした】	gekocht ゲコホト J【ゆでた】	geköchelt ゲケッヒェルト J【煮込んだ】
	gebraten ゲブラーテン J【焼いた】	angebraten アンゲブラーテン J【ソテーした】	in Essig eingelegt イン　エスィヒ　アインゲレークト J【酢に漬けた】
frittiert フリティーアト J【揚げた】	zerquetscht ツェアクヴェッチュト J【つぶした】	roh ロー J【生の】	dünn geschnittene Scheibe デュン　ゲシュニッテネ　シャイベ J【薄切りにした】
gehackt ゲハクト J【ひき肉にした】	gewürzt ゲヴュルツト J【味をつけた】	frisch フリッシュ J【新鮮な】	würzig ヴュルツィヒ J【香辛料のよく効いた】
調味料 **Gewürze** **ゲヴュルツェ**	Öl エール J【油】	Senf ゼンフ J【マスタード】	Salz ザルツ J【塩】
	Essig エスィヒ J【酢】	Pfeffer プフェッファー J【コショウ】	Zucker ツッカー J【砂糖】

ドイツワインをオーダーしましょう

ドイツの南北を流れるライン川周辺は、世界でも有数のワインの名産地。多彩なドイツワインの中から、お気に入りの味を探してみましょう。

ワインリストはここをチェック

赤ワイン

ブドウの種類

ブドウの種類によってワインの味は大きく異なる。気に入ったワインに出会ったら、ブドウの種類を覚えておくのがおすすめ。

ロゼワイン

白ワイン

グラスでオーダーする場合の価格

ボトルの価格

ハウスワイン

そのお店が独自の判断で選んだワインのこと。

Rotwein（ロートヴァイン）	Glas	Flasche
Hauswein（ハウスヴァイン）		
Spätburgunder / Baden	€00	€000
Blauer Portugieser / Ahr	€00	€000
Trollinger / Württemberg	€00	€000
Schwarzriesling / Franken	€00	€000
Dornfelder / Nahe	€00	€000
Lemberger / Württemberg	€00	€000
Weißherbst / Rosewein（ヴァイスヘルプスト／ロゼーヴァイン）		
Spätburgunder / Baden	€00	€000
Spätburgunder / Nahe	€00	€000

Weißwein（ヴァイスヴァイン）	Glas（グラース）	Flasche（フラッシェ）
Hauswein（ハウスヴァイン）		
Riesling / Rheingau	€00	€000
Silvaner / Franken	€00	€000
Müller-Thurgau / Rheinhessen	€00	€000
Kerner / Pfalz	€00	€000
Scheurebe / Nahe		
Ruländer / Baden		
Sekt（ゼクト）		
Riesling / Rheingau	€00	€000
Riesling / Mittelrhein	€00	€000
Spätburgunder / Baden	€00	€000

産地

「ラインガウ」「ラインヘッセン」「プファルツ」 などライン川周辺はワインの名産地。

スパークリングワイン

ワインラベルの読み方はこちら

鷲のマーク

国営醸造所で作られた印

ブドウが収穫された年（ヴィンテージ）

ブドウ品種

公認検査番号

国が定める上級ワインの規定に合格していることを証明

産地

生産者名（醸造所名）

ブドウが収穫された畑の名前

品質等級

QmPが最上級

ワインを注文してみましょう

このワインをいただけますか？
Könnte ich diesen Wein haben?
ケンテ　イッヒ　ディーゼン　ヴァイン　ハーベン
Can I have this wine?

おすすめのワインは何ですか？
Welchen Wein können Sie empfehlen?
ヴェルヒェン　ヴァイン　ケネン　ズィー　エムプフェーレン
Could you recommend some wine?

甘口［辛口］のものはどれですか？
Welcher Wein ist süß [trocken]?
ヴェルヒャー　ヴァイン　イスト　ジュース［トロッケン］
Which one is sweet [dry]?

地元のワインはどれですか？
Welcher der Weine ist lokal?
ヴェルヒャー　デア　ヴァイネ　イスト　ロカール
Which one is the local wine?

軽めのワインはありますか？
Haben Sie einen leichten Wein?
ハーベン　ズィー　アイネン　ライヒテン　ヴァイン
Do you have a light wine?

白［赤］ワインをグラスでください。
Ich hätte gern ein Glas Weißwein [Rotwein].
イッヒ　ヘッテ　ゲルン　アイン　グラース　ヴァイスヴァイン［ロートヴァイン］
Could I have a glass of white [red] wine?

もう少し（値段が）手ごろなものはありますか？
Haben Sie etwas günstigeres?
ハーベン　ズィー　エトヴァス　ギュンスティガーレス
Do you have a cheaper one?

ラインガウ産のワインをください。
Ich nehme einen Rheingau.
イッヒ　ネーメ　アイネン　ラインガウ
I'll have a Rheingau.

お役立ち単語集 WORD

原産地	Herkunftsland	ヘーアクンフツラント
銘柄	Marke	マルケ
収穫年	Erntejahr	エルンテヤール
ブドウ	Traube	トラウベ
格付け	Prädikat	プレディカート
飲みごろ	die beste Zeit zum Trinken	ディ ベステ ツァイト ツム トリンケン
ソムリエ	Sommelier	ゾムリエー
辛口	trocken	トロッケン
甘口	süß	ジュース
酸味	Säure	ゾイレ
香り	Duft	ドゥフト
フルーティーな	fruchtig	フルヒティヒ
爽やかな	erfrischend	エアフリッシェント

地元で味わうドイツビールは格別です

ドイツといえば、やっぱりビール！ 各地の醸造所でオリジナルのビールを作っています。地元の人たちが集まるお店で、とっておきの一杯を楽しみましょう♪

ヴァイツェン／ヴァイセ
Weizen／Weisse
ヴァイツェン／ヴァイセ

小麦麦芽を使用。白ビールとも呼ばれています。なめらかな飲み口とさわやかな香り。

ピルス／ピルスナー
Pils／Pilsner
ピルス／ピルスナー

ホップが効いた、チェコ生まれのビール。すっきりとしたのど越しと程よい苦みが特徴。

ヘレス
Helles
ヘレス

軽くてさわやかな味。アルコール度数も低めで、飲みやすい一品です。

ドゥンケル
Dunkles
ドゥンクレス

バイエルンの伝統ビール。苦みの効いた濃厚な味で、アルコール度数も高め。

注文をしてみましょう

ここに座ってもいいですか？

Darf ich hier sitzen?
ダルフ　イッヒ　ヒーア　ズィッツェン
May I sit here?

ここで一番人気のビールは何ですか？

Welches Bier ist hier am beliebtesten?
ヴェルヒェス　ビーア イスト ヒーア アム ベリーブテステン
What is the most famous beer here?

おすすめのビールは何ですか？

Welches Bier können Sie empfehlen?
ヴェルヒェス　ビーア　ケネン　　ズィー　エムプフェーレン
What beer do you recommend?

ラガーとエール

発酵後に下部に沈む酵母を使うのがラガー、上部に浮かぶ酵母を使うのがエールで、味が大きく違います。日本のビールはラガーが主流。

シュヴァルツ
Schwarz
シュヴァルツ

黒ビールのこと。香ばしい麦芽の香りと深いコクがあり、口当たりは軽めです。

ボック
Bock
ボック

力強い麦芽の風味と濃厚な味。口当たりはなめらかですが、アルコール度数は高め。

アルトビア
Altbier
アルトビーア

古い（アルト）製法で作られるビール。香ばしい風味と苦みのバランスが◎。

ラオホビア
Rauchbier
ラオホビーア

燻製した麦芽を使用。独特の風味と程よい苦みが楽しめます。

乾杯！	**Prost! ／ Zum Wohl!** プロースト ／ツム　ヴォール Cheers!
この店の名物料理は何ですか？	**Was ist die Spezialität dieses Restaurants?** ヴァス　イスト ディ シュペツィアリテート ディーゼス レストラーンス What is the special dish of this restaurant?
もう一杯いただけますか？	**Könnte ich noch eine Portion bekommen?** ケンテ　イッヒ　ノッホ　アイネ　ポルツィオーン　ベコメン Can I have another one?

本場のソーセージをおいしくいただきましょう

**ドイツには1500種以上のソーセージ（＝ヴルスト）があるといわれています。
旅先では、ぜひ地元の名物ソーセージをいただきましょう。**

ハーブ入りソーセージ
Nürnberger Bratwurst
**ニュルンベルガー
ブラートヴルスト**

ハーブ入りのミンチを使用。
ニュルンベルク名物。

皮なしソーセージ
Wollwurst
ヴォルヴルスト

外はカリッ、中はふわっとした
食感の皮なしソーセージ。

香草入りソーセージ
Pfälzer
プフェルツァー

プファルツ地方名物。香草や
ジャガイモなどが加えられて
います。

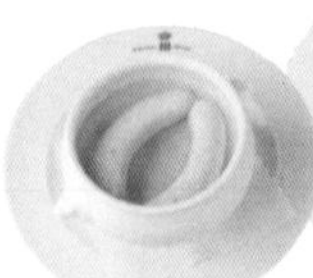

白ソーセージ
Weißwurst
ヴァイスヴルスト

ミュンヘン名物の白ソーセー
ジ。ハニーマスタードでいた
だきます。

香辛料入りソーセージ
Debreziner
デブレツィーナー

香辛料を使用した粗挽きソ
ーセージ。

ドイツ風ミートローフ
Leberkäse
レーバーケーゼ

牛肉と豚肉のペーストを焼い
たもの。

注文をしてみましょう

どうやって
皮をむくのですか？

Wie kann man die Schale abmachen?
ヴィー **カン** **マン** ディ **シャーレ** **ア**ップマッヘン
How can I peel it?

ソーセージの
盛り合わせをください。

Eine Wurstplatte, bitte.
アイネ **ヴ**ルストプラッテ **ビ**ッテ
Assorted sausages, please.

マスタードを
ください。

Bringen Sie mir bitte Senf.
ブリンゲン ズィー **ミ**ーア **ビ**ッテ **ゼ**ンフ
Bring me a mustard.

ソーセージの食べ方

茹でるか焼くかが一般的。レバーソーセージのように中がペースト状のものは、パンに塗ってもおいしいです。

仔牛肉の焼きソーセージ
Kalbsbratwurst
カルプスブラートヴルスト

歯ごたえのよい、仔牛肉と豚肉の焼きソーセージ。

フランクフルトソーセージ
Frankfurter Würstchen
フランクフルター ヴュルストヒェン

長さが20cmもある、フランクフルト名物のソーセージ。

豚肉の焼きソーセージ
Schweinsbratwurst
シュヴァインスブラートヴルスト

インビス(軽食スタンド)でよく見かける、定番ソーセージ。

粗挽きソーセージ
Grobe-Bratwurst
グローベ ブラートヴルスト

厳選された豚肉を使った伝統的なソーセージ。

豚ひき肉のソーセージ
Mettwurst
メットヴルスト

脂身の少ない豚のひき肉を使用。ペースト状のものなど種類もいろいろ。

カレーソーセージ
Riesen-Currywurst
リーゼン カリーヴルスト

カレーの香辛料入り。茹でても焼いても香ばしく美味。

おすすめは何ですか?

Was empfehlen Sie?
ヴァス エムプフェーレン ズィー
What do you recommend?

辛いソーセージはありますか?

Haben Sie scharfe Würste?
ハーベン ズィー シャーフェ ヴュルステ
Do you have a spicy sausage?

これはパンに塗って食べるのですか?

Schmiert man es auf das Brot?
シュミーアト マン エス アウフ ダス ブロート
Do I smear this on a bread?

テイクアウトでドイツの食文化を堪能

お散歩の途中に、手軽に小腹を満たしてくれるテイクアウトメニュー。
旅先ならではの一品を選んで、青空の下で味わうのも格別です。

ドイツ版屋台"Imbiss"(インビス)

街のあちこちで見かける小さな軽食スタンドを Imbiss (インビス) といいます。ソーセージをパンに挟んだものが定番メニューで、値段は2ユーロ程度とお手ごろ。観光やお散歩の途中に、できたてをぜひ試してみましょう。

パン屋さんもはずせません♪

ドイツパンは種類が多く、その数は500種類以上といわれています。香ばしい食事パンはもちろん、スイーツのような甘いパンもたくさん。パンの国ドイツで、本場の味と食感を味わいたいですね。プレッツェルも忘れずに!

では注文してみましょう

こんにちは。
Guten Tag!
グーテン　ターク

いらっしゃいませ。
Herzlich Willkommen!
ヘルツリヒ　ヴィルコメン

ブラートヴルストを1つ、マスタードをかけてください。
Eine Bratwurst mit Senf, bitte.
アイネ ブラートヴルスト ミット ゼンフ ビッテ

2ユーロになります。
Das macht 2 Euro.
ダス マハト ツヴァイ オイロ

はい、どうぞ! (商品を受け取って) ありがとう!
Bitte schön! Danke!
ビッテ シェーン ダンケ

LOOK

[　　　] をください。

[　　　], bitte.

[　　　] ビッテ

[　　　], please.

インビス
Imbiss
イムビス

Fleischpflanzerl
フライシュプフランツェール

J【ハンバーグサンド】

Münchner Schnitzel
ミュンヒナー　シュニッツェル

ミュンヘン名物カツレツを使用。

J【ミュンヘン風カツサンド】

Bratwurst
ブラートヴルスト

焼きソーセージをパンに挟んだ定番メニュー。

J【ドイツ風ホットドッグ】

Krustenbraten
クルステンブラーテン

J【豚肉のサンドイッチ】

Käsebeißer
ケーゼバイサー

J【チーズソーセージサンド】

Döner Kebab
ドゥナー　ケバブ

こんがり焼いた肉と赤キャベツがたっぷり。

J【ケバブ・サンド】

Currywurst
カリーヴルスト

ベルリン名物。カレー粉とケチャップたっぷり。

J【カリーヴルスト】

パン
Brot
ブロート

Brezel
ブレッツェル

岩塩が効いている。

J【プレッツェル】

Vollkornbrot
フォルコルンブロート

J【全粒粉パン】

Kaisersemmel
カイザーゼンメル

J【白パン】

Kürbiskernbrötchen
キュルビスケルンブロートヒェン

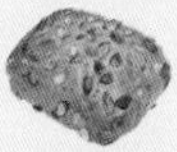

J【カボチャの種入りパン】

Roggenbrot
ロッゲンブロート

噛むほどに味わいが増す、少し固めのパン。

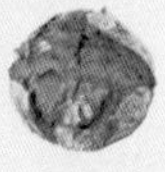

J【ライ麦パン】

Mohnsemmel
モーンゼンメル

プチプチとした食感が特徴。

J【ケシの実パン】

Bayerisches Croissant
バイエリッシェス　クロワッソーン

サクサクした食感とバターの香り。

J【バイエルン・クロワッサン】

Weizenbrot
ヴァイツェンブロート

薄くスライスしてチーズなどと一緒に。

J【小麦のパン】

Römer
レーマー

皮は固め、中はふんわり。

J【丸パン】

Pinienkernweckerl
ピニエンケルンヴェッケル

J【松の実パン】

Laugenzopf
ラウゲンツォプフ

もっちりとした噛みごたえがある。

J【三つ編みパン】

Walnussweckerl
ヴァルヌスヴェッケル

J【クルミパン】

基本会話
見どころ
グルメ
ショッピング
ビューティ
エンタメ
ホテル
乗りもの
基本情報
単語集

街かどのカフェでひとやすみ

歩きすぎて疲れたら、カフェでちょっとひとやすみしましょう。
居心地の良い雰囲気とおいしい飲み物で、また元気になれそうです。

お店に入りましょう

こんにちは。
Guten Tag!
グーテン　ターク

こんにちは。何名様ですか？
Guten Tag! Wie viele Personen sind Sie?
グーテン ターク ヴィー フィーレ ペルゾーネン ズィント ズィー

1人です。
Ich bin alleine.
イッヒ　ビン　アライネ

店内席かテラス席、どちらが良いですか？
Möchten Sie drinnen oder draußen sitzen?
メヒテン　ズィー　ドリネン　オーダー　ドラウセン ズィッツェン

テラス［カウンター］席でお願いします。
Draußen [an der Theke] bitte.
ドラウセン　［アン　デア　テーケ］　ビッテ

はい、こちらへどうぞ。
Folgen Sie mir bitte.
フォルゲン　ズィー　ミーア　ビッテ

セットメニューはありますか？
Haben Sie ein Menü?
ハーベン　ズィー　アイン　メニュー
Do you have a set meal?

これは何ですか？
Was ist das?
ヴァス　イスト　ダス
What is this?

おすすめはどれですか？
Was empfehlen Sie?
ヴァス　エムプフェーレン　ズィー
Which do you recommend?

私も同じものをください。
Ich nehme das Gleiche.
イッヒ　ネーメ　ダス　グライヒェ
Same for me.

日替わり料理［デザート］は何ですか？
Was für ein Tagesmemü [einen Nachtisch] gibt es?
ヴァス　フュア　アイン　ターゲスメニュー　［アイネン　ナーハティッシュ］　ギブト　エス
What is today's dish[dessert]?

LOOK

[　　] をください。

[　　], bitte.
ビッテ

[　　], please.

カフェメニュー
Kleine Speisen
クライネ　シュパイゼン

Sandwich
サンドヴィッチ

J【サンドイッチ】

Omelett
オムレット

J【オムレツ】

Salat
ザラート

J【サラダ】

Quiche
キッシュ

J【キッシュ】

Suppe
ズッペ

J【スープ】

Eis
アイス

J【アイスクリーム】

Muffin
マフィン

J【カップケーキ】

Kaffee
カフェ

J【コーヒー】

Cappuccino
カプチーノ

J【カプチーノ】

Heiße Schokolade
ハイセ　ショコラーデ

J【ホットチョコレート】

Tee
テー

J【紅茶】

Kräutertee
クロイターテー

J【ハーブティー】

Glühwein
グリューヴァイン
スパイスを入れて温めたワイン。

J【グリューワイン】

取り分けたいのですが…
Wir möchte uns das Essen teilen.
ヴィーア　メヒテ　ウンス　ダス　エッセン　タイレン
Is it possible to share the dish?

コーヒーをもう一杯ください。
Ich hätte gern noch eine Tasse Kaffee.
イッヒ ヘッテ ゲルン　ノッホ　アイネ タッセ　カフェ
I'd like to have another cup of coffee, please. カフェメニュー→P.63

全部でいくらですか？
Wie viel macht es zusammen?
ヴィー フィール マハト エス ツザメン
How much is it altogether?

スイーツも旅の楽しみですね

ビールやソーセージだけでなく、スイーツの種類も豊富なドイツ。
どれから食べようか迷ってしまいますね。

丸ドーナツ
Schneeball
シュネーバル

ローテンブルク名物の、「雪球」という名の揚げ菓子。

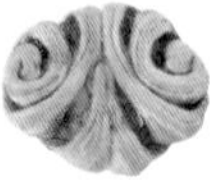

シナモンペストリー
Franzbrötchen
フランツブレートヒェン

シナモンシュガー入りペストリー。ハンブルク名物。

ジャム入りドーナツ
Berliner Pfannkuchen
ベルリナー
プファンクーヘン

大晦日や感謝祭に食べる、ジャム入りドーナツ。

ハート型パイ
Schweineohr
シュヴァイネオーア

「ブタの耳」という名前の、サクサクのパイ。

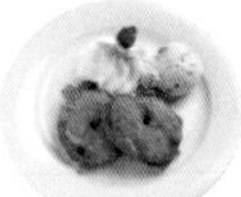

リンゴの揚げ菓子
Apfelküchle
アプフェルキューヒレ

リンゴに衣をつけて揚げたアップルフライ。

バターケーキ
Frankfurter Kranz
フランクフルター
クランツ

バタークリームとビスケット生地のケーキ。

注文をしてみましょう

このケーキを
1つください。

Ein Stück von diesem Kuchen, bitte.
アイン シュテュック フォン ディーゼム クーヘン　ビッテ
I'll have one of these cakes.

数字→P.150

おすすめは
何ですか？

Was empfehlen Sie?
ヴァス エムプフェーレン　ズィー
What do you recommend?

レープクーヘンを
10個ください。

Ich nehme 10 Lebkuchen.
イッヒ　ネーメ　ツェーン　レープクーヘン
I'll have 10 lebkuchens.

数字→P.150　スイーツ→P.67

フルーツの単語もチェックしましょう

ブルーベリー	Blaubeere	ブラウベーレ
洋ナシ	Birne	ビルネ
リンゴ	Apfel	アプフェル
桃	Pfirsich	プフィルズィヒ
プラム	Pflaume	プフラウメ
イチゴ	Erdbeere	エアドベーレ
アプリコット	Aprikose	アプリコーゼ
レモン	Zitrone	ツィトローネ

リンゴケーキ
Apfelkuchen
アプフェルクーヘン

バター生地とリンゴで作る伝統的なお菓子。

クリスマスクッキー
Lebkuchen
レープクーヘン

ニュルンベルク名物のクリスマスクッキー。

チェリーのケーキ
Kirschstreusel
キルシュシュトロイゼル

カスタードクリームとサワーチェリーのしっとりケーキ。

チーズケーキ
Käsekuchen
ケーゼクーヘン

口当たりのよいベイクドタイプのチーズケーキ。

バウムクーヘン
Baumkuchen
バウムクーヘン

その断面から「バウム＝木」と名付けられたお菓子。

リンゴのクレープ
Apfelstrudel
アプフェル
シュトルーデル

リンゴをクレープ状の生地で巻いて焼いたもの。

ここで食べられますか？
Kann man hier essen?
カン　マン　ヒーア　エッセン
Can I eat here?

おみやげ用にお願いします。
Können Sie es als Geschenk einpacken?
ケネン　ズィー エス アルス ゲシェンク　アインパッケン
Could you make it a gift?

日持ちはしますか？
Ist das lang haltbar?
イスト　ダス　ラング　ハルトバー
Does it have a long keeping?

あこがれのザッハートルテに舌つづみ

オーストリア

オーストリアの代表的なスイーツ、ザッハートルテ。
日本でもすっかりおなじみですが、本場の味を確かめてみましょう。

ザッハートルテ
Sachertorte
ザッハートルテ

ホイップクリーム
Schlagsahne
シュラークザーネ

チョコレート
Schokolade
ショコラーデ

アプリコットジャム
Aprikosenmarmelade
アプリコーゼンマルメラーデ

ザッハートルテとは
オーストリアの代表的なチョコレートケーキ。フランツ・ザッハー氏が考案したトルテが評判になり「ザッハートルテ」の名で広まりました。甘くないクリームを添えるのが一般的。

ザッハートルテをオーダーしてみましょう

ザッハートルテをひとつ、ホイップクリーム付きでください。

Ein Stück Sachertorte mit Sahne, bitte.
アイン　シュテュック　ザッハートルテ　ミット　ザーネ　ビッテ
A piece of Sachertorte with a whipped cream, please.

テイクアウト用に、小さなサイズのザッハートルテを2つください。

Ich hätte gern zwei kleine Stücke von der Sachertorte zum Mitnehmen.
イッヒ　ヘッテ　ゲルン　ツヴァイ　クライネ　シュテュッケ　フォン　デア　ザッハートルテ　ツム　ミットネーメン
Two small pieces of Sachertorte to go, please.

数字→P.150

いつまで日持ちしますか？

Bis wann hält das?
ビス　ヴァン　ヘルト　ダス
How long does it keep?

LOOK

をください。

, bitte.

ビッテ

, please.

スイーツ
Süßigkeiten
ジューシヒカイテン

Mohntorte
モーントルテ

Ⓙ【ケシの実ケーキ】

Apfelküchle
アプフェルキューヒレ

リンゴに衣をつけて揚げたもの。

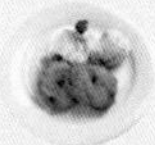

Ⓙ【リンゴの揚げ菓子】

Schwarzwälder Kirschtorte
シュヴァルツヴェルダー キルシュトルテ

Ⓙ【さくらんぼのケーキ】

Baumkuchen
バウムクーヘン

「バウム＝木」と名付けられたお菓子。

Ⓙ【バウムクーヘン】

Käsekuchen
ケーゼクーヘン

ベイクドタイプのチーズケーキ。

Ⓙ【チーズケーキ】

Zwetschgenkuchen
ツヴェチゲンクーヘン

西洋スモモ入りのケーキ。

Ⓙ【スモモのケーキ】

Apfelstrudel
アプフェルシュトゥルーデル

リンゴをクレープ状の生地で巻いて焼いたもの。

Ⓙ【リンゴのクレープ】

Trüffeltorte
トリュッフェルトルテ

風味豊かなトリュフチョコレートのケーキ。

Ⓙ【チョコレートケーキ】

Schweineohr
シュヴァイネオーア

「ブタの耳」という名前の、サクサクのパイ。

Ⓙ【ハート型パイ】

Schneeball
シュネーバル

ローテンブルク名物の揚げ菓子。

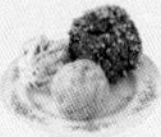

Ⓙ【丸ドーナツ】

Bienenstich
ビーネンシュティッヒ

アーモンドとカラメルで覆われたケーキ。

Ⓙ【アーモンドケーキ】

Apfelstreusel
アプフェルシュトロイゼル

リンゴの甘煮などをそぼろ状にして焼いたもの。

Ⓙ【リンゴの焼菓子】

Kranzstange
クランツシュタンゲ

干しブドウを使ったパイ生地のケーキ。

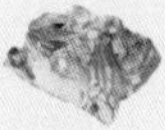

Ⓙ【干しブドウのケーキ】

Kirschstreusel
キルシュシュトロイゼル

カスタードとサワーチェリーのケーキ。

Ⓙ【チェリーのケーキ】

Kaiserschmarrn
カイザーシュマレン

Ⓙ【スクランブル・パンケーキ】

Lebkuchen
レープクーヘン

ニュルンベルク名物のクリスマスクッキー。

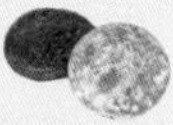

Ⓙ【クリスマスクッキー】

Stollen
シュトレン

ドライフルーツを練りこんだクリスマス用ケーキ。

Ⓙ【フルーツケーキ】

Franzbrötchen
フランツブレートヒェン

シナモンシュガー入りペストリー。

Ⓙ【シナモンペストリー】

Frankfurter Kranz
フランクフルター クランツ

バタークリームとビスケット生地のケーキ。

Ⓙ【バターケーキ】

Apfelkuchen
アプフェルクーヘン

バター生地とリンゴで作るお菓子。

Ⓙ【リンゴケーキ】

Berliner Pfannkuchen
ベルリナー プファンクーヘン

Ⓙ【ジャム入りドーナツ】

マナーを守ってスマートに楽しみましょう

ちょっと贅沢して高級レストランへ…そんなとき、気になるのがマナーです。
あまり堅苦しく考えずに、大切なのは、適度に楽しくおしゃべりしながら料理を堪能すること。
それこそがマナーの基本なんです。

三ツ星レストランは…

三ツ星レストランや人気店を利用するときは、予約をしましょう。名前・人数・日時を伝えます。予約をホテルのフロントに頼んだときはチップを渡しましょう。

服装の決まり（ドレスコード）は…

高級店でなければそれほどうるさくありませんが、ドレスコードありの場所では男性は上着＋ネクタイ、女性はワンピースやジャケットなどのドレスアップを。

メイン料理は…

1人1皿が原則なので、取り皿をもらってシェアするのはNGです。お皿を交換して食べあうこともしないようにしましょう。

勝手に席にすわらないで。
案内してくれるので
お店の人を待ちましょう。

ほかにも気をつけたいことは?

①オーダーする時は?

自分のテーブル担当のウエイターを待ってオーダー。アペリティフ（食前酒）を飲むか聞かれるので、何か頼むかいらなければNein。またメインを頼まないのはNGなので注意。

②スープを飲む時は?

音を立ててすするのは、とてもマナーが悪いのでやめましょう。静かに食べるようにいただきましょう。カップスープの取っ手を持って飲むのはOKです。

ワンポイント・アドバイス

ドイツでは鼻をすすると嫌がられます。鼻をすするくらいなら、食事中でも鼻をかむ方が正しいマナー。

ナイフやフォークは…

使うときは外側から使います。落としてしまったときは自分で拾わずに、ウエイターにお願いして拾ってもらいましょう。

ワインを飲むときは…

高級店では、ワインはお店の人に注いでもらうのがマナー。注いでもらうときはグラスは手に持たず、テーブルに置いたままで。またワイングラスを合わせて音をたてて乾杯するのはやめておきましょう。

チップは…

ウエイターにひと声かけてテーブルで会計をします。チップは高級レストランでは食事代の10%を目安にしましょう。

③手を休める時、食べ終わった時は?

手を休める時、ナイフとフォークは先端を合わせてハの字に（フォークの下にナイフ）。食べ終わった時は共にそろえて3時の方向か、中央斜め下にそろえて置きます。

④喫煙する時は?

公共の場では喫煙禁止です。レストラン内では我慢して、食後に場所を移してテラスのあるカフェなどを利用しましょう。喫煙したいときは、吸える場所を確認しましょう。

ドイツで楽しくお買いもの

いろいろなお店をまわって、お気に入りのグッズを見つけましょう。
お店に入ったら、Guten Tag!と笑顔で店員さんにあいさつを。

まずはお店を探しましょう

デパートは
どこにありますか？

Wo ist das Kaufhaus?
ヴォー イスト ダス カウフハウス
Where is the department store?

それはどこで
買えますか？

Wo kann man das kaufen?
ヴォー カン マン ダス カウフェン
Where can I buy that?

Butterdorfという店
はどこですか？

Wo ist das Geschäft "Butterdorf"?
ヴォー イスト ダス ゲシェフト ブッタードルフ
Where is the shop called Butterdorf?

お店についてたずねましょう

営業時間を
教えてください。

Können Sie mir bitte Ihre Öffnungszeiten sagen?
ケネン ズィー ミーア ビッテ イーレ エフヌングスツァイテン ザーゲン
What are the business hours?

定休日は
いつですか？

An welchen Tagen haben Sie geschlossen?
アン ヴェルヒェン ターゲン ハーベン ズィー ゲシュロッセン
What day do you close?

店内案内図は
ありますか？

Haben Sie einen Etagenplan?
ハーベン ズィー アイネン エタージェンプラーン
Do you have an information guide?

キッチン用品を買うには
どこに行けばいいですか？

Wo kann man Küchengeräte kaufen?
ヴォー カン マン キュッヒェンゲレーテ カウフェン
Where should I go to buy kitchenwares?

エスカレーター［エレベーター］はどこですか？

Wo ist die Rolltreppe [der Aufzug]?
ヴォー イスト ディ ロルトレッペ［デア アウフツーク］
Where is the escalator [elevator]?

文房具売り場を
探しています。

Ich suche die Schreibwarenabteilung.
イッヒ ズーヘ ディ シュライブヴァーレンアップタイルング
I'm looking for stationaries section.

荷物を預かってもらえるところはありますか？

Wo kann man das Gepäck abgeben?
ヴォー　カン　マン　ダス　ゲペック　アップゲーベン
Where is the cloak room?

日本語を話せるスタッフはいますか？

Gibt es hier jemanden, der Japanisch spricht?
ギプト　エス ヒーア　イェーマンデン　デア　ヤパーニシュ　シュプリヒト
Is there someone who speaks Japanese?

店内にATMはありますか？

Gibt es hier im Geschäft einen Geldautomat?
ギプト エス ヒーア イム ゲシェフト アイネン ゲルトアウトマート
Do you have an ATM in here?

顧客サービス窓口はどこですか？

Wo ist der Kundendienstschalter?
ヴォー イスト デア クンデンディーンストシャルター
Where is the customer service?

LOOK

[　　　] はどこにありますか？

Wo ist [　　　] ?
ヴォー　イスト [　　　]
Where is [　　　] ?

Kaufhaus
カウフハウス
Ⓙ【デパート】

Multi-Marken-Geschäft
ムルティ　マルケン　ゲシェフト
Ⓙ【セレクトショップ】

Supermarkt
ズーパーマルクト
Ⓙ【スーパーマーケット】

Einkaufszentrum アインカウフスツェントルム Ⓙ【ショッピングモール】	Bekleidungsgeschäft ベクライドゥングスゲシェフト Ⓙ【洋服屋】	Schuhgeschäft シューゲシェフト Ⓙ【靴屋】	
Taschengeschäft タッシェンゲシェフト Ⓙ【カバン屋】	Duty-Free-Shop デューティ　フリー　ショップ Ⓙ【免税店】		
adidas アディダス Ⓙ【アディダス】	Birkenstock ビルケンシュトック Ⓙ【ビルケンシュトック】	Steiff シュタイフ Ⓙ【シュタイフ】	Faber Castell ファーバー　カステル Ⓙ【ファーバー・カステル】
puma プーマ Ⓙ【プーマ】	Nivea ニベア Ⓙ【ニベア】	Mont Blanc モン　ブラーン Ⓙ【モンブラン】	Pelikan ペリカーン Ⓙ【ペリカン】
Aigner アイグナー Ⓙ【アイグナー】	Meissen マイセン Ⓙ【マイセン】	Rimowa リモーヴァ Ⓙ【リモワ】	Koziol コズィオール Ⓙ【コジオル】
WMF ヴェーエムエフ Ⓙ【WMF】	Leopold レオポルト Ⓙ【レオポルト】	AdHoc アドホック Ⓙ【アドホック】	Zwilling J.A. Henckels ツヴィリング　ヨット　アー　ヘンケルス Ⓙ【ツヴィリング J.A. ヘンケルス】

ドイツ生まれのデザイングッズをおみやげに

**文具や雑貨をはじめ、幅広いジャンルで人気のドイツブランド。
確かな技術に支えられた逸品に会いに行きましょう。**

これはどうやって
使うのですか？

Wie kann man
das benutzen?

ヴィー　カン　マン
ダス　ベヌッツェン

ヴェー・エム・エフ
WMF
ヴェーエムエフ
機能性とデザイン性に
優れた製品が魅力。

キッチンアイテム

ツヴィリング J.A. ヘンケルス
Zwilling J.A. Henckels
ツヴィリング　ヨット　アー　ヘンケルス
18世紀に創業された、刃物のトップブランド。

レオポルト
Leopold
レオポルト
美しいフォルムの製品が好評。

アドホック
AdHoc
アドホック
洗練されたデザインが人気のキッチンツールメーカー。

モンブラン
Mont Blanc
モン　ブラーン
20世紀初頭、世界初の万年筆を開発。

文房具

色違いは
ありませんか？

Haben Sie das
auch in anderen
Farben?

ハーベン　ズィー　ダス
アウホ　イン　アンデレン
ファルベン

ペリカン
Pelikan
ペリカーン
ペリカン親子が商標の文具メーカー。

「マイスター」って？

長い修業の後に国家試験に合格してはじめて与えられる、職人の最高の称号。ドイツのものづくりはマイスターの熟練の技に支えられています。

雑貨

オストハイマー
Ostheimer
オストハイマー
シュタイナー教育に基づいて商品を製作。

ファーバー・カステル
Faber Castell
ファーバー　カステル
18世紀創業。鉛筆生産量世界一を誇る。

同じものを2つください。

Ich nehme zweimal das Gleiche.

イッヒ　ネーメ　ツヴァイマール　ダス　グライヒェ

セレクタ
Selecta
ゼレクタ
デザイン性・安全性の高さに定評がある。

ヤン・シュテファニー
Jan Stephani
ヤン　シュテファニー
おもちゃの村として有名なザイフェン村の工房のひとつ。

壊れないように包んでくださいますか？

Könnten Sie es bitte so einpacken, dass es nicht beschädigt wird?

ケンテン　ズィー　エス　ビッテ　ゾー　アインパッケン　ダス　エス　ニヒト　ベシェーディッヒト　ヴィルト

レトロな東ドイツグッズ&クラシックアイテム

どこかノスタルジックな東ドイツのグッズを探したり、ドイツ生まれのクラシカルなアイテムに会いに行ったり。ドイツならではのお買いものを楽しみましょう。

KAHLAコーヒーカップ
KAHLA Kaffeetasse
カーラ　カフェタッセ
定番のコーヒーカップは、蚤の市でよく見かける。

切手、マッチラベル
Briefmarke, Streichholzetikett
ブリーフマルケ、シュトライヒホルツエティケット
東ドイツらしい、素朴でレトロなデザインが目をひく。

王家の紋章グッズ
Waren mit königlichem Wappen
ヴァーレン　ミット　ケーニクリッヒェム　ヴァッペン
ヴィッテルスバッハ家の紋章入り。

テディベア
Teddybär
テディベーア
世界中で愛されるテディベアは、ドイツ生まれ。

マスコットグッズ
Maskottchen
マスコットヒェン
ベルリンのシンボル・クマのマスコットはいかが?

マイセン
Meissen
マイセン
世界屈指の高級磁器ブランド。

これは東ドイツ製ですか？

Ist das in der DDR hergestellt?
イスト ダス イン デア デーデーエル ヘアゲシュテルト
Is this the product of East Germany?

（棚を指さして）あのカップを見せていただけますか？

Könnte ich vielleicht den Becher sehen?
ケンテ イッヒ フィライヒト デン ベッヒャー ゼーエン
May I see that cup?

これは何年くらい前のものですか？

Wie alt ist das ungefähr?
ヴィー アルト イスト ダス ウンゲフェア
How old is this?

今年のクリスマスプレートが見たいのですが。

Ich würde mir gern den Weihnachtsteller des Jahres ansehen.
イッヒ ヴュルデ ミーア ゲルン デン ヴァイナハツテラー デス ヤーレス アンゼーエン
I'd like to see the Christmas plate of this year.

母へのプレゼントを探しています。

Ich suche ein Geschenk für meine Mutter.
イッヒ ズーヘ アイン ゲシェンク フュア マイネ ムッター
I'm looking for a present for my mother.

新製品は発売されていますか？

Haben Sie neue Artikel?
ハーベン ズィー ノイエ アルティケル
Do you have any new items?

マスコットのような小さなぬいぐるみを探しています。

Ich suche ein kleines Stofftier, so eine Art Maskottchen.
イッヒ ズーヘ アイン クライネス シュトッフティーア ゾー アイネ アルト マスコットヒェン
I'm looking for a small doll like a mascot.

手に取ってみてもいいですか？

Darf ich das in die Hand nehmen?
ダルフ イッヒ ダス イン ディ ハント ネーメン
Can I pick this up?

どうやって手入れをするのですか？

Wie kann man das pflegen?
ヴィー カン マン ダス プフレーゲン
How can I take care of this?

どれにしようか迷っています。

Ich habe mich noch nicht entschieden, was ich kaufe.
イッヒ ハーベ ミッヒ ノッホ ニヒト エントシーデン ヴァス イッヒ カウフェ
I haven't decided yet.

買いたいときはコレ

これください！／いくらですか？

Das, bitte. ／ Was kostet das?
ダス ビッテ／ ヴァス コステット ダス
I'll take this. ／ How much is it?

市場(マルクト)で楽しくコミュニケーション

活気あふれるマルクトで、お店の人との会話とお買いものを楽しみましょう。
新鮮な野菜やお花、ジャム、チーズなど、さまざまなものがそろっています。

マルクトで会話を楽しみましょう

アプリコット4個とモモ1個をください。

Vier Aprikosen und ein Pfirsich, bitte.
フィーア　アプリコーゼン　ウント　アイン　プフィルズィヒ　ビッテ
I'll have four apricots and a peach, please.

数字➡P.150

チェリーを200グラムをください。

200 Gramm Kirschen, bitte.
ツヴァイフンダート　グラム　キルシェン　ビッテ
200 grams of cherry, please.

数字➡P.150

このチーズをひと切れください。

Eine Scheibe von diesem Käse, bitte.
アイネ　シャイベ　フォン　ディーゼム　ケーゼ　ビッテ
A slice of this cheese, please.

このくらいの塊をください。

Ich hätte es gern so groß wie dieses Stück, bitte.
イッヒ　ヘッテ　エス　ゲルン　ゾー　グロース　ヴィー　ディーゼス　シュテュック　ビッテ
Could I have a chunk of these?

旬の野菜［フルーツ］はどれですか？

Welches Gemüse [Obst] schmeckt zur Zeit am besten?
ヴェルヒェス　ゲミューゼ　［オープスト］　シュメックト　ツーア　ツァイト　アム　ベステン
Which vegetable [fruit] is in season now?

これは、どこ産ですか？

Wo wird es hergestellt?
ヴォー　ヴィルト　エス　ヘアゲシュテルト
Where is this made?

アプリコットジャムを1瓶くださ
Eine Dose
Aprikosenmarmelade, bitt
アイネ　ドーゼ
アプリコーゼンマルメラーデ

1つだけ買うことはできますか？

Kann ich die auch einzeln kaufen?
カン　イッヒ　ディ　アウホ　アインツェルン　カウフェン
Can I buy just one of these?

包装していただけますか？

Könnten Sie das bitte einpacken?
ケンテン　ズィー　ダス　ビッテ　アインパッケン
Could you wrap it?

全部でいくらですか？

Was kostet das alles zusammen?
ヴァス　コステット　ダス　アレス　ツザメン
How much is it in total?

味見できますか？
Könnte ich davon kosten?
ケンテ　イッヒ　ダフォン　コステン

1キロあたりの値段はいくらですか？

Was kostet das pro Kilogramm?
ヴァス　コステット　ダス　プロ　キログラム
What is the price for one kilogram?

マルクト・蚤の市の会話のコツは？

活気あふれるマルクトでは、会話がはずめばうれしいサービスも期待できるかも！　また、蚤の市では臆せずに値段交渉にチャレンジです。

さまざまな数量のみかたはコチラです

Drei Euro pro Kilogramm. 1kgにつき3ユーロ
ドライ オイロ プロ キログラム

Ein Euro fünfzig pro Bund. 1束1.5ユーロ
アイン オイロ フュンフツィヒ プロ ブント

eine Flasche アイネ フラッシェ	1瓶	eine Schachtel アイネ シャハテル	1箱	eine Packung アイネ パックング	1袋
eine Packung アイネ パックング	1パック	ein Stück アイン シュテュック	1個	ein Netz アイン ネッツ	1ネット
ein Korb アイン コルプ	1カゴ	ein Stumpf アイン シュトゥンプフ	1株	ein Dutzend アイン ドゥツェント	1ダース

蚤の市で交渉にチャレンジ

こんにちは。
Guten Tag!
グーテン ターク

いらっしゃい。見ていってね！
Herzlich Willkommen. Schauen Sie bitte hier!
ヘルツリヒ ヴィルコメン シャウエン ズィー ビッテ ヒーア

これは古いものですか？
Ist das alt?
イスト ダス アルト

60年代のものだよ。
Das ist aus den sechziger Jahren.
ダス イスト アウス デン ゼヒツィガー ヤーレン

いくらですか？
Was kostet das?
ヴァス コステット ダス

3つ買えば7€にまけるよ。
Wenn Sie drei Stück kaufen, macht es sieben Euro.
ヴェン ズィー ドライ シュテュック カウフェン マハト エス ズィーベン オイロ

もう少し安くなりますか？
Können Sie mir bitte noch etwas mehr Rabatt geben?
ケネン ズィー ミーア ビッテ ノッホ エトヴァス メーア ラバット ゲーベン

うーん。じゃあ、6€でいいよ。
Na ja, sechs Euro ist in Ordnung.
ナー ヤー ゼックス オイロ イスト イン オルドヌング

スーパーマーケットでお買いもの

めずらしい食料品やかわいい雑貨を探しに、スーパーへ行ってみましょう。Bio（＝オーガニック）製品が数多くそろうのも、ドイツのスーパーならでは。

コーヒー豆
Kaffeebohnen
カフェボーネン

アフリカや南米で有機栽培されたBioコーヒー。

ピーナッツチョコ
Erdnussschokolade
エアドヌスショコラーデ

メッセージ入りの包み紙がかわいい、ナッツ入りのチョコ。

白アスパラガススープ
Spargelcremesuppe
シュパーゲルクレーメズッペ

温めるだけで食べられるスープ缶。いろいろな種類がそろう。

オーガニックミント
Biominze
ビオミンツェ

いつもバッグに入れておきたい、爽やかな香りのミント。

ノンアルコールビール
alkoholfreies Bier
アルコホールフライエス ビーア

こちらもBio製品のひとつ。ビール風味が楽しめる。

カモミールティー
Kamillentee
カミレンテー

眠れない夜の味方になってくれそうな、オーガニックティー。

お役立ち単語集 WORD

ワイン	Wein	ヴァイン
ジャム	Marmelade	マルメラーデ
ジンジャー	Ingwer	イングヴァール
紅茶	Tee	テー
香辛料	Gewürze	ゲヴュルツェ
コショウ	Pfeffer	プフェッファー
塩	Salz	ザルツ
玉ねぎ	Zwiebel	ツヴィーベル
ジャガイモ	Kartoffel	カルトッフェル
トマト	Tomate	トマーテ
バジル	Basilikum	バズィリクム
アーティチョーク	Artischocke	アルティチョーク
アボカド	Avocado	アヴォカード
卵	Ei	アイ
バター	Butter	ブッター
牛乳	Milch	ミルヒ

Bio(ビオ)ってなに？

健康にも環境にも考慮して作られた製品で、厳しい基準をクリアしたものにBioマークがつけられています。ドイツにはBio製品専門スーパーも。

クッキー
Keks
ケクス

古代穀物を使ったためずらしいクッキーなどがおすすめ。

西洋わさび
Meerrettich
メーアレティヒ

お肉料理に添えたい、西洋わさび。瓶もかわいい。

天然岩塩
Steinsalz
シュタインザルツ

ドイツ南部産の岩塩。パプリカ入り、ニンニク入りなどさまざま。

ボディローション
Körperlotion
ケルパーローション

ショウガ成分が入ったものなどあり。おみやげにも。

色鉛筆
Buntstift
ブントシュティフト

スーパーには色鉛筆など文房具も。オシャレ文房具をおみやげに。

エコバッグ
Ökotasche
エコタッシェ

大容量で丈夫な、スーパーオリジナルのエコバッグ。

楽しくお買いものしましょう

お惣菜売り場はどこですか？
Wo gibt es hier Delikatessen?
ヴォー ギプト エス ヒーア デリカテッセン
Where is the deli section?

お店のオリジナル商品はありますか？
Haben Sie auch originale Produkte?
ハーベン ズィー アウホ オリギナーレ プロドゥクテ
Do you have any original products?

朝は何時から営業していますか？
Ab wann haben Sie morgens geöffnet ?
アップ ヴァン ハーベン ズィー モルゲンス ゲエフネット
What time do you open in the morning?

LOOK

[　　　] を探しています。

Ich suche [　　　].

イッヒ　ズーヘ [　　　]

I'm looking for [　　　].

雑貨・日用品

Gemischtware / der tägliche Bedarfsartikel

ゲミシュトヴァーレ/デア テークリヒェ ベダルフスアルティケル

Beutel
ボイテル

Ⓙ【ポーチ】

Tragetasche
トラーゲタッシェ

Ⓙ【トートバッグ】

Ökotasche
エコタッシェ

Ⓙ【エコバッグ】

Namensschild
ナーメンスシルト

Ⓙ【ネームタグ】

Reisepassschutzumschlag
ライゼパスシュッツウムシュラーク

Ⓙ【パスポートケース】

Schlüsselhalter
シュリュッセルハルター

Ⓙ【キーホルダー】

Sonnenbrille
ゾネンブリレ

Ⓙ【サングラス】

Schal
シャール

Ⓙ【スカーフ】

Haarbürste
ハールビュルステ

Ⓙ【ヘアブラシ】

Heft
ヘフト

Ⓙ【ノート】

Füllfeder
フュルフェーダー

Ⓙ【万年筆】

Postkarte
ポストカルテ

Ⓙ【ポストカード】

Buntstift
ブントシュティフト

Ⓙ【クレヨン】

Schere
シェーレ

Ⓙ【ハサミ】

Buntstift
ブントシュティフト

Ⓙ【色鉛筆】

Spardose
シュパードーゼ

Ⓙ【貯金箱】

Spieldose
シュピールドーゼ

Ⓙ【オルゴール】

Stofftier
シュトッフティーア

Ⓙ【ぬいぐるみ】

Becher
ベッヒャー

Ⓙ【マグカップ】

Teller
テラー

Ⓙ【皿】

Topf
トップフ

Ⓙ【鍋】

Isolierkanne
イゾリーアカンネ

J【魔法瓶】

Schnellkochtopf
シュネルコッホトップフ

J【圧力鍋】

Pfanne
プファネ

J【フライパン】

Topflappen
トップフラッペン

J【鍋つかみ】

Küchendecke
キュッヒエンデッケ

J【キッチンクロス】

Schwamm
シュヴァム

J【スポンジ】

Messer
メッサー

J【ナイフ】

Waschmittel
ヴァッシュミッテル

J【洗剤】

Kleiderbügel
クライダービューゲル

J【ハンガー】

食品
Nahrungsmittel
ナールングスミッテル

Marmelade
マルメラーデ

J【ジャム】

Müsli
ミューズリ

J【シリアル】

Chips
チップス

J【チップス】

Bier
ビーア

J【ビール】

Keks
ケクス

J【クッキー】

Schwarzbrot [Pumpernickel]
シュヴァルツブロート [プンパーニッケル]

J【黒パン(プンパーニッケル)】

Teigwaren
タイクヴァーレン

J【パスタ】

Käse
ケーゼ

J【チーズ】

Fruchtgummi
フルヒトグミ

J【グミ】

Honig
ホーニヒ

J【ハチミツ】

Schokolade
ショコラーデ

J【チョコレート】

Gewürz
ゲヴュルツ

J【スパイス】

Bonbon
ボンボン

J【飴】

Kräutertee
クロイターテー

J【ハーブティー】

クリスマスマーケットも見逃せません

ドイツ中の街で開催されるクリスマスマーケットは、年に一度の特別なイベント。冬にドイツを旅するなら、ぜひ足を運んでみましょう。

クリスマスマーケットって？

アドヴェント（待降節）に合わせて、クリスマスの4週間ほど前からドイツ各地で開催される、伝統的な市。ツリーやタワーが飾られた広場には屋台が立ち並び、色とりどりのオーナメントやクリスマス用のお菓子を買い求める人々で賑わいます。夜にはイルミネーションが点灯され、まるでおとぎの国のよう。クリスマスマーケットは、寒くて長いドイツの冬を彩る特別なイベントなのです。

グリューワインで温まりましょう

グリューワインは、赤ワインにスパイスを加え、砂糖や蜂蜜で味付けした甘いホットドリンク。マーケットめぐりに欠かせない飲み物です。カップはレンタルするのが一般的ですが、料金を払って持ち帰ることもできます。

アドヴェント（待降節）とは？

クリスマスから数えて4つ前の日曜日～イブまでの4週間のことで、クリスマスの準備期間にあたります。

おすすめのクリスマスマーケットは？

世界一有名なマーケット
クリストキンドレスマルクト
Christkindlesmarkt
（ニュルンベルク）

地元の女の子の中から選ばれる「クリストキンド」がシンボル。クリスマスクッキー「レープクーヘン」は、この街の名物です。

世界最大のマーケット
シュトゥットガルター　ヴァイナハツマルクト
Stuttgarter Weihnachtsmarkt
（シュトゥットガルト）

200以上の屋台が並び、スケートリンクやミニSLなど見どころ満載。なかでも華やかな屋台の屋根飾りは必見です。

世界最古のマーケット
ドレスドナー　シュトリーツェルマルクト
Dresdner Striezelmarkt
（ドレスデン）

15世紀から続く歴史あるマーケット。世界一高いクリスマス・ピラミッドが目印です。おみやげには名物のシュトーレンを。

中世の雰囲気漂うロマンティックなマーケット
ライテレスマルクト
Reiterlesmarkt
（ローテンブルク）

おとぎ話に出てくるような美しい街並みの中、ロマンティックなクリスマスが味わえます。名物のシュノーバルもぜひ。

ドイツでは、聖ニコラウスの命日にあたる12月6日にプレゼントを贈りあう風習があります。子どもたちもわくわくしながらこの日を迎えますが、悪い子にはプレゼントではなくおしおきが与えられるというので、ちょっぴりドキドキするようです。

楽しく自分好みのファッションを見つけましょう

ドイツのファッションのトレンドをチェックしながら、お気に入りのアイテムを探しましょう。

お店に入ったら…

何かお探しですか？
Suchen Sie etwas bestimmtes?
ズーヘン　ズィー　エトヴァス　ベシュティムテス
What are you looking for?

見ているだけです。ありがとう。
Ich sehe mich nur ein weing um, Danke.
イッヒ　ゼーエ　ミッヒ　ヌーア　アイン　ヴェーニヒ　ウム　ダンケ
I'm just looking, thank you.

また来ます。
Ich komme sicher noch mal wieder.
イッヒ　コメ　ズィヒャー　ノッホ　マール　ヴィーダー
I'll come back later.

すみません、ちょっといいですか？
Entschuldigung, können Sie mir bitte mal helfen?
エントシュルディグング　ケネン　ズィー　ミーア　ビッテ　マール　ヘルフェン
Excuse me, can you help me?

これを見たいのですが。
Ich möchte das gerne sehen.
イッヒ　メヒテ　ダス　ゲルネ　ゼーエン
I'd like to see this.

右から3番目のものを見せていただけますか？
Können Sie mir bitte das Dritte von rechts zeigen?
ケネン　ズィー　ミーア　ビッテ　ダス　ドリッテ　フォン　レヒツ　ツァイゲン
Could you show me the third one from the right?
数字 P.150

これは何というブランドですか？
Was für eine Marke ist das?
ヴァス　フュア　アイネ　マルケ　イスト　ダス
What brand is this?

手にとってもいいですか？
Darf ich das in die Hand nehmen?
ダルフ　イッヒ　ダス　イン　ディ　ハント　ネーメン
Can I pick this up?

店員さんに聞いてみましょう

鏡はどこですか？
Wo ist der Spiegel?
ヴォー　イスト　デア　シュピーゲル
Where is the mirror?

免税手続きについて説明します

ドイツでは、商品の値段に19%または7%の付加価値税（MwST.）が含まれていますが、EU以外の外国居住者が1軒の店で1日に€25以上の買いものをすると免税手続きができます。買いものの際、お店で免税書類を作ってもらいましょう（パスポートの提示が必要です）。ただし、購入金額によっては手続きをするメリットがほとんどない場合もあります。

試着してもいいですか？

Darf ich das anprobieren?
ダルフ　イッヒ　ダス　アンプロビーレン
Can I try this on?

ちょっときつい［緩い］ようです。

Es ist ein bisschen eng [weit].
エス イスト アイン ビスヒェン エング［ヴァイト］
This is a little bit tight[loose].

1サイズ大きい［小さい］ものはありますか？

Haben Sie es noch eine Nummer größer[kleiner] ?
ハーベン　ズィー エス ノッホ アイネ ヌマー　グレーサー［クライナー］
Do you have a bigger[smaller] size?

サイズが合いませんでした。

Die Größe passt mir nicht.
ディ　グレーセ　パスト　ミーア　ニヒト
It didn't fit me.

ごめんなさい、また来ます。

Tut mir leid, aber ich komme bestimmt noch mal wieder.
トゥット ミーア ライト アーバー イッヒ コメ ベシュティムト ノッホ マール ヴィーダー
I'm sorry, I'll come back later.

このクレジットカードは使えますか？

Kann ich hier diese Kreditkarte benutzen?
カン　イッヒ ヒーア　ディーゼ　クレディートカルテ　ベヌッツェン
Do you accept this credit card?

免税で買えますか？

Kann man das hier zollfrei kaufen?
カン　マン　ダス　ヒーア　ツォルフライ　カウフェン
Can I buy it tax-free?

免税申告書をもらえますか？

Können Sie mir bitte ein Zollerklärungsformular geben?
ケネン　ズィー　ミーア　ビッテ　アイン　ツォルエアクレールングスフォルムラール　ゲーベン
Can I have a customs form?

お役立ち単語集 WORD

サイズ	Größe グレーセ	小さい	klein クライン	きつい	eng エング
大きい	groß グロース	長い	lang ラング	ちょうどいい	Das passt mir gut. ダス パスト ミーア グート
長袖	lange Ärmel ランゲ エルメル	短い	kurz クルツ	厚い	dick ディック
		ゆるい	weit ヴァイト	うすい	dünn デュン
		半袖	kurze Ärmel クルツェ エルメル	ノースリーブ	ohne Ärmel オーネ エルメル

LOOK

□ をください。

□ , bitte.

ビッテ

□ ,please.

ファッション
Fashion
ファッション

T - Shirt
ティーシャート

Ⓙ【Tシャツ】

Jacke
ヤッケ

Ⓙ【ジャケット】

Bluse
ブルーゼ

Ⓙ【ブラウス】

Pullover
プルオーヴァー

Ⓙ【セーター】

Strickjacke
シュトリックヤッケ

Ⓙ【カーディガン】

Rock
ロック

Ⓙ【スカート】

Jeans
ジーンズ

Ⓙ【ジーンズ】

Mantel
マンテル
Ⓙ【コート】

Camisole
キャミソール
Ⓙ【キャミソール】

Hemd
ヘムト
Ⓙ【シャツ】

Hose
ホーゼ
Ⓙ【ズボン】

Stola
シュトラ
Ⓙ【ストール】

Haarschmuck
ハールシュムック
Ⓙ【ヘアアクセサリー】

Kleid
クライト
Ⓙ【ドレス】

Anhänger
アンヘンガー
Ⓙ【ペンダント】

Schal
シャール
Ⓙ【マフラー】

Schal
シャール
Ⓙ【スカーフ】

Krawatte
クラヴァッテ
Ⓙ【ネクタイ】

Brosche
ブローシェ
Ⓙ【ブローチ】

Hut
フート
Ⓙ【帽子】

Slip
スリップ
Ⓙ【ショーツ】

Geldbeutel
ゲルトボイテル
Ⓙ【財布】

BH
ベーハー
Ⓙ【ブラジャー】

Sonnenbrille
ゾネンブリレ
Ⓙ【サングラス】

Strumpfhose
シュトルムプフホーゼ
Ⓙ【ストッキング】

Handschuhe
ハントシューエ
Ⓙ【手袋】

Socken
ゾッケン
Ⓙ【靴下】

サイズの違いに注意しましょう

婦人服

ドイツ	34号	36号	38号	40号	42号	44号	46号
日本	7号	9号	11号	13号	15号	17号	19号

婦人靴

ドイツ	34/35	35	35/36	36	36/37	37	37/38
日本	22	22.5	23	23.5	24	24.5	25

LOOK

[   ]はありますか?

Haben Sie [   ]?

ハーベン　ズィー [   ]

Do you have [   ]?

色
Farbe
ファルベ

schwarz
シュヴァルツ

J【黒】

weiß
ヴァイス

J【白】

rot
ロート

J【赤】

blau
ブラウ

J【青】

gelb
ゲルプ

J【黄】

grün
グリューン

J【緑】

rosa
ローザ

J【ピンク】

orange
オランジェ

J【オレンジ】

lila
リーラ

J【紫】

elfenbeinfarben
エレファンバインファルベン

J【アイボリー】

beige
ベージュ

J【ベージュ】

braun
ブラウン

J【茶】

gold
ゴルト

J【金】

silber
ズィルバー

J【銀】

模様
Muster
ムスター

gestreift
ゲシュトライフト

J【ストライプ】

kariert
カリィールト

J【チェック】

gepunktet
ゲプンクテット

J【水玉】

geblümt
ゲブリュームト

J【花柄】

ungemustert
ウンゲムスタート

J【無地】

in Mode
イン　モーデ

J【流行の】

お気に入りの靴＆バッグを見つけたいですね

旅先で出会った靴やバッグは、帰ってからも宝物になりそうです。
お店の人と会話しながら、お気に入りを探しましょう。

靴屋さん編

これの36サイズはありますか？

Haben Sie das auch in Größe 36?
ハーベン　ズィー ダス　アウホ　イン グレーセ　ゼクスウントドライスィヒ
Do you have this in 36?

サイズ P.86

少しきつい［ゆるい］ような気がします。

Es ist ein bisschen eng [weit].
エス イスト アイン　ビスヒェン エング［ヴァイト］
This is a little bit tight[loose].

つま先があたります。

Meine Zehenspitze tut weh.
マイネ　ツェーエンシュピッツェ トゥット ヴェー
My toes hurt.

もう半サイズ大きいものはありますか？

Haben Sie es noch eine halbe Nummer größer?
ハーベン　ズィー エス ノッホ　アイネ　ハルベ　ヌマー　グレーサー
Do you have a half-size bigger than this?

かかとが高［低］すぎるようです。

Die Absätze sind zu hoch [niedrig].
ディ　アップゼッツェ ズィント ツー ホーホ［ニードリヒ］
I think the heels are too high[low].

ぴったりです！

Sie passen mir sehr gut!
ズィー パッセン　ミーア ゼーア　グート
This is perfect!

これが気に入りました。

Das gefällt mir.
ダス　ゲフェールト ミーア
I like this one.

お役立ち単語集 WORD

パンプス	Pumps	プムプス
ヒールのあるパンプス	Pumps mit Absatz	プムプス ミット アップザッツ
サンダル	Sandalen	ザンダーレン
ミュール	Pantoletten	パントレッテン
バレリーナシューズ	Spitzenschuhe	シュピッツェンシューエ
ブーツ	Stiefel	シュティーフェル
ショートブーツ	Kurzschaftstiefel	クルツシャフトシュティーフェル
ハーフブーツ	Halbschaftstiefel	ハルプシャフトシュティーフェル
ロングブーツ	Langschaftstiefel	ラングシャフトシュティーフェル
スニーカー	Sportschuhe	シュポルトシューエ
布製	Stoff	シュトッフ
革製	Leder	レーダー
歩きやすい	leicht zu laufen	ライヒト ツー ラウフェン

バッグ屋さん編

仕事用の黒いバッグが欲しいのですが。

Ich suche eine schwarze Tasche für die Arbeit.
イッヒ　ズーヘ　アイネ　シュヴァルツェ　タッシェ　フュア　ディ　アルバイト
I'd like a black bag for work.

色➡P.87

ボタン［ジッパー］で閉まるものが良いです。

Ich möchte eine Tasche mit Knopfverschluss [Reißverschluss] haben.
イッヒ　メヒテ　アイネ　タッシェ　ミット　クノップフフェアシュルス［ライスフェアシュルス］　ハーベン
I want one with buttons[zippers].

もっと大きい［小さい］ものはありますか？

Haben Sie noch ein größeres [kleineres]?
ハーベン　ズィー　ノッホ　アイン　グレーサレス［クライナレス］
Do you have a bigger[smaller] one?

他の色はありますか？

Haben Sie es auch in anderen Farben?
ハーベン　ズィー　エス　アウホ　イン　アンデレン　ファルベン
Do you have a different color?

新しいものはありますか？

Haben Sie ein neues?
ハーベン　ズィー　アイン　ノイエス
Do you have a new one?

人気のものはどれですか？

Was ist zur Zeit beliebt?
ヴァス　イスト　ツーア　ツァイト　ベリープト
Which one is popular?

鮮やかな色のものが良いです。

Ich möchte gern ein buntes.
イッヒ　メヒテ　ゲルン　アイン　ブンテス
I'd like one in vivid color.

ポケットや仕切りがついているものはありますか？

Haben Sie etwas mit Seitentaschen oder mehreren Fächern?
ハーベン　ズィー　エトヴァス　ミット　ザイテンタッシェン　オーダー　メーレレン　フェッヒャーン
Do you have one that has pockets or compartments?

お役立ち単語集 WORD

ハンドバッグ	Handtasche	ハントタッシェ
ショルダー	Umhängetasche	ウムヘンゲタッシェ
スーツケース	Koffer	コッファー
旅行用	für die Reise	フュア　ディ　ライゼ
仕事用	für die Arbeit	フュア　ディ　アルバイト
普段用	für den Alltag	フュア　デン　アルターク
肩ひもあり［なし］	mit [ohne] Schultergurt	ミット　オーネ　シュルターグルト
ポケット	Tasche	タッシェ
ジッパー	Reißverschluss	ライスフェアシュルス
革製	leder	レーダー
布製	stoff	シュトッフ
防水加工	wasserabweisend	ヴァッサーアップヴァイゼント
小ぶりな	klein	クライン

アクセサリーや手芸用品を買いましょう

指輪やリボンなど小さくてかわいいものは、
いくつも欲しくなってしまいますね。
家族や友だちへプレゼントしても喜ばれそうです。

お気に入りを見つけましょう

この指輪を見せていただけますか？

Könnte ich vielleicht diesen Ring sehen?
ケンテ　イッヒ フィライヒト　ディーゼン　リング　ゼーエン
Coud I see this ring?

つけてみてもいいですか？

Kann ich das mal anprobieren?
カン　イッヒ　ダス　マール　アンプロビーレン
May I try this on?

この石は何ですか？

Was ist das für ein Edelstein?
ヴァス　イスト ダス　フュア アイン エーデルシュタイン
What is this stone?

ドイツ製ですか？

Ist das in Deutschland hergestellt?
イスト ダス　イン ドイチュラント　ヘアゲシュテルト
Is this made in Germany?

どのくらいの長さですか？

Wie lang ist das?
ヴィー　ラング　イスト ダス
How long is it?

2mほどお願いします。

Davon möchte ich zwei Meter haben.
ダフォン　メヒテ　イッヒ　ツヴァイ　メーター　ハーベン
I'll have two meters of it.

数字 P.150

プレゼント用にお願いします。

Packen Sie es bitte als Geschenk ein.
パッケン　ズィー　エス　ビッテ　アルス ゲシェンク　アイン
Please make it a gift.

他の色［柄］はありますか？

Haben Sie das auch in anderen Farben [mit einem anderen Muster]?
ハーベン　ズィー　ダス　アウホ　イン　アンデレン　ファルベン　[ミット　アイネム　アンデレン　ムスター]
Do you have another color[print]?

別々に包んでください。

Packen Sie es bitte getrennt ein.
パッケン　ズィー　エス　ビッテ　ゲトレント　アイン
Could you wrap these individually?

リボンをつけてください。

Machen Sie da bitte ein Band drum.
マッヘン　ズィー　ダー　ビッテ アイン バント　ドルム
Could you put some ribbons?

割れないように包んでください。
Packen Sie es bitte so ein, dass es nicht zerbricht.
パッケン ズィー エス ビッテ ゾー アイン ダス エス ニヒト ツェアブリヒト
Could you wrap it not to break?

これは何カラットですか?
Wie viele Karat hat er?
ヴィー フィーレ カラート ハット エア
What carat is this?

LOOK

[ ] をください。
[ ], bitte.
[ ] ビッテ
[ ], please.

アクセサリー・手芸用品
Schmuck / handgefertigte Waren
シュムック/ハントゲフェアティヒテ ヴァーレン

Ring
リング

J【指輪】

Halskette
ハルスケッテ

J【ネックレス】

Armreif
アルムライフ

J【ブレスレット】

Ohrstecker
オーアシュテッカー
J【ピアス】

Krawattennadel
クラヴァッテンナーデル
J【ネクタイピン】

Brosche
ブローシェ
J【ブローチ】

Manschettenknopf
マンシャッテンクノップフ
J【カフスボタン】

Knopf
クノップフ

J【ボタン】

Stoff
シュトッフ

J【生地】

Wappen
ヴァッペン
J【ワッペン】

Nähfaden für die Nähmaschine
ネーファーデン フュア ディ ネーマシーネ
J【ミシン糸】

Band
バント
J【リボン】

Perle
ペルレ
J【ビーズ】

雑貨 P.80

お役立ち単語集 WORD

金	Gold	ゴルト
シルバー	Silber	ズィルバー
プラチナ	Platin	プラティン
カラット	Karat	カラート
ステンレス	rostfreier Stahl	ロストフライヤー シュタール
ピン	Nadel	ナーデル
スパンコール	Paillette	パイレッテ
レース	Spitze	シュピッツェ
テーブルクロス	Tischdecke	ティッシュデッケ
キット	Zubehör	ツーベホーア
編もの	Stricken	シュトリッケン
刺繍糸	Stickfaden	シュティックファーデン
コットン糸	Baumwollfaden	バウムヴォルファーデン
糸巻	Spule	シュプーレ
パッチワーク	Flickwerk	フリックヴェルク
フェルト	Filz	フィルツ

間違いのないコスメの買い方を覚えましょう

**ドイツでは自然派コスメへの注目度が高く、多くのブランドが存在します。
店員さんと会話しながら、自分に合ったコスメを探しましょう。**

お手頃価格で自然派コスメ

自然派コスメ専門店では、充実のブランドラインナップの中から選ぶことができます。日本でおなじみのブランドも、現地で買うとお得♪　また、ドラッグストアにはお手頃価格の自然派コスメが揃います。ぜひチェックしてみて。

コスメを探しましょう

ファンデーションを探しています。

Ich suche eine Grundschminke.
イッヒ　ズーヘ　アイネ　グルントシュミンケ
I'm looking for a foundation cream.

コスメ⇒P.94

敏感肌でも使えますか？

Ist das auch für empfindliche Haut geeignet?
イスト　ダス　アウホ　フュア　エンプフィンドリッヒェ　ハウト　ゲアイクネット
Can this be used on sensitive skin?

日中用［夜用］ですか？

Ist das für Tagespflege [Nachtpflege]?
イスト ダス　フュア ターゲスプフレーゲ　［ナハトプフレーゲ］
Is it for daytime-use [night time-use]?

添加物は使っていますか？

Enthält es Zusatzstoffe?
エントヘルト　エス ツーザッツシュトッフェ
Does it use any antiseptics?

日本未入荷のコスメはありますか？

Haben Sie Kosmetika, die es nicht in Japan gibt?
ハーベン　ズィー コスメーティカ　ディ　エス ニヒト　イン ヤーパン　ギプト
Do you have any cosmetics that isn't available in Japan?

試してみても良いですか？

Könnte ich das auftragen?
ケンテ　イッヒ ダス アウフトラーゲン
Can I try this?

UV効果はありますか？

Ist das mit UV-Strahlenschutz?
イスト ダス　ミット　ウーファウシュトラーレンシュッツ
Does it block UV rays?

この色に近い口紅はありますか？

Haben Sie einen Lippenstift, der mit dieser Farbe ähnlich ist?
ハーベン ズィー アイネン リッペンシュティフト デア ミット ディーザー ファルベ エーンリヒ イスト
Do you have lipstick close to this color?

体の中からキレイになる

ハーブティーはドイツでも人気。ドラッグストアにはさまざまな種類が並びます。最近はスパイスたっぷりのチャイが好評のようです。

他の色はありますか？

Haben Sie noch andere Farben?

ハーベン　ズィー　ノッホ　アンデレ　ファルベン

Are there any other colors?

人気のものはどれですか？

Was ist zur Zeit beliebt?

ヴァス　イスト ツーア ツァイト ベリープト

Which one is popular?

これを見たいのですが。

Ich würde mir das gerne ansehen.

イッヒ ヴュルデ　ミーア　ダス　ゲルネ　アンゼーエン

I'd like to see this.

贈り物用に包んでもらえますか？

Können Sie es als Geschenk einpacken?

ケネン　ズィー エス アルス ゲシェンク　アインパッケン

Could you wrap this as a gift?

これと同じものを5つください。

Ich nehme fünf mal das Gleiche.

イッヒ ネーメ　フュンフ マール ダス　グライヒェ

I want five of these.

数字 P.150

店員さんに聞いてみましょう

この商品は何に［どうやって］使うのですか？

Wofür ist das [Wie wird das benutzt]?

ヴォフュア イストダス ［ヴィー ヴィルト ダス　ベヌッツト］

What is this for? [How can I use this?]

化粧ラベルの表示単語集 WORD

アンチエイジング	Anti-Aging	アンティ　エイジング
しみ対策	Gegen Flecken	ゲーゲン　フレッケン
しわ	Falten	ファルテン
毛穴	Poren	ポーレン
植物性の	pflanzlich	プフランツリッヒ
無着色	ohne farbliche Zusatzstoffe	オーネ　ファルブリッヒェ　ツーザッツシュトッフェ
無香料	ohne aromatische Zusatzstoffe	オーネ　アロマーティッシェ　ツーザッツシュトッフェ
保存料不使用	ohne Konservierungsstoffe	オーネ　コンザヴィールングスシュトッフェ
防腐剤不使用	ohne Paraben	オーネ　パラベン
オーガニック	Bio	ビオ

基本会話
見どころ
グルメ
ショッピング
ビューティ
エンタメ
ホテル
乗りもの
基本情報
単語集

LOOK

[　　　] はありますか?

Haben Sie [　　　] ?

ハーベン　ズィー [　　　]

Do you have [　　　] ?

基礎化粧品
Grundkosmetik für Hautpflege
グルントコスメーティク　フュア　ハウトプフレーゲ

Schönheitsmittel
シェーンハイツミッテル

J【美容液】

Schönheitsmaske Gesichtspackung
シェーンハイツマスケ
ゲズィヒツパックング

J【美容マスク、パック】

Lippenpflegestift
リッペンプフレーゲシュテフト

J【リップクリーム】

Peeling
ピーリング

J【角質取り】

Emulsion
エムルズィオーン
J【乳液】

Gesichtscreme
ゲズィヒツクレーメ
J【フェイスクリーム】

Gesichtswasser
ゲズィヒツヴァッサー
J【化粧水】

Tagescreme
ターゲスクレーメ
J【デイクリーム】

Gesichtsreiniger
ゲズィヒツライニガー
J【洗顔料】

Make-up-Entferner
メイク　アップ　エントフェルナー
J【メイク落とし】

Feuchthaltungscreme
フォイヒトハルトゥングスクレーメ
J【保湿クリーム】

Nachtcreme
ナハトクレーメ
J【ナイトクリーム】

ヘア・ボディケアなど
Haar／Körperpflege
ハール／ケルパープフレーゲ

Seife
ザイフェ

J【石けん】

Pflegeöl
プフレーゲエール

J【ボディオイル】

Pflegecreme
プフレーゲクレーメ

J【ボディクリーム】

Parfüm
パーフューム

J【香水】

Feuchthaltungsgel
フォイヒトハルトゥングスゲル

J【保湿ジェル】

Shampoo
シャンプー
J【シャンプー】

Hair Treatment
ヘア トリートメント
J【ヘアトリートメント】

Haarspülung
ハールシュピュールング
J【リンス】

Duschgel
ドゥーシュゲル
J【シャワージェル】

香水の新製品はありますか?

Haben Sie ein Parfüm, das gerade auf den Markt gekommen ist?
ハーベン　ズィー　アイン パーフューム ダス ゲラーデ アウフ デン マルクト　ゲコメン　イスト
Do you have a new perfume?

美容液のサンプルはありますか?

Haben Sie eine Probe von diesem Schönheitsmittel?
ハーベン　ズィー　アイネ　プローベ　フォン　ディーゼム　シェーンハイツミッテル
Do you have a sample of serum?

LOOK

[   ] のおすすめはどれ？

Welches [   ] empfehlen Sie mir?

ヴェルヒェス [   ] エンプフェーレン ズィー ミーア

Which [   ] do you recommend?

化粧品

Kosmetik

コスメーティク

Aromaöl
アロマエール
J【アロマオイル】

Jojobaöl
ヨヨバエール
J【ホホバオイル】

Arganöl
アルガンエール
J【アルガンオイル】

Weizenkeimöl
ヴァイツェンカイムエール
J【小麦胚芽オイル】

Aromagel
アロマゲル
J【アロマジェル】

Sheabutter
シアブッター
J【シアバター】

Lippenstift
リッペンシュティフト

J【口紅】

ästhetisches Öl
エステーティッシェス エール
J【エッセンシャルオイル】

Sheabuttercreme
シアブッタークレーメ
J【シアバタークリーム】

Mascara
マスカラ

J【マスカラ】

Maniküre
マニキューレ

J【マニキュア】

Rouge
ルージュ
J【チーク】

Kajal
カヤール
J【アイライナー】

Lidschatten
リートシャッテン
J【アイシャドー】

Grundschminke
グルントシュミンケ
J【ファンデーション】

Pulver
プルファー
J【パウダー】

Augenbraue
アウゲンブラウエ
J【アイブロウ】

Lipgloss
リップグロス
J【グロス】

Make-up-Grund
メーク アップ グルント
J【下地クリーム】

Abdeckstift
アップデックシュティフト
J【コンシーラー】

Lippenstift
リッペンシュティフト
J【リップペンシル】

Augenliquid
アウゲンリクイド
J【アイリキッド】

Kontrollfarbe
コントロールファルベ
J【コントロールカラー】

Chip
チップ
J【チップ】

Augencreme
アウゲンクレーメ
J【アイクリーム】

Watte
ヴァッテ
J【コットン】

wasserabweisend
ヴァッサーアップヴァイゼント
J【ウォータープルーフ】

お役立ち単語集 WORD

ニキビ	Pickel	ピッケル
毛穴	Poren	ポーレン
クマ	Augenringe	アウゲンリンゲ
乾燥した	trocken	トロッケン
くすんだ	glanzlos	グランツロース
たるんだ	schlaff	シュラフ
美白	Hautaufhellung	ハウトアウフヘルング
UV	UV-Strahlen	ウーファウ シュトラーレン
保湿	Feuchthaltung	フォイヒトハルトゥング
オイリー肌	fettige Haut	フェティゲ ハウト
アレルギー	Allergie	アラギー
コラーゲン	Kollagen	コラーゲン
ビタミン	Vitamin	ヴィタミーン
天然成分	natürliche Zutat	ナテューアリッヒェ ツータート
敏感肌	empfindliche Haut	エンプフィントリッヒェ ハウト
乾燥肌	trockene Haut	トロッケネ ハウト

自然派コスメがよりどりみどり♪

環境先進国のドイツでは、自然派コスメのラインナップが充実しています。しかも意外とお手頃価格で買えるので、いろいろ試してみたくなりますね。

ヴェレダ
Weleda《ヴェレダ》

ピーリングボディウォッシュ
Birken-Dusch-Peeling《ビルケン ドゥシュ ピーリング》
天然成分のスクラブでやさしく角質ケア

アルヴェルデ
Alverde《アルヴェルデ》

シマーパウダー
Schimmer Puder《シマー プーダー》
4色のパールで、顔に明るさをプラス

プリマヴェーラ
PRIMAVERA《プリマヴェーラ》

ブレンドアロマオイル
gemischtes Aromaöl《ゲミッシュテス アローマエール》
オレンジとバニラの香り。気分を変えたいときに

ヴェレダ
Weleda《ヴェレダ》

ボディウォッシュ
Cremedusche《クレーメドゥシェ》
とってもよい香り。いくつも欲しくなるかも

ラヴェラ
Lavera《ラヴェラ》

アルヴェルデ
Alverde《アルヴェルデ》

植物性ソープ
Pflanzenseife《プフランツェンザイフェ》
レモングラスの香りで、スッキリできそう

コンシーラー
Abdeckstift《アプデックシュテイフト》
目のくまや吹き出物などをカバーしてくれる

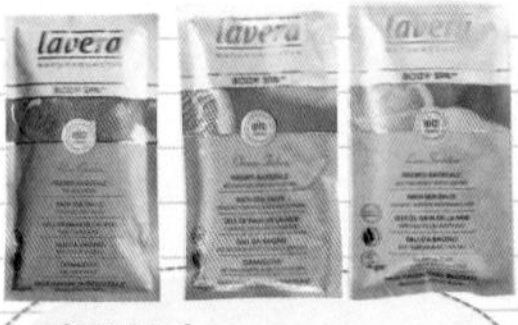

バスソルト
Badesalz《バーデザルツ》
香りだけでも癒やされそうな、バラ・オレンジ・ライムのバスソルト

バート（温泉）で癒やしのひとときを

ドイツは実はヨーロッパ有数の温泉大国。
日本とは一味違う温泉文化を体験しつつ、旅の疲れを癒やしましょう。

ドイツにも温泉が？

意外かもしれませんが、ドイツ国内には300以上の温泉があります。ドイツ語で温泉のことをバート（Bad）といい、バーデン・バーデン（Baden-Baden）やバート・メルゲントハイム（Bad Mergentheim）のように地名にBadが付いていれば、たいていそこは温泉地です。

ドイツで温泉体験を♪

海外旅行に来たのに温泉…？なんて言わずに、
ぜひ利用してみましょう。日本の温泉との違いを楽しんだり、
もちろんリフレッシュもできて、素敵な思い出になりますよ。

どんな温泉なの？

ローマ時代からドイツの人々に愛されてきた温泉は、もともと治療目的のもので、今も基本的には療養の場。一方で、スパやレジャー感覚の施設も多く、観光客でもサウナやジャグジーを楽しみながらゆったりくつろぐことができます。

どのように利用する？

ドイツの温泉は、男女混浴・裸で入浴というのが一般的ですが、施設によっては水着着用が義務付けられているところも。その場合でも、サウナでは裸で混浴、というのが常識のようです。

バーデン・バーデンは、ローマ皇帝も入浴に訪れたという長～い歴史を持つ温泉地です。

エステのキホン会話をおさえましょう

エステやスパを訪れるのも、海外旅行の楽しみのひとつ。
洗練されたケアを受けて、心も体もリフレッシュさせましょう。

まずは予約をしましょう

もしもし、ダルファン（店名）ですか？

Hallo. Bin ich hier mit Darphin verbunden?
ハロー　ビン　イッヒ　ヒーア　ミット　ダルファン　フェアブンデン
Hello. Is this Darphin?

予約をお願いします。

Ich möchte einen Termin machen.
イッヒ　メヒテ　アイネン　テルミーン　マッヘン
I'd like to make a reservation.

明日4時に2名お願いします。

Morgen um 4 Uhr für zwei Personen, bitte.
モルゲン　ウム　フィーア　ウーア　フュア　ツヴァイ　ペルゾーネン　ビッテ
For two persons, tomorrow at four o'clock, please.

時刻➡P.152
数字➡P.150

全身マッサージを60分お願いします。

Eine 60-minütige Ganzkörpermassage, bitte.
アイネ　ゼヒツィヒ　ミヌーティゲ　ガンツケルパーマッサージェ　ビッテ
I'd like to have a full-body massage for sixty minutes.

時刻➡P.152

オプションでネイルもお願いします。

Dazu möchte ich noch eine Nagelpflege machen lassen.
ダツー　メヒテ　イッヒ　ノッホ　アイネ　ナーゲルプフレーゲ　マッヘン　ラッセン
I'd like to have an optional nail, please.

予約を変更したいのですが。

Ich möchte meinen Termin ändern.
イッヒ　メヒテ　マイネン　テルミーン　エンダーン
I'd like to change the reservation.

予約をキャンセルしたいのですが。

Ich möchte meinen Termin stornieren.
イッヒ　メヒテ　マイネン　テルミーン　シュトルニーレン
I'd like to cancel the appointment.

受付〜施術

予約したスズキです。

Ich habe unter dem Namen Suzuki einen Termin gemacht.
イッヒ　ハーベ　ウンター　デム　ナーメン　スズキ　アイネン　テルミーン　ゲマハト
I have an appointment under the name Suzuki.

予約していないのですが(マッサージは)できますか?

Ich habe zwar keinen Termin gemacht, aber wäre es vielleicht möglich (eine Massage) zu bekommen?
イッヒ　ハーベ　ツヴァー　カイネン　テルミーン　ゲマッハト　アーバー　ヴェーレ　エス　フィライヒト　メークリヒ　(アイネ　マッサージェ)　ツー　ベコメン
I didn't make a reservation but can I have a massage?

LOOK

[　　　] をしたいです。

Ich möchte [　　　].

イッヒ　メヒテ　[　　　]

I'd like to have [　　　].

マッサージ

Massage

マッサージェ

Ganzkörpermassage
ガンツケルパーマッサージェ

Ⓙ【全身マッサージ】

Gesichtsmassage
ゲズィヒツマッサージェ

Ⓙ【フェイシャルマッサージ】

Fußmassage
フースマッサージェ

Ⓙ【フットマッサージ】

warme Steinmassage
ヴァルメ　シュタインマッサージェ

Ⓙ【ウォームストーン】

Kopfhautmassage
コップフハウトマッサージェ

Ⓙ【ヘッドスパ】

Handmassage
ハントマッサージェ
Ⓙ【ハンドマッサージ】

Lymphmassage
リンフマッサージェ
Ⓙ【リンパマッサージ】

Phytotherapie
フィートテラピー
Ⓙ【フィトセラピー】

Reflexologie
リフレクソロギー
Ⓙ【リフレクソロジー】

痛いです。／強すぎます。

Das tut mir weh. ／ Das ist zu stark.
ダス　トゥット　ミーア　ヴェー／ダス　イスト　ツー　シュタルク
It hurts. ／ Its too strong.

もう少し弱く［強く］してください。

Ein bisschen schwächer [stärker], bitte.
アイン　ビスヒェン　シュヴェッヒャー［シュテルカー］　ビッテ
Could you make it weaker [stronger]?

ちょうどいいです。

Das ist so genau richtig.
ダス　イスト　ゾー　ゲナウ　リヒティヒ
It's perfect.

ちょっと気分が悪くなりました。

Das fühlt mich etwas unangenehm.
ダス　フュールト　ミッヒ　エトヴァス　ウンアンゲネーム
I feel a little sick.

満足したら

とても気持ちが良かったです。

Es war sehr gut.
エス ヴァール　ゼーア　グート
It was very nice.

本場のエンターテインメントを鑑賞してみましょう

ドイツ各地にはさまざまな劇場があり、多彩な舞台や演奏会が開催されています。
本場の舞台芸術を体感しに出かけましょう。

予約～会場へ

何のプログラムをやっていますか？

Was für ein Programm wird hier aufgeführt?
ヴァス フュア アイン プログラム ヴィルト ヒーア アウフゲフュールト
What program is on?

コンツェルトハウスはどこですか？

Wo ist das Konzerthaus?
ヴォー イスト ダス コンツェルトハウス
Where is the Konzerthaus?

人気があるのは何ですか？

Was ist zur Zeit beliebt?
ヴァス イスト ツーア ツァイト ベリープト
Which one is popular?

大人2枚ください。

Zwei Karten für Erwachsene, bitte.
ツヴァイ カルテン フュア エアヴァクセネ ビッテ
Two tickets for adult, please.

数字→P.150

この席のチケットはありますか？

Haben Sie noch eine Karte für diesen Platz?
ハーベン ズィー ノッホ アイネ カルテ フュア ディーゼン プラッツ
Is the ticket for this seat available?

当日券はありますか？

Haben Sie noch Karten für heute?
ハーベン ズィー ノッホ カルテン フュア ホイテ
Do you have a walk-up ticket?

何時からですか？

Wann fängt es an?
ヴァン フェングト エス アン
What time does it start?

一番安い［高い］席はどれですか？

Was ist der billigste [teuerste] Platz ?
ヴァス イスト デア ビリヒステ［トイアーステ］プラッツ
Which seat is the cheapest [most expensive] ?

別々の席でもかまいません。

Wir können auch getrennt sitzen.
ヴィーア ケネン アウホ ゲトレント ズィッツェン
We can sit separately.

終演は何時ですか？

Wann ist die Aufführung zu Ende?
ヴァン イスト ディ アウフフュールング ツー エンデ
What time does it end?

華やかな時間を堪能しましょう

開演時間に遅れると幕間まで入れないので、遅刻には気をつけましょう。上演は長ければ4時間にもなるので、食事を先に済ませるか、休憩時間に場内のバーで軽食を楽しむのもいいでしょう。

劇場の構造はこちら

5階サイドボックス席
Seitenloge im 4. Rang
ザイテンロージェ イム フィアテン ラング

立ち見席
Stehplatz
シュテープラッツ

バルコニー席
Balkonplatz
バルコーンプラッツ

5階正面桟敷席
Tribühne im 4. Rang
トリビューネ イム フィアテン ラング

特別席
VIP-Platz
ヴィッププラッツ

4階センターボックス席
Mittelloge im 3. Rang
ミッテルロージェ イム ドリッテン ラング

4階サイドボックス席
Seitenloge im 3. Rang
ザイテンロージェ イム ドリッテン ラング

3階センターボックス席
Mittelloge im 2. Rang
ミッテルロージェ イム ツヴァイテン ラング

3階サイドボックス席
Seitenloge im 2. Rang
ザイテンロージェ イム ツヴァイテン ラング

2階センターボックス席
Mittelloge im 1. Rang
ミッテルロージェ イム エアステン ラング

2階サイドボックス席
Seitenloge im 1. Rang
ザイテンロージェ イム エアステン ラング

1階桟敷席
Parkett
パケット

オーケストラピット
Orchestergraben
オルケスターグラーベン

お役立ち単語集 WORD

オペラ	Oper	オーパー
演劇	Theaterstück	テアーターシュトゥック
バレエ	Ballett	バレット
ダンス	Tanzaufführung	タンツアウフフュールング
ミュージカル	Musical	ミュージカル
前売り券	Vorverkaufskarte	フォーアフェアカウフスカルテ
当日券	Karten für heute	カルテン フュア ホイテ
座席	Sitzplatz	ズィッツプラッツ
座席表	Sitzplan	ズィッツプラーン
プログラム	Programm	プログラム
パンフレット	Broschüre	ブロシューレ
入口	Eingang	アインガング
出口	Ausgang	アウスガング

本場のエンターテインメントを鑑賞してみましょう

ここでチケットの予約はできますか？

Kann man hier Karten reservieren?
カン　**マ**ン　ヒーア　**カ**ルテン　レゼァ**ヴィ**ーレン
Can I make a ticket reservation here?

オペラ［バレエ］が観たいのですが。

Ich möchte mir eine Oper［ein Ballet］ansehen.
イッヒ　**メ**ヒテ　ミーア　アイネ　**オ**ーパー［アイン　バ**レ**ット］　**ア**ンゼーエン
I'd like to see an opera［a ballet］.

まだチケットは手に入りますか？

Gibt es noch Karten?
ギブト　エス　ノッホ　**カ**ルテン
Can I still get a ticket?

座席表を見せてもらえますか？

Können Sie mir bitte den Sitzplan zeigen?
ケネン　ズィー ミーア **ビ**ッテ デン　**ズ**ィッツプラーン　**ツ**ァイゲン
Can I see the seating plan?

(チケットを見せて)席に案内していただけますか？

Können Sie mich zum Sitplatz führen?
ケネン　ズィー **ミ**ッヒ　ツム　**ズ**ィッツプラッツ　**ヒ**ューレン
Could you take me to my seat?

タクシーを呼んでください。

Rufen Sie mir bitte ein Taxi.
ルーフェン ズィー ミーア **ビ**ッテ アイン **タ**クシー
Please call me a taxi.

ジャズバーなどナイトスポットにて

予約はしていません。

Ich habe nicht reserviert.
イッヒ　**ハ**ーベ　ニヒト　レゼァ**ヴィ**ーアト
I don't have a reservation.

2名ですが席はありますか？

Haben Sie einen Tisch für zwei?
ハーベン　ズィー　アイネン　**テ**ィッシュ　フュア　ツ**ヴァ**イ
Can we get a table for two?

数字⇒P.150

ショーはいつ始まりますか？

Wann beginnt die Aufführung?
ヴァン　ベギント　ディ　**ア**ウフフュールング
When does the show start?

近くにクラブはありますか？

Gibt es hier in der Nähe einen Nachtklub?
ギブト エス ヒーア イン デア **ネ**ーエ　アイネン　**ナ**ハトクルプ
Is there a night club nearby?

どのバーがおすすめですか?
Welche Bar können Sie mir empfehlen?
ヴェルヒェ バー ケネン ズィー ミーア エンプフェーレン

やっぱり生演奏は別格です

お酒や食事を楽しみながら、生演奏を堪能できるジャズバー。週末は特に混みあうので、予約を入れてゆっくり楽しみたいです。

メニューをいただけますか?
Können Sie mir bitte die Speisekarte bringen?
ケネン ズィー ミーア ビッテ ディ シュパイゼカルテ ブリンゲン
Can I have a menu, please?

お代わりをいただけますか?
Könnte ich noch eine Portion bekommen?
ケンテ イッヒ ノッホ アイネ ポルツィオーン ベコメン
Can I have another one, please?

灰皿を変えていただけますか?
Könnten Sie mir bitte einen neuen Aschenbecher bringen?
ケンテン ズィー ミーア ビッテ アイネン ノイエン アッシェンベッヒャー ブリンゲン
Could you change the ashtray?

入場料はいくらですか?
Was kostet der Eintritt?
ヴァス コステット デア アイントリット
How much is the admission?

予約が必要ですか?
Ist eine Reservierung erforderlich?
イスト アイネ レゼァヴィールング エアフォルダリッヒ
Do I need a reservation?

生演奏はありますか?
Finden hier Liveauftritte statt?
フィンデン ヒーア ライフアウフトリッテ シュタット
Do you have live performance?

今日は混んでいますか?
Ist es heute voll?
イスト エス ホイテ フォル
Is it crowded today?

お役立ち単語集 WORD

ナイトクラブ	Nachtklub	ナハトクルプ
ディスコ	Diskothek	ディスコテーク
ジャズクラブ	Jazzklub	ジャズクルプ
ライブハウス	Konzerthalle	コンツェルトハレ
キャバレー	Kabarett	カバレット
入場料	Eintritt	アイントリット
席料	Sitzplatzgebühr	ズィッツプラッツゲビューア
ウィスキー	Whisky	ヴィスキー
スコッチ	schottischer Whisky	ショッティッシャー ヴィスキー
バーボン	Bourbon	バーボン
カクテル	Cocktail	コックテイル
ビール	Bier	ビーア
コーラ	Cola	コーラ

一流オーケストラの演奏に酔いしれましょう

**ドイツは、大作曲家や優れたオーケストラを生み出してきた音楽の本場。
劇場に足を運んで、本物の迫力に触れましょう。**

オーケストラ&オペラの魅力

数多くのオーケストラや劇団が本拠地を構えるドイツ。ぜひこの機会に、数十人もの演奏家が作り出す見事なハーモニーを体感しましょう。オペラでは衣装や舞台美術など、目でも存分に楽しんで。

おすすめの劇場は？

世界最高峰のオーケストラの本拠地
ベルリン・フィルハーモニー
Berliner Philharmonie
（ベルリン）

ベルリン・フィルハーモニー管弦楽団の本拠地。客席が舞台を囲む構造が特徴。

ヨーロピアンスタイルのホール
コンツェルトハウス
Konzerthaus
（ベルリン）

伝統的なスタイルで作られた美しいホール。ワーグナーが「さまよえるオランダ人」を指揮したことでも有名。

チケットを取るには？

1. 事前に購入

公式サイトで年間の公演スケジュールをチェックし、ネットでチケットを購入。チケットは公演前に劇場で受け取るか郵送してもらいます。

2. コンシェルジュに依頼

中級以上のホテルに泊まる場合、ホテルのコンシェルジュにチケットの手配を頼むことができます。ただし手数料が必要な場合もあるので注意。また、チップも忘れずに。

3. 現地のチケットエージェンシーで入手

手数料がかかりますが、前売券が完売している公演でも、ネットワークを活かし直前でも手配してくれる場合があります。

4. 会場のチケット売場で購入

前日までに劇場に足を運び、直接購入するのも手。多くの劇場では、数週間先の公演のチケットまで販売しています。

オペラ座の歴史に触れてみましょう

ウィーンにあるオペラ座博物館では、歴代指揮者・演奏家の資料のほか、舞台で使用された衣装なども展示されています。

世界で最も華麗な劇場
ゼンパーオーパー

Semperoper

（ドレスデン）

1878年建築のザクセン州立オペラ劇場。公演が行われる日は美しくライトアップされる。劇場見学ガイドツアーも。

オーストリア

世界三大オペラ座のひとつ
ウィーン国立オペラ座

Wiener Staatsoper

（ウィーン）

音楽の都ウィーンのシンボル。かつて小澤征爾が音楽監督を務めたことも。

経済と文化の街で最高の舞台を
シュトゥットガルト州立劇場

Staatstheater Stuttgart

（シュトゥットガルト）

バレエの名門、シュトゥットガルト・バレエ団の本拠地。過去に数回、年間最優秀劇場に選ばれた。

オーストリア

音楽の殿堂
楽友協会

Wiener Musikverein

（ウィーン）

ウィーン・フィルハーモニー管弦楽団の本拠地。ウィーン芸術週間音楽祭なども行われている。

■鑑賞のマナー

♪カジュアルすぎない服装で…特別なコンサートでなければドレスを着用する必要はありませんが、ワンピース程度のきちんとした服装が望ましいです。

♪場内飲食禁止、携帯・スマホの電源はオフに。

♪演奏の途中で席を立ったり拍手をしたりするのはNG。

♪開演に遅れないように…遅れると次の幕まで入れてもらえません。

音楽家ゆかりの地を訪ねたら…

ドイツとオーストリアは、クラシックの大作曲家を多く生み出しました。彼らが愛用した楽器や自筆の楽譜を見に行きましょう。

① バッハの家
Bachhaus
(アイゼナハ)

ヨハン・セバスチャン・バッハ一族が住んでいた家。バッハが実際に使っていた楽器のコレクションを見ることができる。

オーストリア

② モーツァルトの生家
Mozarts Geburtshaus
(ザルツブルク)

モーツァルトが生まれ、17歳まで過ごした家。楽器や楽譜、肖像画、家系図などが展示されている。

オーストリア

③ パスクァラッティハウス
Beethoven Pasqualatihaus
(ウィーン)

ベートーヴェンが暮らし、『フィデリオ』を作曲した家。彼が生活した部屋で、ピアノや楽譜、肖像画などを見ることができる。

④ ワーグナー博物館
Richard Wagner Museum
(バイロイト)

ワーグナーと妻コジマが住んだ家。裏庭には2人のお墓がある。館内ではワーグナーが愛用した品々を展示。

⑤ ブラームス記念館
Johannes-Brahms-Museum
(ハンブルク)

ブラームス自筆の楽譜やピアノなどを展示。聖ミヒャエル教会の洗礼名簿もある。

じっくりと見てまわりたいですね

これは何という楽器ですか?	**Was für ein Instrument ist das?** ヴァス フュア アイン インストゥルメント イスト ダス What is this instrument called?
次の演奏会はいつ開催されますか?	**Wann findet das nächste Konzert statt?** ヴァン フィンデット ダス ネーヒステ コンツェルト シュタット When is the next concert?
家の中を見学できますか?	**Kann man das Haus von innen besichtigen?** カン マン ダス ハウス フォン イネン ベズィヒティゲン Can I see the inside of the house?

サッカーはドイツの国民的スポーツです

ドイツはヨーロッパでも屈指の強豪国。
スタジアムに足を運んで、力強いプレーを生で観戦しましょう♪

チケットの取り方

ブンデスリーガのシーズンは8月〜翌5月。まずはリーグの公式サイトで、対戦カードや開始時間などをチェック。チケットは各チームの公式サイトや現地の窓口、ファンショップで購入できます。試合当日は混むので、前日までに入手しておきましょう。

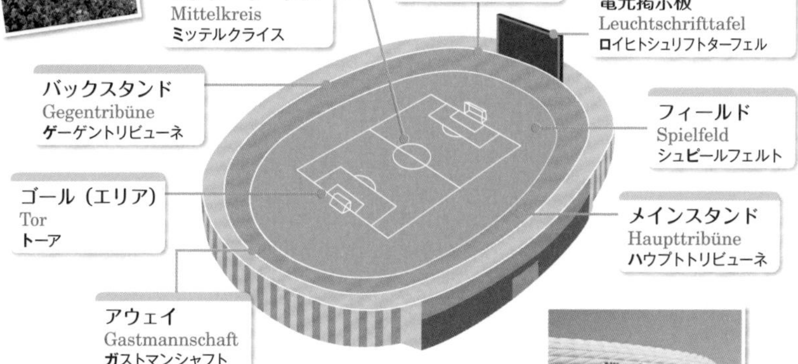

サッカーを観に行きましょう

メインスタンドの席をください。

Ich hätte gern einen Sitzplatz auf der Haupttribüne.
イッヒ　ヘッテ　ゲルン　アイネン　ズィッツプラッツ　アウフ　デア　ハウプトトリビューネ
I'd like a seat in the main stand.

バイエルン・ミュンヘンの試合はいつですか？

Wann spielt Bayern München?
ヴァン　シュピールト　バイエルン　ミュンヘン
When is the Bayern München game?

Tシャツはどこで買えますか？

Wo kann man hier T-Shirts kaufen?
ヴォー　カン　マン　ヒーア　ティシャーツ　カウフェン
Where can I buy a T-shirt?

ホテルで快適に過ごしたいですね

充実した旅を楽しむために、ホテルでの時間も大切にしたいですね。
ホテル滞在中によく使われるフレーズを集めました。

ホテルへの到着が遅れそう！

到着が遅くなりますが、予約はキープしてください。

Ich komme erst spät an. Halten Sie aber bitte meine Reservierung aufrecht.
イッヒ コメ エアスト シュペート アン ハルテン ズィー アーバー ビッテ マイネ レゼァヴィールング アウフレヒト
I'll be arriving late, but please hold the reservation.

チェックイン・アウトをしましょう

チェックインをお願いします。

Ich möchte einchecken.
イッヒ メヒテ アインチェッケン
I'd like to check in.

予約してあります。

Ich habe ein Zimmer reserviert.
イッヒ ハーベ アイン ツィマー レゼァヴィーアト
I have a reservation.

ツイン（ベッドが2つ）ですよね？

Sie möchten ein Doppelzimmer (mit zwei Betten). Ist das richtig?
ズィー メヒテン アイン ドッペルツィマー （ミット ツヴァイ ベッテン） イスト ダス リヒティヒ
It's a twin room ,isn't it?

眺めのいい部屋をお願いします。

Ich möchte ein Zimmer mit guter Aussicht.
イッヒ メヒテ アイン ツィマー ミット グーター アウスズィヒト
I want a room with a nice view.

日本語を話せる人はいますか？

Gibt es hier jemanden, der Japanisch spricht?
ギプト エス ヒーア イェーマンデン デア ヤパーニシュ シュプリヒト
Is there anyone who speaks Japanese?

貴重品を預かっていただけますか？

Könnten Sie bitte meine Wertgegenstände aufbewahren?
ケンテン ズィー ビッテ マイネ ヴェーアトゲーゲンシュテンデ アウフベヴァーレン
Could you store my valuables?

チェックアウトは何時ですか？

Wann muss ich auschecken?
ヴァン ムス イッヒ アウスチェッケン
When is the check out time?

ホテル内にどんな施設がありますか？

Was für Einrichtungen haben Sie im Hotel?
ヴァス フュア アインリヒトゥンゲン ハーベン ズィー イム ホテル
What kind of facilities do you have in this hotel?

自動販売機はどこですか？

Wo steht der Getränkeautomat?
ヴォー シュテート デア ゲトレンケアウトマート
Where is the vending machine?

近くにおいしいレストランはありますか？

Gibt es hier in der Nähe ein gutes Restaurant?
ギブト エス ヒーア イン デア ネーエ アイン グーテス レストラーン
Do you have any good restaurants near here?

ホテルはこんなふうになっています

ルームサービス
Zimmerservice
ツィマーサービス
客室から電話で注文を受け、料理や飲み物を提供するサービス。

ロビー
Rezeption
レツェプツィオーン
玄関やフロントの近くにあり、待ち合わせや休憩など、客が自由に利用できるスペース。

コンシェルジュ
Concierge
コンシェルジュ
宿泊客の応対係。街の情報に精通し、客の要望や相談に応じる。

ポーター
Gepäckträger
ゲペックトレーガー
ホテルに到着した車から、宿泊客の荷物をフロントまで運ぶ。

フロント係
Empfangspersonal
エンプファングスペルゾナール
チェックイン・チェックアウトや精算、両替、メッセージ等の受け渡し、貴重品の保管などを行う。

ベルボーイ
Page
パージェ
宿泊客の荷物の運搬や客室への案内を行う。ホテルによってはポーターの業務も兼ねる。

クローク
Garderobe
ガルデローベ
宿泊客の荷物を預かる。チェックイン前や、チェックアウト後でも利用できる。

お部屋にご案内します。
Ich begleite Sie zum Zimmer.
イッヒ ベグライテ ズィー ツム ツィマー

お荷物をお運びします。
Wir bringen Ihr Gepäck ins Zimmer.
ヴィーア ブリンゲン イーア ゲペック インス ツィマー

エレベーターはこちらです。
Hier ist der Aufzug.
ヒーア イスト デア アウフツーク

部屋で

シャワーの出し方をやって見せてくれませんか?

Können Sie mir bitte zeigen, wie man die Dusche benutzt?
ケネン ズィー ミーア ビッテ ツァイゲン ヴィー マン ディ ドゥーシェ ベヌッツト
Could you show me how to use this shower?

入ってください。/ちょっと待ってください。

Kommen Sie herein. / Einen Augenblick, bitte.
コメン ズィー ヘライン / アイネン アウゲンブリック ビッテ
Come in. / Just a moment, please.

415号室ですが。

Meine Zimmernummer ist 415.
マイネ ツィマーヌマー イスト フィアーフンデルトフュンフツェーン
This is Room 415.
数字 P.150

明日の朝6時にモーニングコールをお願いします。

Machen Sie bitte morgen um 6 Uhr einen Weckanruf.
マッヘン ズィー ビッテ モルゲン ウム ゼクス ウーア アイネン ヴェックアンルーフ
Please wake me up at six tomorrow morning.
時刻 P.152

かしこまりました。

Jawohl, gerne.
ヤァヴォール ゲルネ
Sure.

新しいタオルを持ってきてください。

Bringen Sie mir bitte ein neues Handtuch.
ブリンゲン ズィー ミーア ビッテ アイン ノイエス ハントトゥーフ
Please bring me a new bath towel.

できるだけ早くお願いします。

So bald wie möglich, bitte.
ゾー バルト ヴィー メークリヒ ビッテ
As soon as possible, please.

ルームサービスをお願いします。

Zimmerservice, bitte.
ツィマーサービス ビッテ
Room service, please.

ヴィーナーシュニッツェルとビールをお願いします。

Ein Wiener Schnitzel und ein Bier, bitte.
アイン ヴィーナー シュニッツェル ウント アイン ビーア ビッテ
A Wienerschnitzel and a beer, please.

氷と水を持ってきてください。

Bringen Sie mir bitte etwas Eis und etwas Wasser.
ブリンゲン ズィー ミーア ビッテ エトヴァス アイス ウント エトヴァス ヴァッサー
Please bring me some ice cubes and water.

コンセントが見つからないのですが。

Ich kann die Steckdose nicht finden.
イッヒ カン ディ シュテックドーゼ ニヒト フィンデン
Could you tell me where the outlet is?

ホテルマナーを知っておきましょう。

1 チェックインから チェックアウトまで
到着が遅れる時や外出して夜遅くに戻る場合は、必ず事前に連絡しましょう。

2 服装
ホテルは公共の場なので、スリッパやパジャマで部屋の外に出ないように。

3 貴重品の管理
外出時は貴重品を持ち歩くか、フロントに預けましょう。

4 チップについて
ベッドメイキングやコンシェルジュの利用時などには、1ユーロのチップを。

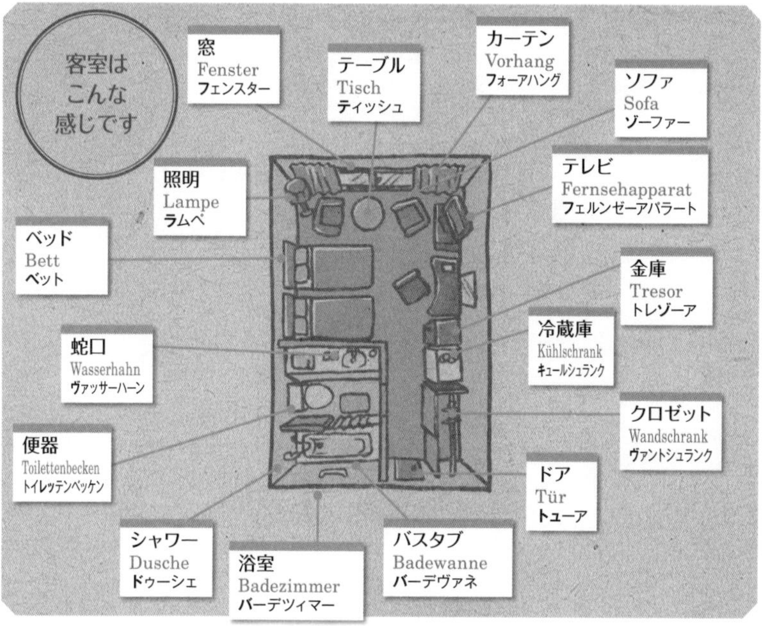

すぐに使えるトラブルフレーズ

シャワーが壊れています。
Die Dusche funktioniert nicht.
ディ　ドゥーシェ　フンクツィオニーアト　ニヒト

部屋を変えていただけますか？
Können Sie mir ein anderes Zimmer geben?
ケネン　ズィー ミーア アイン アンデレス ツィマー　ゲーベン

お湯が出ません。
Aus dem Wasserhahn kommt kein warmes Wasser.
アウス　デム　ヴァッサーハーン　コムト　カイン　ヴァルメス　ヴァッサー

トイレが流れません。
Die Toilettenspülung funktioniert nicht.
ディ　トイレッテンシュピュールング　フンクツィオニーアト　ニヒト

電気がつきません。
Das Licht funktioniert nicht.
ダス　リヒト　フンクツィオニーアト　ニヒト

締め出されてしまいました。
Ich bin ausgesperrt.
イッヒ　ビン　アウスゲシュペルト

すぐだれかをよこしていただけますか？
Könnten Sie mir bitte sofort jemanden schicken?
ケンテン　ズィー　ミーア　ビッテ　ゾフォルト　イェーマンデン　シッケン

ホテルで快適に過ごしたいですね

ホテルの施設・サービス

両替をしたいのですが。

Ich möchte gern Geld wechseln.
イッヒ メヒテ ゲルン ゲルト ヴェクセルン
I'd like to exchange money.

レストランはどこですか？

Wo ist das Restaurant?
ヴォー イスト ダス レストラーン
Where is the restaurant?

そこは何時までやっていますか？

Bis wann ist es geöffnet?
ビス ヴァン イスト エス ゲエフネット
What time does it close?

予約は必要ですか？

Ist eine Tischreservierung erforderlich?
イスト アイネ ティッシュレゼァヴィールング エアフォルダリッヒ
Do I need a reservation?

朝食がとれるカフェはありますか？

Gibt es ein Café, wo man frühstücken kann?
ギプト エス アイン カフェー ヴォー マン フリューシュテュッケン カン
Is there a café for breakfast?

この荷物をしばらく預かってもらえますか？

Könnten Sie das Gepäck eine Weile aufbewahren?
ケンテン ズィー ダス ゲペック アイネ ヴァイレ アウフベヴァーレン
Could you store this baggage for a while?

この手紙を航空便でお願いします。

Schicken Sie mir bitte den Brief per Luftpost.
シッケン ズィー ミーア ビッテ デン ブリーフ ペル ルフトポスト
Please send this letter by air mail.

日本にファックス[メール]を送りたいのですが。

Ich möchte gern ein FAX [eine Email] nach Japan schicken.
イッヒ メヒテ ゲルン アイン ファックス アイネ イーメイル ナーハ ヤーパン シッケン
I'd like to send a fax [an e-mail] to Japan.

インターネットは利用できますか？

Kann man Internet benutzen?
カン マン インターネット ベヌッツェン
Can I access the Internet?

インターネット➡P.138

料金はいくらですか？

Was kostet das?
ヴァス コステット ダス
How much does it cost?

空港行きのバスはありますか？

Gibt es einen Bus zum Flughafen?
ギプト エス アイネン ブス ツム フルークハーフェン
Is there a bus that goes to the airport?

セイフティ·ボックスの使い方を教えていただけますか?

Wie wird der Tresor benutzt?
ヴィー ヴィルト デア トレゾーア ベヌッツト
Could you tell me how to use the safety deposit box?

私あてにメッセージが届いていませんか?

Haben Sie vielleicht eine Nachricht für mich bekommen?
ハーベン ズィー フィライヒト アイネ ナーハリヒト フュア ミッヒ ベコメン
Are there any messages for me?

タクシーを呼んでください。

Rufen Sie mir bitte ein Taxi.
ルーフェン ズィー ミーア ビッテ アイン タクシー
Please get me a taxi.

このホテルの住所がわかるカードが欲しいのですが。

Ich möchte eine Karte mit der Adresse dieses Hotels haben.
イッヒ メヒテ アイネ カルテ ミット デア アドレッセ ディーゼス ホテルス ハーベン
Could I have a card with the hotel's address?

アパートタイプの部屋を借りる時は?

キッチンはついていますか?

Ist das Zimmer mit Küche?
イスト ダス ツィマー ミット キュッヒェ
Does it have a kitchen?

1週間借りたいのですが…

Ich möchte es eine Woche mieten.
イッヒ メヒテ エス アイネ ヴォッヘ ミーテン
I'd like to rent it for a week.

その部屋には家具はついていますか?

Ist das Zimmer möbliert?
イスト ダス ツィマー メビリーアト
Is the room furnished?

ガスの使い方が分かりません。

Ich weiss nicht, wie der Gasherd benuzt wird.
イッヒ ヴァイス ニヒト ヴィー デア ガースヘーアト ベヌッツト ヴィルト
I don't know how to use the gas.

この近くにスーパーはありますか?

Gibt es hier in der Nähe einen Supermarkt?
ギプト エス ヒーア イン デア ネーエ アイネン ズーパーマルクト
Is there any supermarkets near here?

浴槽はついていますか?

Gibt es im Badezimmer eine Badewanne?
ギプト エス イム バーデツィマー アイネ バーデヴァネ
Does it have a bathtub?

宿泊費以外にかかる費用は?

Wofür muss man außer der Miete noch zahlen?
ヴォフュア ムス マン アウサー デア ミーテ ノッホ ツァーレン
What else do we have to pay beside the rent?

ホテルで快適に過ごしたいですね

ホテルでの朝食

部屋で朝食は取れますか？

Kann ich auf dem Zimmer frühstücken?
カン　イッヒ　アウフ　デム　ツィマー　フリューシュテュッケン
Can I eat breakfast in the room?

朝8時に持ってきてください。

Bringen Sie mir das Frühstück bitte morgen früh um 8 Uhr.
ブリンゲン　ズィー　ミーア　ダス　フリューシュテュック　ビッテ　モルゲン　フリュー　ウム　アハト　ウーア
Please bring it at eight in the morning.
時刻→P.152

サンドイッチとオレンジジュースをお願いします。

Ein Sandwitch und ein Glas Orangensaft, bitte.
アイン　サンドヴィッチ　ウント　アイン　グラース　オランジェンザフト　ビッテ
A sandwich and a glass of orange juice, please.

朝食はブッフェスタイルですか？

Ist das Frühstück mit Büfett?
イスト　ダス　フリューシュテュック　ミット　ビュフェー
Is breakfast a buffet style?

朝食は何時からですか？

Ab wann kann man frühstücken?
アップ　ヴァン　カン　マン　フリューシュテュッケン
What time does breakfast start?

チェックアウトをしましょう

チェックアウトをお願いします。

Ich möchte gern auschecken.
イッヒ　メヒテ　ゲルン　アウスチェッケン
I'd like to check out, please.

415号室のサトウです。

Mein Name ist Sato, Meine Zimmernummer ist 415.
マイン　ナーメ　イスト　サトウ　マイネ　ツィマーヌマー　イスト　フィアフンダートフュンフツェーン
It's Sato in Room 415.
数字→P.150

清算書が間違っています。

Die Rechnung stimmt nicht.
ディ　レヒヌング　シュティムト　ニヒト
I think there is a mistake in this bill.

ルームサービスは使っていません。

Ich habe keinen Zimmerservice bestellt.
イッヒ　ハーベ　カイネン　ツィマーサーヴィス　ベシュテルト
I didn't order room service.

国際電話はかけていません。

Ich habe keine internationalen Telefonate gemacht.
イッヒ　ハーベ　カイネ　インターナツィオナーレン　テレフォナーテ　ゲマハト
I didn't make any international phone calls.

ありがとう。とても楽しく過ごせました。

Danke! Ich habe meinen Aufenthalt sehr genossen.
ダンケ　イッヒ ハーベ マイネン アウフエントハルト ゼーア ゲノッセン
Thank you. I really enjoyed my stay.

ミニバーからジュースを1本飲みました。

Ich habe eine Flasche Saft aus der Minibar getrunken.
イッヒ ハーベ アイネ フラッシェ ザフト アウス デア ミニバー　ゲトルンケン
I had a bottle of juice from the mini bar.

数字→P.150

預かってもらった貴重品をお願いします。

Ich möchte meine Wertgegenstände zurückhaben.
イッヒ　メヒテ　マイネ　ヴェーアトゲーゲンシュテンデ　ツリュックハーベン
I'd like my valuables back.

部屋に忘れ物をしました。

Ich habe etwas im Zimmer liegen lassen.
イッヒ ハーベ エトヴァス イム ツィマー　リーゲン ラッセン
I left something in my room.

クレジットカードで支払いたいのですが。

Ich möchte mit Kreditkarte bezahlen.
イッヒ　メヒテ　ミット　クレディートカルテ　ベツァーレン
I'd like to pay by credit card.

このクレジットカードは使えますか？

Kann ich mit dieser Kreditkarte bezahlen?
カン　イッヒ　ミット　ディーザー　クレディートカルテ　ベツァーレン
Do you accept this credit card?

現金で支払います。

Ich bezahle mit Bargeld.
イッヒ ベツァーレ ミット バーゲルト
I'd like to pay by cash.

滞在を1日延ばしたいのですが。

Ich möchte eine Nacht verlängern.
イッヒ　メヒテ　アイネ　ナハト　フェアレンガルン
I'd like to extend my stay.

数字→P.150

お役立ち単語集 WORD

水	Wasser	ヴァッサー
お湯	warmes Wasser	ヴァルメス　ヴァッサー
枕	Kopfkissen	コップフキッセン
シーツ	Betttuch	ベットトゥーフ
掛け布団	Bettdecke	ベットデッケ
マットレス	Matratze	マトラッツェ
空調	Klimaanlage	クリーマーアンラーゲ
シャンプー	Shampoo	シャンプー
石けん	Seife	ザイフェ
バスタオル	Badetuch	バーデトゥーフ
トイレットペーパー	Toilettenpapier	トイレッテンパピーア
ハンガー	Kleiderbügel	クライダービューゲル
スリッパ	Pantoffeln	パントッフェルン
グラス	Glas	グラース
ドライヤー	Föhn	フェーン
灰皿	Aschenbecher	アッシェンベッヒャー

入国審査に必要な会話はこんな感じです

空港 Flughafen
フルークハーフェン

現地の空港に到着したら、まずは入国審査へ進みましょう。使うフレーズはだいたい決まっているので、練習してスムーズに入国したいですね。パスポートなど、必要なものの準備も忘れずに。

入国審査では？

カウンターはEU国籍の人用と、それ以外の人用に分かれています。日本人は「Non-EU Nations」や「Alle Pässe」の列へ。入国カードは不要なので、パスポートのみ提出します。スタンプを押さずに通される場合もあります。

シェンゲン協定加盟国経由の場合は、最初に到着する国で入国審査を受け、ドイツでの入国審査はありません。

ETIAS（エティアス）って？

ドイツを含む欧州27カ国への入国に必要な電子渡航認証システム。事前にオンラインで申請します。2025年以降に導入される予定です。

パスポートを見せていただけますか？

Darf ich Ihren Reisepass sehen?
ダルフ　イッヒ　イーレン　ライゼパス　ゼーエン
May I see your passport, please?

旅行の目的は何ですか？

Was ist der Grund für Ihre Reise?
ヴァス　イスト　デア　グルント　フュア　イーレ　ライゼ
What's the purpose of your visit?

観光です。／仕事です。

Besichtigung. / Geschäft.
ベズィヒティグング　／　ゲシェフト
Sightseeing. / Business.

何日間滞在しますか？

Wie lange bleiben Sie?
ヴィー　ランゲ　ブライベン　ズィー
How long are you going to stay?

10日ほどです。

Ca. 10 Tage.
ツィルカ　ツェーン　ターゲ
About ten days.

数字 ➡ P.150

どこに滞在しますか？

Wo übernachten Sie?
ヴォー　ユーバーナハテン　ズィー
Where are you staying?

コンチネンタルホテルです。／友達の家です。

Im Hotel Continental. / Bei einem Freund [einer Freundin].
イム　ホテル　コンティネンタール　／　バイ　アイネム　フロイント　[アイナー　フロインディン]
Hotel Continental. / My friend's house.

ドイツでの入国手続きの流れはこんな感じです

1. **到着**　空港に到着。案内に従い入国審査へ進む。
2. **入国審査**　EU国籍以外の人用カウンターの列へ並び、入国審査を受ける。
3. **荷物の受け取り**　航空会社、便名を確認し、機内に預けた荷物を受け取る。
4. **税関**　申告するものがなければ緑のサインのゲートへ。申告するものがある場合は、赤いサインのゲートで手続きを行う。
5. **到着ロビー**　税関を抜けると到着ロビー。案内に従って交通機関の乗り場へ。

搭乗ゲートはどこですか？

Wo ist die Abflughalle?
ヴォー イスト ディ アップフルークハレ
Where is the boarding gate?

スーツケースが破損しています。

Mein Koffer ist beschädigt.
マイン コッファー イスト ベシェーディヒト
My suitcase is damaged.

荷物が見つからないときは？

預けた荷物が出てこなかったら、航空券とクレームタグをもって、航空会社のスタッフや「Lost & Found」カウンターに相談しましょう。すぐに見つからない場合は、荷物の特徴や連絡先を伝えて手続きをします。荷物の受け取り方法や、補償についても確認しておくと安心です。

私のスーツケースがまだ出てきません。

Mein Koffer ist noch nicht herausgekommen.
マイン コッファー イスト ノッホ ニヒト ヘラウスゲコメン
My suitcase hasn't arrived yet.

見つかりしだい、ホテルに届けてください。

Schicken Sie mir das Gepäck bitte zum Hotel, sobald es wieder aufgetaucht ist.
シッケン ズィー ミーア ダス ゲペック ビッテ ツム ホテル ゾーバルト エス ヴィーダー アウフゲタウフト イスト
Please deliver it to my hotel as soon as you've located it.

友人へのプレゼントです。

Das ist ein Geschenk für eine Freundin.
ダス イスト アイン ゲシェンク フュア アイネ フロインディン
A present for my friend.

お役立ち単語集 WORD

到着	Ankunft アンクンフト
入国審査	Passkontrolle パスコントローレ
荷物受け取り	Gepäckausgabe ゲペックアウスガーベ
税関	Zoll ツォル
到着ロビー	Ankunftshalle アンクンフツハレ
シェンゲン協定	Schengener Abkommen シェンゲナー アップコメン
手荷物引換証	Gepäckschein ゲペックシャイン
検疫	Quarantäne カランテーネ
免税／課税	Zollbefreiung / Besteuerung ツォルベフライウング/ベシュトイアルング
税関申告書	Zollerklärungformular ツォルエアクレールングフォルムラール

機内でより快適に過ごすために

機内 im Flugzeug
イム　フルークツォイク

飛行機に乗り込んだら、もう海外旅行は始まっています。
旅先の会話に備えて、機内から外国人の乗務員さんに話しかけてみましょう。

機内で

困ったことがあれば乗務員さんにたずねましょう。座席を倒すときは、後ろの席の人に声をかけるとスマート。食事や離着陸のときは元の位置に戻します。シートベルト着用サインの点灯中は、危ないので席を立たないように。

機内に持っていくと便利なもの

- スリッパ
- マスク
- 上着
- 耳栓
- アイマスク
- 首枕
- 常備薬
- コンタクト洗浄液&保存液
- 目薬&眼鏡
- のどあめ
- ウェットティッシュ
- 化粧水
- 歯ブラシ
- ガイドブック&会話帖
- むくみ防止ソックス

液体類は持込制限があるので、持ち込む際は事前に確認しましょう。

すみません，ここは私の席です。

Entschuldigen Sie, aber das ist mein Sitzplatz.
エントシュルディゲン　ズィー　アーバー　ダス　イスト　マイン　ズィッツプラッツ
Excuse me, you are in my seat.

ハンブルクへ乗り継ぎの予定です。

Ich plane einen Flug mit Anschluss nach Hamburg.
イッヒ　プラーネ　アイネン　フルーク　ミット　アンシュルス　ナーハ　ハンブルク
Ill connect with another flight to Hamburg.

気分が悪いのですが。

Ich fühle mich nicht wohl.
イッヒ　フューレ　ミッヒ　ニヒト　ヴォール
I feel sick.

モニターが壊れています。

Der Monitor ist kaputt.
デア　モニトーア　イスト　カプット
The monitor is not working.

荷物をここにおいてもいいですか？

Kann ich meine Tasche hier hinlegen?
カン　イッヒ　マイネ　タッシェ　ヒーア　ヒンレーゲン
Can I put my baggage here?

座席を倒してもいいですか？

Kann ich meinen Sitz zurücklehnen?
カン　イッヒ　マイネン　ズィッツ　ツーリュックレーネン
Can I recline my seat?

トイレはどこですか？

Wo ist die Toilette?
ヴォー　イスト　ディ　トイレッテ
Where's the restroom?

機内アナウンスがわかります！

シートベルトを着用してください。
Schnallen Sie sich bitte an.
シュナレン　ズィー ズィヒ　ビッテ　アン
Please fasten your seat belts.

座席に戻ってください。
Gehen Sie bitte zu Ihrem Sitzplatz zurück.
ゲーエン　ズィー ビッテ　ツー イーレム　ズィッツプラッツ　ツーリュック
Please get back to your seat.

座席を元の位置に戻してください。
Bringen Sie Ihren Sitz bitte in die Ausgangsposition.
ブリンゲン　ズィー イーレン ズィッツ ビッテ　イン ディ アウスガングスポズィツィオーン
Please put your seat back to its original position.

テーブルを元の位置に戻してください。
Klappen Sie bitte Ihren Tisch ein.
クラッペン　ズィー ビッテ　イーレン　ティッシュ　アイン
Please put your table back to its original position.

何か頼みたいときは？

座席にある呼び出しボタンを使えば、周りの人に迷惑をかけずに乗務員さんを呼ぶことができます。

枕とブランケットください。

Könnten Sie mir bitte ein Kopfkissen und eine Decke bringen?
ケンテン　ズィー ミーア ビッテ　アイン コップフキッセン　ウント　アイネ　デッケ　ブリンゲン
Could I have a pillow and a blanket?

寒い［暑い］です。

Mir ist kalt[warm].
ミーア　イスト カルト［ヴァルム］
I feel cold[hot].

オレンジジュース［ビール］をください。

Ein Orangensaft[Bier], bitte.
アイン　オランジェンザフト　［ビーア］　ビッテ
Orange juice[beer], please.

食事になっても起こさないでください。

Wecken Sie mich bitte nicht zum Essen auf.
ヴェッケン　ズィー ミッヒ　ビッテ　ニヒト　ツム　エッセン　アウフ
Don't wake me up for the meal service.

これ（トレイ、コップなどを指して）を下げてもらえますか？

Könnten Sie das bitte mitnehmen?
ケンテン　ズィー　ダス　ビッテ　ミットネーメン
Could you take this away?

お役立ち単語集 WORD

使用中	besetzt	ベゼッツト
空き	frei	フライ
窓側席	Fensterplatz	フェンスタープラッツ
通路側席	Gangplatz	ガングプラッツ
座席番号	Sitznummer	ズィッツヌマー
現地時間	Ortszeit	オルツツァイト
時差	Zeitunterschied	ツァイトウンターシート
吐き気	Brechreiz	ブレッヒライツ
非常口	Notausgang	ノートアウスガング
薬	Medikamente	メディカメンテ

空港 Flughafen
フルークハーフェン

**出発の2〜3時間前からチェックインができるので、余裕をもって空港に向かいましょう。
現地の人と会話できるのもこれで最後。思う存分話しましょう！**

空港へ向かいましょう

混雑する時期や時間帯は、手続きに時間がかかることが多いので、早めに空港に到着するようにしましょう。フランクフルト国際空港など、複数のターミナルがある大きな空港の場合は、事前にチェックインの場所を確認しておくと安心。バスやタクシーを利用する場合は、道路の渋滞にも気をつけて。

ルフトハンザ航空のカウンターはどこですか？

Wo ist der Schalter von Lufthansa?
ヴォー イスト デア シャルター フォン ルフトハンザ
Where is the Lufthansa Airlines counter?

チェックインをお願いします。

Einchecken, bitte.
アインチェッケン ビッテ
Check in, please.

リコンファーム（予約の再確認）

最近はリコンファーム不要の航空会社がほとんどですが、念のために要不要を確認しておくと安心です。

飛行機の予約を再確認したいのですが。

Ich möchte gerne meinen Flug rückbestätigen.
イッヒ メヒテ ゲルネ マイン フルーク リュックベシュテーティゲン
I'd like to reconfirm my flight.

チェックイン

パスポートや航空券(eチケット控え)を用意して、搭乗する航空会社のカウンターや自動チェックイン機で搭乗手続きをします。オンラインチェックインも便利です。

名前はタナカヤスコです。

Ich heiße Yasuko Tanaka.
イッヒ ハイセ ヤスコ タナカ
My name is Yasuko Tanaka.

8月15日のLH710便、東京行きです。

Meine Flugnummer ist LH710. Der Flug geht am 15. August nach Tokyo.
マイネ フルークヌマー イスト エルハーズィーベンフンダートツェーン デア フルーク ゲート アム フュンフツェンテン アウグスト ナーハ トーキョー
My flight number is LH710 for Tokyo on August 15th. 数字 P.150 月・季節 P.151

急いでいるときは

申し訳ありません。出発まで時間がありません。

Tut mir leid, aber mein Flug geht bald.
トゥット ミーア ライト アーバー マイン フルーク ゲート バルト
I'm sorry. My flight is leaving shortly.

窓側［通路側］の席にしてください。

Ein Fensterplatz [Ein Gangplatz], bitte.
アイン フェンスタープラッツ ［アイン ガングプラッツ］ ビッテ
A window[An aisle] seat, please.

ドイツでの出国手続きの流れはこんな感じです

1 チェックイン
航空会社のカウンターや自動チェックイン機で搭乗手続きをして荷物を預ける。

→

2 免税手続き
旅行中の買い物の免税手続きをする場合は、パスポート、免税書類とレシート、購入品などを用意して、空港内の税関窓口で申請する。

→

3 出国審査
パスポートと搭乗券を提出して出国審査を受ける。

→

4 セキュリティチェック
手荷物検査とボディチェックを受ける。液体類や刃物などの持ち込みは制限されている。

空港では常に時間を気にしておきましょう。わからないことがあったら、すぐに空港スタッフに聞きましょう。

他の便に振り替えできますか?

Ist es möglich meinen Flug umzubuchen?
イスト エスメークリヒ マイネン フルーク ウムツーブーヘン
Can I change the flight?

10番の搭乗ゲートはどこですか?

Wo ist das Abfluggate zehn?
ヴォー イストダス アップフルークゲート ツェーン
Where is Gate 10?
数字→P.150

この便は定刻に出発しますか?

Fliegt das Flugzeug planmäßig ab?
フリークト ダス フルークツォイク プラーンメースィヒ アップ
Will this flight leave on schedule?

どれくらい遅れますか?

Wie lange hat der Flug Verspätung?
ヴィー ランゲ ハット デア フルーク フェアシュペートゥング
How long will it be delayed?

荷物を預ける

液体類や刃物などの持ち込みは制限されているので、預ける荷物に入れましょう。コスメなども対象です。モバイルバッテリーやライターなど、預けられないものもあるのでパッキングの前に確認を。

割れ物が入っています。

Da sind zerbrechliche Gegenstände drin.
ダー ズィント ツェアブレヒリヒェ ゲーゲンシュテンデ ドリン
I have a fragile item.

これは機内に持ち込む手荷物です。

Das ist mein Handgepäck.
ダス イストマイン ハントゲペック
This is carry-on luggage.

荷物を出してもいいですか?

Darf ich mein Gepäck herausnehmen?
ダルフ イッヒ マイン ゲペック ヘラウスネーメン
Can I take out the luggage?

空港～市内へ移動　電車 Zug ツーク　バス Bus ブス　タクシー Taxi タクシー

空港から市内へは、さまざまなルートがあります。予算やスケジュールの都合に合わせて選びましょう。これから現地の人たちに接する機会が増えていきますので、まずは積極的に話しかけましょう。

市内への交通手段

空港によって異なりますが、主要な国際空港の場合は空港に駅があり、Sバーンなどの鉄道が乗り入れています。空港と市内中心部をノンストップで結ぶエアポートバスも本数が多くて便利です。ほかにも路線バス、ホテル送迎バス、タクシー、配車アプリなど、複数のアクセス手段があるので、予算や荷物、時間帯などに合わせて選びましょう。

空港～ホテルのシャトルバスを運行しているホテルもあります。予約時に確認しておきましょう。

カートを探しています。

Ich suche einen Kofferkuli.
イッヒ　ズーヘ　アイネン　コッファークーリ
Where is the baggage carts?

エアポートバスの乗り場はどこですか？

Wo ist hier am Flughafen die Bushaltestelle?
ヴォー イストヒーア　アム　フルークハーフェン　ディ　ブスハルテシュテレ
Where is the station of airport bus?

市内へ行くバスはありますか？

Gibt es einen Bus in die Stadt?
ギプト　エスアイネン　ブス　イン　ディ　シュタット
Is there an airport bus to the city?

コンチネンタルホテルへ行くバスにはどこで乗れますか？

Wo fährt der Bus zum Hotel Continental ab?
ヴォー フェールト　デア　ブス　ツム　ホテル　コンティネンタール　アップ
Where can I get the bus survice for the Hotel Continental?

何分おきに出ていますか？

Wie oft fährt der Bus?
ヴィー　オフト フェールト デア　ブス
How often does it run?

何時に出発ですか？

Wann fährt der Bus ab?
ヴァン　フェールト デア　ブス　アップ
What time does it leave?

チケット売り場はどこですか？

Wo ist der Fahrkartenschalter?
ヴォー　イスト デア　ファールカルテンシャルター
Where is the ticket office?

すぐ対応できるように、事前に調べて、ホテル付近の地図、住所やホテル名を書いたメモを持っておくと便利。迷ったら早めに人に尋ねてみましょう。

大人1枚ください。

Einmal Erwachsener, bitte.
アインマール　エアヴァクセナー　ビッテ
One adult, please.

中央駅までSバーンでどのくらい時間がかかりますか？

Wie lange dauert die Fahrt mit der S-Bahn zum Hauptbahnhof?
ヴィー ランゲ　ダウエルト ディ ファールト ミット デア エスバーン ツム ハウプトバーンホーフ
How long does it take to Central Station by S-Bahn?

券売機の使い方を教えていただけませんか？

Könnten Sie mir bitte zeigen, wie man Fahrkartenautomaten benutzt?
ケンテン　ズィー ミーア ビッテ ツァイゲン ヴィー マン ファールカルテンアウトマーテン　ベヌッツト
Could you tell me how to use the ticket machine?

駅員さんをさがしています。

Ich suche das Bahnpersonal.
イッヒ ズーヘ　ダス　バーンペルゾナール
I'm looking for a station staff.

タクシーを利用

ホテルへ直行できるので、荷物や人数が多いときなどに便利。旅行者に声をかけてくる非認可の白タクも多いですが、トラブルを避けるため、必ず正規のタクシー乗り場から乗車しましょう。配車アプリも便利です。

タクシー乗り場はどこですか？

Wo ist der Taxistand?
ヴォー イスト デア タクシーシュタント
Where is the taxi stand?

このホテルまでタクシー代はいくらくらいですか？

Was kostet die Taxifahrt zu diesem Hotel?
ヴァス　コステット　ディ　タクシーファールト ツー　ディーゼム ホテル
How much does it cost to this hotel by taxi?

チップの目安は運賃の10%程度。大きな荷物を運んでもらったときは少し多めに渡すとスマートです。

（運転手に）レーマー広場で降りたいです。

Ich möchte am Römerberg aussteigen.
イッヒ メヒテ　アム　レーマーベルク　アウスシュタイゲン
I'd like to get off at Römerberg.
観光地 P.36

（運転手に）スーツケースを降ろしてください。

Nehmen Sie bitte meinen Koffer heraus.
ネーメン　ズィー ビッテ　マイネン　コッファー　ヘラウス
Could you unload my suitcase from the trunk?

乗りものに乗って移動を **Uバーン（地下鉄）** U-Bahn ウーバーン **Sバーン（都市近郊鉄道）** S-Bahn エスバーン

ドイツの主要都市を走るUバーン（地下鉄）、都市と郊外を結ぶSバーン（都市近郊鉄道）は、ともに観光にかかせない交通手段です。ぜひ乗りこなしましょう。

乗り場を探しましょう

緑色の円に白で「S」とあるのがSバーン、青色の四角に白で「U」とあるのがUバーンのマーク(ドイツの場合)。看板の下に駅名が表示されていることがあるので、確認しましょう。

目印はコチラ

乗車券（ベルリン）

Uバーン、Sバーンともに共通の乗車券を使用するので、乗り継ぎは簡単。

お得なデイチケットや回数券も販売されています。ぜひチェックしましょう。

乗る前にチェックすることは？

乗車券は初乗り前に打刻機で日付を打刻します。刻印がないと不正乗車とみなされ、罰金の対象となるので注意!

きっぷ売り場はどこですか？

Wo ist der Fahrkartenschalter?
ヴォーイスト デア　ファールカルテンシャルター
Where is the ticket office?

回数券が欲しいのですが。

Ich möchte eine Mehrfahrtenkarte kaufen.
イッヒ　メヒテ　アイネ　メーアファールテンカルテ　カウフェン
I'd like to have a carnet?

時刻表を見せてください。

Können Sie mir bitte den Fahrplan zeigen?
ケネン　ズィー ミーア　ビッテ　デン　ファールプラーン　ツァイゲン
Can I see a schedule?

Sバーンの路線図をください。

Können Sie mir bitte einen Streckenplan von der S-Bahn geben?
ケネン　ズィー　ミーア　ビッテ　アイネン　シュトレッケンプラーン　フォン　デア　エスバーン　ゲーベン
Can I have a S-Bahn map?

いちばん近いUバーンの駅はどこですか？

Wo ist der nächste U-Bahnhof?
ヴォー　イスト　デア　ネーヒステ　ウーバーンホーフ
Where is the nearest U-Bahn station?

アルテ・ピナコテークに行くには、どの駅で降りればいいですか？

Wo muss man aussteigen, wenn man zur Alten Pinakothek gehen will?
ヴォー　ムス　マン　アウスシュタイゲン　ヴェン　マン　ツーア　アルテン　ピナコテーク　ゲーエン　ヴィル
At which station do I have to get off to go to Alten Pinakothek?

何分かかりますか？

Wie lange dauert es?
ヴィー　ランゲ　ダウエルト　エス
How much time does it take?

Uバーン／Sバーンの乗り方

1 切符を買う
自動券売機で切符を購入。最近はクレジットカードが利用できる券売機も。

→ **2 ホームを探す**
路線番号や終点の駅名の表示に従ってホームを目指す。

→ **3 刻印機を使う**
駅には改札がない。ホームにある刻印機で必ず刻印を。

→ **4 乗車と降車**
列車のドアは半自動式なので、ロック解除後に自分で開けて乗車。降車の際は、改札はないのでそのまま外へ。

降りるときは？

車内アナウンスは聞き取りにくいことがあるので、路線図やスマホで現在地を確認するのをおすすめします。

乗り換えは必要ですか？

Muss ich irgendwo umsteigen?
ムス イッヒ イルゲントヴォー ウムシュタイゲン
Do I have to transfer?

ゲーテ・ハウスへ行くには、どの路線に乗ればいいですか？

Welche Linie fährt zum Goethe-Haus?
ヴェルヒェ リーニエ フェールト ツム ゲーテハウス
Which line do I have to take to go to Goethe-Haus?
観光地→P.36

次は何駅ですか？

Wo ist der nächste Bahnhof?
ヴォー イスト デア ネーヒステ バーンホーフ
What is the next stop?

終電は何時ですか？

Wann fährt der letzte Zug ab?
ヴァン フェールト デア レッツテ ツーク アップ
What time does the last train leave?

お役立ち単語集 WORD

切符	Fahrkarte	ファールカルテ
回数券	Mehrfahrtenkarte	メーアファールテンカルテ
切符売り場	Fahrkartenschalter	ファールカルテンシャルター
自動券売機	Fahrkartenautomat	ファールカルテンアウトマート
おつり	Wechselgeld	ヴェクセルゲルト
改札	Fahrkartenkontrolle	ファールカルテンコントロレ
ホーム	Bahnsteig	バーンシュタイク
案内板	Schild	シルト
路線図	Streckenplan	シュトレッケンプラーン
時刻表	Fahrplan	ファールプラーン
所要時間	Dauer	ダウアー
駅員	Bahnpersonal	バーンペルゾナール
車掌	Schaffner	シャフナー
乗り換え	Umsteigen	ウムシュタイゲン
入口	Eingang	アインガング
出口	Ausgang	アウスガング

鉄道 Eisenbahn アイゼンバーン

ドイツは全土に鉄道網が敷かれているので、どこに行くにも便利です。
目的地までの切符を買ってきちんと乗れたら、列車ならではの旅の風景を楽しみましょう。

ドイツ鉄道(DB)について

ドイツ鉄道の路線はドイツ全土を網羅しており、都市間移動にとても便利。列車にはいくつか種類がありますが、旅行者がよく利用するドイツ版新幹線『ICE(インターシティー・エクスプレス)』と特急列車『IC(インター・シティー)』は覚えておきましょう。

明日10時頃発のハンブルク行きのICEを予約したいのですが。

Ich möchte für morgen gegen 10 Uhr einen Sitzplatz im ICE nach Hamburg reservieren.
イッヒ メヒテ フュア モルゲン ゲーゲン ツェーン ウーア アイネン ズィッツプラッツ イム イーツェーエー ナーハ ハンブルク レゼァヴィーレン
I'd like to reserve a seat of ICE for Hamburg which leaves around ten o'clock tomorrow.

次に出るヴュルツブルク行きのICEは何時ですか？

Wann fährt der nächste ICE nach Würzburg?
ヴァン フェールト デア ネーヒステ イーツェーエー ナーハ ヴュルツブルク
When does the next ICE for Würzburg leave?

ジャーマンレイルパスを1枚ください。

Ich möchte einen German Rail Pass kaufen.
イッヒ メヒテ アイネン ジャーマン レイル パス カウフェン
I want one German Rail Pass.
数字 P.150

現金が使える券売機はどれですか？

Welcher Fahrkartenautomat nimmt Bargeld an?
ヴェルヒャー ファールカルテンアウトマート ニムト バーゲルト アン
Which ticket machine accepts cash?

券売機の使い方がわかりません。

Ich weiss nicht, wie der Fahrkartenautomat benutzt wird.
イッヒ ヴァイス ニヒト ヴィー デア ファールカルテンアウトマート ベヌッツト ヴィルト
I don't know how to use the ticket machine.

操作を間違えてしまいました。

Ich habe falsch gedrückt.
イッヒ ハーベ ファルシュ ゲドリュックト
I pressed the wrong button.

刻印機はどこですか？

Wo steht der Entwerter?
ヴォー シュテート デア エントヴェールタール
Where is the stamp machine?

刻印について

ドイツの駅には改札がなく、車内で係員がチケットの確認をしに来ます。都市や交通機関、チケットの種類によっては、駅にある刻印機で日時の打刻が必要なことがあるので確認しましょう。アプリやオンラインチケットの場合はQRコードを提示すればOKです。

チケットの購入と座席予約

1 窓口で購入
行先や出発日時、人数、等級などを伝える。同時に座席の予約も可。主要駅の窓口は混雑することが多いので、なるべく前日までに購入を。

2 自動券売機で購入
画面表示を英語にすることができる。出発駅、目的駅、人数、…と順番にすべての項目を選択していく。クレジットカードの利用も可。

3 インターネットで購入
ICやICEは人気が高いので、ドイツ鉄道の公式サイトで事前に座席予約をしておくと安心。日本代理店の「ヨーロッパ鉄道チケットセンター」もおすすめ。

お得なパス

鉄道でドイツを旅行するなら「ジャーマンレイルパス」がおすすめ。1か月の有効期間のうち、使用日を3～15日間から選びます。毎回チケットを買う手間が省けて便利です。ユーレイルパスの公式サイトや代理店などで購入することができます。

ケルン行きの列車はこのホームでOKですか?

Fährt der Zug nach Köln von diesem Gleis ab?

フェールト デア ツーク ナーハ ケルン フォン ディーゼム グライス アップ

Does the train for Köln leave from this platform?

第8車両105番の座席を探しています。

Ich suche den Sitzplatz 105 im Wagen Nr. 8.

イッヒ ズーヘ デン ズィッツプラッツ アインフンダートフュンフ イム ヴァーゲン ヌマー アハト

I'm looking for a seat 105 on the car No. 8.

数字➡P.150

指定席に変更したいのですが。

Ich möchte die Fahrkarte in eine Sitzplatzreservierung abändern.

イッヒ メヒテ ディ ファールカルテ イン アイネ ズィッツプラッツレゼァヴィールング アップエンデルン

I'd like to change to a reserved seat.

次はハイデルベルク駅ですか?

Ist der nächste Bahnhof Heidelberg?

イスト デア ネーヒステ バーンホーフ ハイデルベルク

Is the next station Heidelberg?

※鉄道は制度やシステムが変わる場合があります。利用の際は事前に確認して下さい。

お役立ち単語集 WORD

片道切符	einfache Fahrkarte	アインファッヒェ ファールカルテ
往復切符	Rückfahrkarte	リュックファールカルテ
出発地	Abfahrtort	アップファールトオルト
目的地	Zielort	ツィールオルト
駅	Bahnhof	バーンホーフ
時刻表	Fahrplan	ファールプラーン
路線	Fahrstrecke	ファールシュトレッケ
プラットフォーム	Bahnsteig	バーンシュティーク
乗車日	Fahrdatum	ファールダートゥム
番線	Gleis	グライス
乗車券	Fahrkarte	ファールカルテ

タクシー Taxi タクシー

荷物が多い時や深夜など、タクシーは旅行者にとって重要な交通手段です。利用方法を覚えて、上手に活用しましょう。

タクシーを探します

ドイツは流しのタクシーが少ないので、街の主要エリアや駅などのタクシー乗り場を探すか、レストランやショップなどで呼んでもらいましょう。配車アプリも便利です。

ドアは手動なので自分で開けて、後部座席に座りましょう。

行先を告げます

言葉に自信がない場合は、ドイツ語で行先をメモしたものを見せたり、地図を使って伝えましょう。

タクシーを呼んでください。

Rufen Sie mir bitte ein Taxi.
ルーフェン ズィー ミーア ビッテ アイン タクシー
Please call me a taxi?

いくらくらいですか？

Was wird das kosten?
ヴァス ヴィルト ダス コステン
How much will it be?

時間はどのくらいかかりますか？

Wie lange dauert es?
ヴィー ランゲ ダウエルト エス
How long will it take?

この住所へ行ってください。

Fahren Sie bitte zu dieser Adresse.
ファーレン ズィー ビッテ ツー ディーザー アドレッセ
I want to go to this address.

ベルリン動物園まで行ってください。

Fahren Sie bitte zum Berliner Zoo.
ファーレン ズィー ビッテ ツム ベルリナー ツォー
To Berlin Zoo, please.

観光地⇨P.36

急いでください！

Beeilen Sie sich bitte!
ベアイレン ズィー ズィヒ ビッテ
Please hurry.

荷物をトランクに入れてください。

Legen Sie bitte das Gepäck in den Kofferraum.
レーゲン ズィー ビッテ ダス ゲペック イン デン コッファーラウム
Please put my luggage in the trunk.

ドイツのタクシーの料金システムは？

日本と同じくメーター制。料金は地域によって異なりますが、一般的には初乗り料金＋距離や時間による加算額の合計です。5人以上の利用などは追加料金がかかります。

チップは運賃の10%程度を払うのが一般的です。短距離の場合は端数を切り上げる程度でOK。特別なサービスを受けたら少し多めに渡しましょう。

降車します

目的地に着いたら、料金を払います。割増料金や荷物代は、メーター表示に上乗せして請求されます。また、チップと「Danke」のひとことを忘れないように。自分でドアを開けて降り、ドアを閉めましょう。

あの信号のところで停めてください。

Halten Sie bitte nach der Ampel.
ハルテン　ズィー　**ビ**ッテ　**ナ**ーハ　デア　**ア**ムペル
Please stop at that traffic light.

もう少し先まで行ってください。

Fahren Sie bitte noch ein Stück weiter.
ファーレン　ズィー　**ビ**ッテ　ノッホ　アイン　シュ**テュ**ック　**ヴァ**イター
Please go a little further.

ここで停めてください。

Halten Sie hier bitte.
ハルテン　ズィー　ヒーア　**ビ**ッテ
Stop here, please.

ここでちょっと待っててください。

Warten Sie hier bitte einen Augenblick.
ヴァルテン　ズィー　ヒーア　**ビ**ッテ　アイネン　**ア**ウゲンブリック
Please wait here for a minute.

いくらですか？

Was kostet das?
ヴァス　**コ**ステット　ダス↗
How much is it?

領収書をください。

Geben Sie mir bitte die Quittung.
ゲーベン　ズィー　**ミ**ーア　**ビ**ッテ　ディ　ク**ヴィ**ットゥング
Could I have a receipt?

忘れ物にも注意して！

料金がメーターと違います。

Das Taxameter zeigt einen anderen Fahrpreis an.
ダス　**タ**クサメーター　**ツ**ァイクト　アイネン　**ア**ンデレン　**フ**ァールプライス　アン
The fare is different from the meter.

乗りものに乗って移動を

バス Bus ブス　トラム Straßenbahn シュトラーセンバーン

地元の人の生活の足でもあるバスやトラムに乗ってみましょう。
移動の選択肢も広がり、慣れれば便利に使えます。

バスとトラムについて

どちらも路線が多くて複雑ですが、Uバーン／Sバーンの運行していない区間もカバーしており、上手に利用すれば観光の幅が広がります。料金はUバーン／Sバーンと共通で、乗り継ぎもOK。

乗り場の目印

バス・トラムともに、黄色の円に緑の字で「H」のマークが乗り場の目印。マークの下には停留所の名前や路線番号が表示されている。

切符の購入

主な停留所の付近には自動券売機があるので、事前に購入しておきましょう。券売機がない場合は車内で購入できます。都市によってはスマホアプリでの購入も可能です。

テレビ塔行きのバスはどこから出ますか？

Von wo fährt der Bus zum Fernsehturm ab?
フォン　ヴォー　フェールト　デア　ブス　ツム　フェルンゼートゥルム　アップ
Where does the bus for TV Tower leave?
観光地→P.36

切符はどこで買えますか？

Wo kann man die Fahrkarten kaufen?
ヴォー　カン　マン　ディ　ファールカルテン　カウフェン
Where can I buy the ticket?

車内でも切符は買えますか？

Kann man auch im Zug die Fahrkarte kaufen?
カン　マン　アウホ　イム　ツーク　ディ　ファールカルテ　カウフェン
Can I buy the ticket in the bus?

回数券はありますか？

Haben Sie Mehrfahrtenkarten?
ハーベン　ズィー　メーアファールテンカルテン
Do you have a carnet?

このバスはブランデンブルク門に行きますか？

Fährt dieser Bus zum Brandenburger Tor?
フェールト　ディーザー　ブス　ツム　ブランデンブルガー　トーア
Does this bus go to Brandenburg Gate?
観光地→P.36

博物館島へ行くにはどこで降りればいいですか？

Wo muss ich aussteigen um zur Museumsinsel zu gelangen?
ヴォー　ムス　イッヒ　アウスシュタイゲン　ウム　ツーア　ムゼーウムスインゼル　ツー　ゲランゲン
Where should I get off to go to Museum Island?
観光地→P.36

バスの路線図をいただけますか？

Können Sie mir bitte einen Bustreckenplan geben?
ケネン　ズィー　ミーア　ビッテ　アイネン　ブスシュトレッケンプラーン　ゲーベン
Can I have a bus route map?

ここに行くには何号線に乗ればよいですか？

Welche Linie muss ich nehmen, um dorthin zu gelangen?
ヴェルヘ　リーニエ　ムス　イッヒ　ネーメン　ウム　ドルトヒン　ツー　ゲランゲン
Which line do I have to take to go there?

バス／トラムに乗ります

フロントガラスや車体側面に表示されている路線番号・行先をチェック。ドアはボタンを押して自分で開けます(運転手が開けてくれるタイプもあります)。必要な場合は刻印機で切符に打刻するのを忘れないようにしましょう。

車内にある刻印機。矢印の方向に切符を差し込む。

乗り換えは必要ですか？

Muss ich umsteigen?
ムス　イッヒ　ウムシュタイゲン
Do I have to transfer?

どこで乗り換えですか？

Wo muss ich umsteigen?
ヴォー　ムス　イッヒ　ウムシュタイゲン
Where should I transfer?

ちゃんと刻印されていないのですが…。

Entschuldigung, aber der Stempel ist etwas schwach.
エントシュルディグング　アーバー　デア　シュテムペル　イスト　エトヴァス　シュヴァッハ
I'm afraid my ticket won't get stamped.

ポツダム広場駅に着いたら教えてください。

Sagen Sie mir bitte Bescheid, wenn wir am Potsdamer Platz ankommen.
ザーゲン　ズィー　ミーア　ビッテ　ベシャイト　ヴェン　ヴィーア アム　ポツダマー　プラッツ　アンコメン
Please tell me when we arrive at Potsdam Square.

降車

降りる駅の手前で降車ボタンを押します。

ここで降ります。

Ich steige hier aus.
イッヒ　シュタイゲ　ヒーア　アウス
I'll get off here.

次は何というバス停［停留所］ですか？

Wie heißt die nächste Bushaltestelle [Straßenbahnhaltestelle]?
ヴィー　ハイスト　ディ　ネーヒステ　ブスハルテシュテレ［シュトラーセンバーンハルテシュテレ］
What is the next stop?

帰りの停留所はどこですか？

Wo ist die Haltestelle für die Rückfahrt?
ヴォー　イスト　ディ　ハルテシュテレ　フュア　ディ　リュックファールト
Where is the bus stop for going back?

通貨と両替

Währung und Geldwechsel
ヴェールング　ウント　ゲルトヴェクセル

旅先で大事なお金のこと。市場などではカードが使えないお店が多いので現金も持っておきましょう。入国したら、まずは空港を出てホテルの客室に落ち着くまでに必要なお金の準備をしましょう。

通貨

ドイツの通貨は欧州共通通貨のユーロ(€)。紙幣は€5、€10、€20、€50、€100、€200の6種類。硬貨は¢1～€2までの8種類。

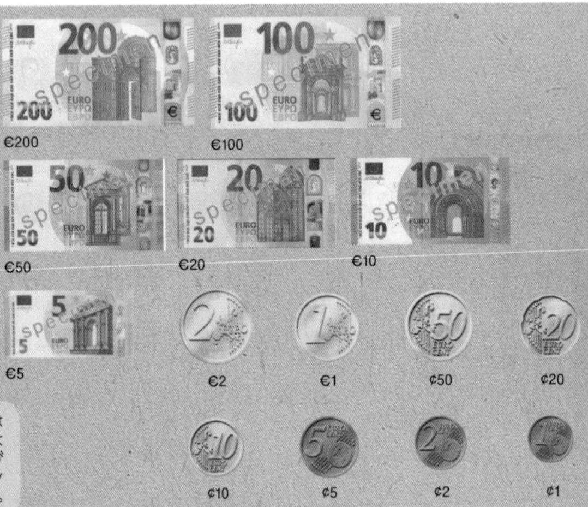

硬貨の裏面は発行した国によってデザインが違うので、チェックしてみましょう。

両替のときは?

銀行や両替所、ホテルのフロントなどで両替できますが、パスポートの提示が必要です。両替後は窓口を離れず、その場で金額をよく確認しましょう。少額紙幣を多めに混ぜてもらうと使いやすいです。

両替所はどこですか?

Wo ist die Wechselstube?
ヴォー　イスト　ディ　ヴェクセルシュトゥーベ
Where is the money exchange?

日本円を500ユーロ分両替したいのですが。

Ich möchte japanische Yen in 500 Euro umtauschen.
イッヒ　メヒテ　ヤパーニッシェ　イエン　イン　フュンフフンダート　オイロ　ウムタウシェン
I'd like to buy 500 euros with yen.
数字➡P.150

どのようにしましょうか?

Wie möchten Sie das Geld haben?
ヴィー　メヒテン　ズィー　ダス　ゲルト　ハーベン
How would you like it?

10ユーロ札を10枚と50ユーロ札を6枚にしてください。

Ich hätte gerne zehn 10 - Euroscheine und sechs 50 - Euroscheine.
イッヒ　ヘッテ　ゲルネ　ツェーン　ツェーン　オイロシャイネ　ウント　ゼクス　フュンフツィヒ　オイロシャイネ
I'd like ten 10 euro bills and six 50 euro bills.
数字➡P.150

円をユーロに替えていただけますか？

Können Sie mir bitte Yen in Euro umtauschen?
ケネン　ズィー　**ミ**ーア　**ビ**ッテ　イエン　イン　**オ**イロ　**ウ**ムタウシェン
Can you change yen into euro?

ホテルでの両替レートはあまりよくないといわれていますが、24時間対応なので便利。

この紙幣をコインに替えてください。

Tauschen Sie bitte diesen Schein in Münzgeld um.
タウシェン　ズィー　**ビ**ッテ　**デ**ィーゼン　**シ**ャイン　イン　ミュンツゲルト　ウム
Please change this bill into coins.

計算を間違っていませんか？

Kann es sein, dass Sie sich verrechnet haben?
カン　エス ザイン　ダス　ズィー　**ズ**ィヒ　フェア**レ**ヒネット　**ハ**ーベン
I think this is incorrect.

計算書をいただけますか？

Können Sie mir bitte die Rechnung geben?
ケネン　ズィー　ミーア　**ビ**ッテ　ディ　**レ**ヒヌング　**ゲ**ーベン
Could I have the receipt?

20ユーロ［を10枚］ください。

Geben Sie mir bitte das Geld [in zehn] 20-Euroscheine, bitte.
ゲーベン　ズィー　ミーア　**ビ**ッテ　ダス　**ゲ**ルト　［イン　**ツ**ェーン］　**ツ**ヴァンツィヒ　**オ**イロシャイネ　**ビ**ッテ
[Ten] 20 euro, please.

数字➡P.150

無事両替できましたー！

海外のATM利用法

VISAやMasterCardなど、国際ブランドのクレジットカードやデビットカードがあれば、提携ATMで現地通貨を引き出せます。出発前に海外利用の可否、限度額、手数料、暗証番号などを確認しておきましょう。

24時間のATMもあって便利ですが、路上にあるATMや夜間の利用は避けた方が安全。

1. カードを挿入する

2. 「暗証番号を入力してください」

4桁の暗証番号(PIN)を入力。

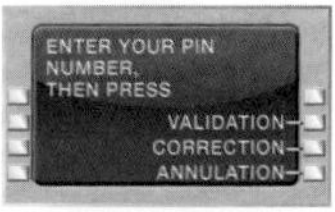

3. 「取引内容を選択してください」

「WITHDRAWAL(引き出し)」を選択。

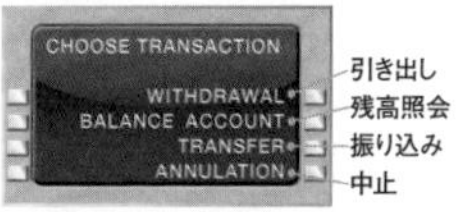

4. 「取引口座と金額を入力してください。」

クレジットカードは「CREDIT」、デビットカードは「SAVINGS」を選択。引き出す額は、表示金額から選ぶか入力。

手紙や小包を出しましょう

郵便と配送

Post und Versand
ポスト　ウント　フェアザント

旅の記念にハガキや、手紙で旅の報告をしてみましょう。
買い込んだおみやげを送ってしまえば、身軽に旅を続けられます。

手紙を送る

日本へ手紙やハガキを送るのは意外と簡単です。宛名面に目立つように国名（JAPAN）や都道府県名を英語で書けば、あとは日本語でもOK。郵便局や郵便サービス取扱店へ持っていくか、ポストに投函するのが手軽です。ドイツの郵便は黄色の地に黒いホルンのマークが目印。日本へは通常1～2週間程度で届きます。

ドイツのポスト

荷物を送る

ドイツから日本へ荷物を送る郵便サービスには各種あります。基本的に配達が早くサイズや重量が大きいほど料金が高くなるので、用途に合わせて選びましょう。梱包用の箱は郵便局などでも購入できます。2kg以下の小さい荷物なら「DHL Päckchen M」で€20程度。日本へは通常1～2週間程度で届きます。

切手はどこで買えますか？

Wo kann man Briefmarken kaufen?
ヴォー　カン　マン　ブリーフマルケン　カウフェン
Where can I buy some stamps?

郵便局はどこですか？

Wo ist das Postamt?
ヴォー　イスト　ダス　ポストアムト
Where is the post office?

これを日本に送りたいのですが。

Ich möchte das nach Japan schicken.
イッヒ　メヒテ　ダス　ナーハ　ヤーパン　シッケン
I'd like to send this to Japan.

いつ届きますか？

Wann kommt es an?
ヴァン　コムト　エス　アン
How long does it take to get there?

速達にしてください。

Mit Eilpost, bitte.
ミット　アイルポスト　ビッテ
Can you send it express?

日本までいくらかかりますか？

Was kostet das Porto nach Japan?
ヴァス　コステット　ダス　ポルト　ナーハ　ヤーパン
How much is the postage to Japan?

37ユーロになります。

Es kostet 37 Euro.
エス　コステット　ズィーベンウントドライスィヒ　オイロ
It's 37 euros.

数字→P.150

国際宅配便

ドイツポスト傘下のDHLのほかに、FedExやUPSなど複数の会社があります。郵便局のサービスに比べると割高ですが、一般的に配達日数が短く、日本へ数日で届くことも。オンライン集荷や荷物の追跡、保険などのサービスも利用できます。日系の宅配会社なら、日本語で問い合わせができて気軽。欧州ヤマト運輸では別送品やワイン専用便などの取り扱いもあります。

日本に荷物を送りたいのですが。

Ich möchte das Paket nach Japan schicken.
イッヒ　メヒテ　ダス　パケート　ナーハ　ヤーパン　シッケン
I'd like to send a package to Japan.

ダンボール箱とテープをもらえますか?

Können Sie mir bitte einen Pappkarton und ein Klebeband geben?
ケネン　ズィー　ミーア　ビッテ　アイネン　パプカルトーン　ウント　アイン　クレーベバント　ゲーベン
Could I have a box and a tape?

伝票の書き方を教えていただけますか?

Können Sie mir bitte helfen, den Lieferschein auszufüllen?
ケネン　ズィー　ミーア　ビッテ　ヘルフェン デン　リーファーシャイン　アウスツーフュレン
Could you tell me how to write an invoice?

壊れやすい物が入っています。

Das Paket enthält zerbrechliche Gegenstände.
ダス　パケート　エントヘルト ツァーブレヒリヒェ　ゲーゲンシュテンデ
I have a fragile item.

宛先の書き方

●はがきや封書の場合

お役立ち単語集 WORD

はがき	Postkarte	ポストカルテ
切手	Briefmarke	ブリーフマルケ
封書	Umschlag	ウムシュラーク
印刷物	Drucksache	ドルックザッへ
割れ物注意!	fragil!	フラギール
取り扱い注意!	Vorsichtig behandeln!	フォーアズィヒティヒ　ベハンデルン
小包	Päckchen	ペックヒェン

電話をかけてみましょう

電話 Telefon テレフォーン

行きたい所に確実に行くために、レストランやエステなどの予約は事前にしておくことが大切です。
緊急時に電話が使えると便利で心強いので、かけ方をマスターしておきましょう。

電話をかける方法は？

ドイツでは公衆電話は廃止されたため、携帯電話がない場合は、ホテル客室の電話を利用しましょう。国際電話もダイヤル直通でかけられます。ただし、通話料にホテルの手数料が加算されて割高になりやすいので注意。

電話をかけます（ドイツの場合）

①国際電話
ダイヤル直通電話

ア［一般電話］
(例)東京03-1234-5678へかける
ホテルからかけるときは、ホテルの外線番号 ↓
日本の国番号 ↓
●-00-81-3-1234-5678
↑ 国際電話識別番号
↑ 市外局番の最初の0はとる

イ［携帯電話］
(例)日本090-1234-5678へかける
ホテルからかけるときは、ホテルの外線番号 ↓
日本の国番号 ↓
●-00-81-90-1234-5678
↑ 国際電話識別番号
↑ 識別番号の最初の0はとる

②国内電話
市内へ電話する場合、市外局番は押さなくてOK。市外へかける場合は、市外局番から押しましょう。

公衆電話はどこにありますか？

Wo gibt es hier eine Telefonzelle?
ヴォー ギプト エス ヒーア アイネ テレフォンツェレ
Where is the pay phone?

もしもし、シェラトンホテルですか？

Hallo, bin ich mit dem Sheraton Hotel verbunden?
ハロー ビン イッヒ ミット デム シェラトン ホテル フェアブンデン
Hello. Is this the Sheraton Hotel?

1102号室のミヤケアキコさんをお願いします。

Könnten Sie mich bitte mit Frau Akiko Miyake in Zimmer 1102 verbinden?
ケンテン ズィー ミッヒ ビッテ ミット フラウ アキコ ミヤケ イン ツィマー タウゼントアインフンダートヌルツヴァイ フェアビンデン
May I speak to Ms. Akiko Miyake in room 1102?
数字➡P.150

少々お待ちください。

Einen Augenblick, bitte.
アイネン アウゲンブリック ビッテ
Just a moment, please.

伝言をお願いできますか？

Könnten Sie für mich eine Nachricht hinterlassen?
ケンテン ズィー フュア ミッヒ アイネ ナーハリヒト ヒンターラッセン
Could I leave a message?

また後でかけ直します。

Ich rufe später noch einmal an.
イッヒ ルーフェ シュペーター ノッホ アインマール アン
I'll call again later.

ナカムラから電話があったと伝えてください。

Können Sie ihm bitte ausrichten, dass Nakamura ihn angerufen hat.
ケネン ズィー イーム ビッテ アウスリヒテン ダス ナカムラ イーン アンゲルーフェン ハット
Please tell her that Nakamura called.

日本からドイツへの国際電話のかけ方は？

010 + 49 + 相手の番号
(市外局番の最初の0はとる)

010：国際電話識別番号
49：ドイツの国番号

携帯電話の利用について

日本の携帯電話を使う場合は、高額請求を避けるため、事前に海外での料金や設定を確認しておきましょう。SIMフリーの機種なら、現地で利用できるプリペイドSIMを購入する方法もあります。

通話アプリの注意点

LINEやFaceTimeなどのアプリを使う場合、通話料はかかりませんが、データ通信量は消費します。フリー WiFiや海外パケット定額などを利用しましょう。データローミングなどの設定も確認を。

もっとゆっくり話してもらえますか？

Können Sie bitte noch langsamer sprechen?
ケネン ズィー ビッテ ノッホ ラングザマー シュプレッヒェン
Could you speak more slowly?

ごめんなさい、間違えました。

Tut mir leid, ich habe mich verwählt.
トゥット ミーア ライト イッヒ ハーベ ミッヒ フェアヴェールト
I'm sorry. I have the wrong number.

コレクトコールで日本に電話をかけたいのですが。

Ich möchte gern per R-Gespräch nach Japan telefonieren.
イッヒ メヒテ ゲルン ペア エル ゲシュプレーヒ ナーハ ヤーパン テレフォニーレン
I'd like to make a collect call to Japan.

この電話からかけられますか？

Kann man mit diesem Telefon nach Japan telefonieren?
カン マン ミット ディーゼム テレフォーン ナーハ ヤーパン テレフォニーレン
Can I make a call on this phone?

日本語を話せる人はいますか？

Gibt es hier jemanden, der Japanisch spricht?
ギプト エス ヒーア イェーマンデン デア ヤパーニシュ シュプリヒト
Is there anyone who speaks Japanese?

インターネット

Internet
インターネット

現地での情報収集はもちろん、通信手段としても、
旅行先でのインターネット利用は欠かせませんね。

ネットを利用するには？

●Wi-Fiスポットを活用
空港やホテル、カフェ、観光スポットなど、多くの場所で無料Wi-Fiが利用できます。速度はまちまちで、時間制限があることも。パスワードが不明ならスタッフに聞きましょう。

●海外パケット定額を利用
携帯電話会社の海外パケット定額サービスは、1時間や1日など、好きなタイミングで使えて便利。日本の契約プランのデータ量を使えるものも。申し込みや設定が必要で、格安SIMは対象外のこともあります。

●Wi-Fiルーターを借りる
空港などでもレンタルできる海外用Wi-Fiルーターは、複数台を同時に接続できて便利。ルーターの持ち歩きと充電、受取・返却が必要です。

●プリペイドSIM購入
データ通信量や期間などが決まっている前払いタイプのSIMカード。カードの入れ替えが不要なeSIMが便利。利用には対応機種が必要です。

ホテルに無料の Wi-Fi はありますか？

Gibt es kostenloses WLAN im Hotel?
ギブト　エス　コステンローゼス　ヴェーラーン　イム　ホテル
Do you have a free Wi-Fi?

Wi-Fi のパスワードを教えてもらえますか？

Könnten Sie mir bitte das WLAN-Passwort geben?
ケンテン　ズィー ミーア ビッテ　ダス　ヴェーラーンパスヴォート　ゲーベン
Can I have the Wi-Fi password ?

部屋でインターネットを使うことはできますか？

Ist im Zimmer Internet verfügbar?
イスト　イム　ツィマー　インターネット　ファーフュグバー？
Can I use the internet in my room?

近くで Wi-Fi を使えるところはありますか？

Kann man irgendwo in der Nähe WLAN benutzen?
カン　マン　イルゲンドヴォー イン デア ネーエ　ヴェーラーン　ベヌッツェン
Where can I find free Wi-Fi around here?

ポケット Wi-Fi の貸出はありますか？

Ist es möglich, einen mobilen Hotspot auszuleihen?
イスト エス メーグリッヒ，　アイネン　モビーレン　ホットスポット　アウスツーライエン
Can I borrow a pocket Wi-Fi?

無料Wi-Fiはセキュリティに問題があることも。提供元がわからないWi-Fiへの接続や、ID・パスワードなどの個人情報入力は避けましょう。

ネット利用時の注意点

ドイツをはじめ、ヨーロッパの多くの国では、2022年からYahoo! JAPANのサービスの一部が利用できなくなっています。よく使う人は事前に内容を確認しておきましょう。

パソコン
PC
ペーツェー

ホテルによって、設置されているパソコンは異なりますが、基本的には日本で使われているパソコンと大きな違いはありません。ただし、中には日本語が使えないパソコンもあるので、注意しましょう。

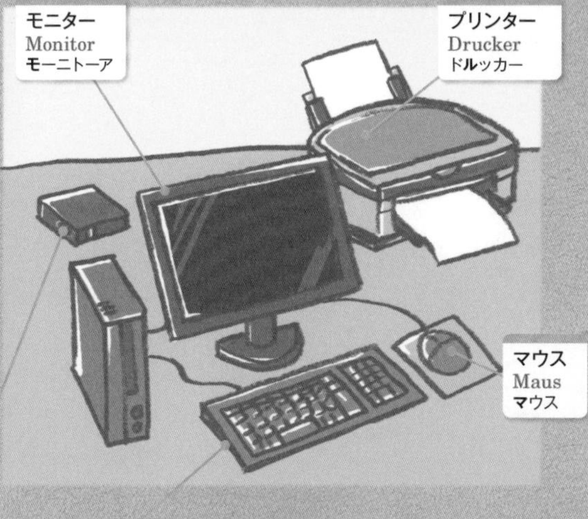

すぐに使えるトラブルフレーズ

LAN [Wi-Fi]の接続がうまくいきません。見てもらえませんか?
Die LAN [Wi-Fi] -Verbindung funktioniert nicht. Können Sie mir bitte helfen?
ディ ラン [ワイファイ] フェアヴィンドゥング フンクツィオニーアト ニヒト ケネン ズィー ミーア ビッテ ヘルフェン

マウスの調子が悪いです。
Die Maus funktioniert nicht.
ディ マウス フンクツィオニーアト ニヒト

フリーズしました。
Der PC ist eingefroren.
デア ペーツェー イスト アインゲフローレン

もしものために 緊急・トラブルに備えましょう

いざというときに身を守るために、知っておきたいフレーズを集めました。
重大な事態を回避するためにも、ぜひ目を通しておきましょう。

助けを呼ぶ

助けて！
Hilfe!
ヒルフェ
Help me!

やめて！
Hör auf!
ヘーア　アウフ
Stop it!

一緒に来て！
Kommen Sie bitte mit!
コメン　ズィー　ビッテ　ミット
Come with me!

聞いて！
Hören Sie mal!
ヘーレン　ズィー　マール
Listen!

警察を呼んで！
Rufen Sie bitte die Polizei!
ルーフェン　ズィー　ビッテ　ディ　ポリツァイ
Call the police!

泥棒！
Ein Dieb!
アイン ディーブ
Theif!

その男［女］をつかまえて！
Halten Sie ihn [sie]!
ハルテン　ズィー　イーン［ズィー］
Catch that man[woman]!

だれか！
Irgendjemand!
イルゲントイェーマント
Somebody!

お金のもちあわせはありません。
Ich habe leider kein Geld dabei.
イッヒ　ハーベ　ライダー　カイン　ゲルト　ダバイ
I don't have any money.

これで全部です。
Das ist alles.
ダス　イスト　アレス
That's all.

殺さないで！
Bitte bringen Sie mich nicht um!
ビッテ　ブリンゲン　ズィー　ミッヒ　ニヒト　ウム
Don't kill me!

出ていけ！
Raus hier!
ラウス　ヒーア！
Get out!

医者を呼んでください。
Rufen Sie bitte einen Arzt!
ルーフェン　ズィー　ビッテ　アイネン　アールツト
Call a doctor!

脅迫ことば

動くな！

Keine Bewegung!
カイネ　ベヴェーグング
Don't move!

止まれ！

Halt!
ハルト
Stop!

金を出せ！

Gib mir das Geld!
ギブ　ミーア　ダス　ゲルト
Give me the money!

静かにしろ！

Sei ruhig!
ザイ　ルーイヒ
Be quiet!

手をあげろ！

Hände hoch!
ヘンデ　ホーホ
Hands up!

隠れろ！

Bleib versteckt!
ブライブ　フェアシュテックト
Hide!

紛失・盗難

パスポートをなくしました。

Ich habe meinen Reisepass verloren.
イッヒ　ハーベ　マイネン　ライゼパース　フェアローレン
I lost my passport.

ここに電話してください。

Rufen Sie bitte hier an.
ルーフェン　ズィー　ビッテ　ヒーア　アン
Call here.

バッグを盗まれました。

Man hat mir meine Tasche gestohlen.
マン　ハット　ミーア　マイネ　タッシェ　ゲシュトーレン
I had my bag stolen.

日本語を話せる人はいますか？

Gibt es hier jemanden, der Japanisch spricht?
ギプト　エス　ヒーア　イェーマンデン　デア　ヤパーニシュ　シュプリヒト
Is there anyone speaks Japanese?

日本大使館はどこですか？

Wo ist die Japanische Botschaft?
ヴォー　イスト　ディ　ヤパーニッシェ　ボートシャフト
Where is the Japanese Embassy?

盗難・紛失

警察に届けたいのですが。

Ich möchte mich an die Polizei wenden.
イッヒ　メヒテ　ミッヒ　アン　ディ　ポリツァイ　ヴェンデン
I'd like to report it to the police.

盗難証明を作っていただけますか？

Können Sie bitte eine Diebstahlmeldung aufnehmen?
ケネン　ズィー　ビッテ　アイネ　ディープシュタールメルドゥング　アウフネーメン
Could you make out a report of the theft?

私の荷物が見つかりません。

Ich kann mein Gepäck nicht finden.
イッヒ　カン　マイン　ゲペック　ニヒト　フィンデン
I can't find my baggage.

どこに置き忘れたかわかりません。

Ich bin mir nicht sicher, wo ich das liegen gelassen habe.
イッヒ　ビン　ミーア　ニヒト　ズィヒャー　ヴォー　イッヒ　ダス　リーゲン　ゲラッセン　ハーベ
I'm not sure where I lost it.

あそこの遺失物係へ届け出てください。

Bitte melden Sie das dem Fundbüro da drüben.
ビッテ　メルデン　ズィー　ダス　デム　フントビューロー　ダー　ドリューベン
Please report to lost-and-found over there.

見つかりしだい、ホテルに連絡してください。

Bitte rufen Sie das Hotel an, sobald Sie es wiedergefunden haben.
ビッテ　ルーフェン　ズィー　ダス　ホテル　アン　ゾーバルト　ズィー　エス　ヴィーダーゲフンデン　ハーベン
Please call my hotel as soon as you find it.

どこに届け出ればいいですか？

An wen kann ich mich wenden?
アン　ヴェン　カン　イッヒ ミッヒ　ヴェンデン
Where should I report to?

タクシーにバッグを置き忘れました。

Ich habe meine Tasche im Taxi liegen gelassen.
イッヒ　ハーベ　マイネ　タッシェ　イム タクシー リーゲン　ゲラッセン
I left my bag in the taxi.

ここに置いたバッグがなくなりました。

Ich habe meine Tasche hier liegen gelassen und jetzt kann ich sie nicht mehr finden.
イッヒ　ハーベ　マイネ　タッシェ　ヒーア リーゲン　ゲラッセン　ウント イェツト カン イッヒ ズィー ニヒト メーア フィンデン
I left my bag here and now it's gone.

お役立ち単語集 WORD

警察	Polizei	ポリツァイ
救急車	Krankenwagen	クランケンヴァーゲン
紛失	Verlust	フェアルスト
電話	Telefon	テレフォーン
お金	Geld	ゲルト
住所	Adresse	アドレッセ
トラベラーズチェック	Reisescheck	ライゼシェック
クレジットカード	Kreditkarte	クレディートカルテ
日本大使館	Japanische Botschaft	ヤパーニッシェ　ボートシャフト
パスポート	Reisepass	ライゼパース
スリ	Taschendieb	タッシェンディープ
保安係	Sicherheitsbeauftragter	ズィヒャーハイツベアウフトラークター
保険会社	Versicherungsfirma	フェアズィヒャルングスフィルマ

memo

クレジットカード紛失時連絡先

航空会社

ホテル

海外旅行保険

日本語 OK の医療機関

memo

病気・ケガ

気分が悪いです。

Ich fühle mich nicht wohl.
イッヒ フューレ ミッヒ ニヒト ヴォール
I feel sick.

頭痛がします。

Ich habe Kopfschmerzen.
イッヒ ハーベ コップフシュメルツェン
I have a headache.

めまいがします。

Mir ist schwindlig.
ミーア イスト シュヴィントリヒ
I feel dizzy.

吐き気がします。

Mir ist übel.
ミーア イスト ユーベル
I feel nauseous.

熱があるようです。

Ich habe bestimmt Fieber.
イッヒ ハーベ ベシュティムト フィーバー
I think I have a fever.

おなかが痛いです。

Ich habe Bauchschmerzen.
イッヒ ハーベ バウホシュメルツェン
I have a stomachache.

ナイフで指を切りました。

Ich habe meinen Finger mit dem Messer geschnitten.
イッヒ ハーベ マイネン フィンガー ミット デム メッサー ゲシュニッテン
I cut my finger with a knife.

診断書をお願いします。

Ich hätte gern ein ärztliches Attest.
イッヒ ヘッテ ゲルン アイン エルツトリッヒェス アテスト
Can I have a medical certificate?

歯が痛みます。

Ich habe Zahnschmerzen.
イッヒ ハーベ ツァーンシュメルツェン
I have a toothache.

足首をねんざしました。

Ich habe mir mein Fußgelenk verstaucht.
イッヒ ハーベ ミーア マイン フースゲレンク フェアシュタウフト
I sprained my ankle.

腕の骨を折ったようです。

Ich denke, dass ich mir meinen Arm gebrochen habe.
イッヒ デンケ ダス イッヒ ミーア マイネン アルム ゲブロッヘン ハーベ
I think I broke my arm.

手をやけどしました。

Ich habe mir meine Hand verbrannt.
イッヒ ハーベ ミーア マイネ ハント フェアブラント
I burned my hand.

血液型はＢ型です。

Meine Blutgruppe ist B.
マイネ ブルートグルッペ イスト ベー
My blood type is B.

頭	Kopf コップフ	あご	Kiefer キーファー
こめかみ	Schläfe シュレーフェ	首	Hals ハルツ
額	Stirn シュティルン	のど	Kehle ケーレ
頬	Wange ヴァンゲ		
目	Auge アウゲ		
耳	Ohr オーア		
鼻	Nase ナーゼ		
歯	Zahn ツァーン		

[　　　]が痛い。

Ich habe [　　　] schmerzen.
イッヒ　ハーベ [　　　] シュメルツェン

[　　　] hurts.

肩	Schulter シュルター
胸	Brust ブルスト
腹	Bauch バウホ
腕	Arm アルム
肘	Ellbogen エルボーゲン
手	Hand ハント
手首	Handgelenk ハントゲレンク
指	Finger フィンガー
爪	Nagel ナーゲル
背中	Rücken リュッケン
わきの下	Achselhöhle アクセルヘーレ
肌	Haut ハウト
下腹	Unterbauch ウンターバウホ
みぞおち	Magengrube マーゲングルーベ
へそ	Bauchnabel バウホナーベル
腰	Taille タイレ
尻	Gesäß ゲゼス
陰部	Geschlechtsteile ゲシュレヒツタイレ

足	Fuß フース
太もも	Oberschenkel オーヴァーシェンケル
ひざ	Knie クニー
すね	Unterschenkel ウンターシェンケル
ふくらはぎ	Wade ヴァーデ
足首	Fußgelenk フースゲレンク
つま先	Zehenspitze ツェーエンシュピッツェ
かかと	Ferse フェルゼ

お役立ち単語集 WORD

		下痢	Durchfall ドゥルヒファル	歯痛	Zahnschmerzen ツァーンシュメルツェン
		風邪	Erkältung エアケルトゥング	寒気	Schüttelfrost シュッテルフロスト
時差ボケ	Jetlag ジェットラーク	骨折	Knochenbruch クノッヘンブルッフ	切り傷	Schnittverletzung シュニットフェアレッツング
寝不足	Schlafmangel シュラーフマンゲル	ねんざ	Verstauchung フェアシュタウフング	薬	Medikamente メディカメンテ

日本を紹介しましょう

旅先で親しくなった外国の人々に、その国の言葉で日本を紹介しましょう。

＿＿＿＿ は日本でとても人気がある料理です。

＿＿＿＿ ist《イスト》 in《イン》 Japan《ヤーパン》 ein《アイン》 sehr《ゼーア》 beliebtes《ベリープテス》 Gericht.《ゲリヒト》

Point ドイツに行ったら、もしかして日本のことについても聞かれるかも。そんなとき、少しでも紹介できるとうれしいですよね。まずは食べ物からです。

寿司　Sushi　ズーシ　寿司は酢で味を付けた飯に魚介類の刺身をのせたものです。

Sushi《ズーシ》 bezeichnet《ベツァイヒネット》 rohe《ローエ》 Fisch《フィッシュ》-und《ウント》 Schalentierstückchen《シャーレンティーアシュテュックヒェン》 auf《アウフ》 länglichen《レングリヒエン》 Bällchen《ベルヒェン》 von《フォン》 gesäuertem《ゲゾイエアテム》 Reis.《ライス》

てんぷら　Tempura　テンプーラ　野菜や魚介類などに、小麦粉を水で溶いて作ったころもをつけて、油で揚げたものです。

Tempura《テンプーラ》 bezeichnet《ベツァイヒネット》 frittierte《フリティーアテ》 Gemüse《ゲミューゼ》 und《ウント》 Meeresfrüchte.《メーレスフリュヒテ》 In《イン》 einem《アイネム》 Backteig《バックタイク》 aus《アウス》 Mehl《メール》 und《ウント》 Wasser《ヴァッサー》 werden《ヴェーアデン》 die《ディ》 Zutaten《ツーターテン》 gewälzt《ゲヴェルツト》 und《ウント》 dann《ダン》 schwimmend《シュヴィメント》 in《イン》 Öl《エール》 ausgebacken.《アウスゲバッケン》

すきやき　Sukiyaki　ズキヤーキ　牛肉の薄切りを豆腐や野菜とともに醤油ベースのタレで煮るものです。

Sukiyaki《ズキヤーキ》 bezeichnet《ベツァイヒネット》 hauchdünn《ハウホデュン》 geschnittene《ゲシュニッテネ》 Rindfleischscheiben,《リントフライッシュシャイベン》 die《ディ》 mit《ミット》 Tofu,《トーフ》 Gemüse《ゲミューゼ》 etc.《エトツェトラ》 in《イン》 Soya-Brühe《ゾーヤブリューエ》 gegart《ゲガールト》 werden.《ヴェーアデン》

おでん　Oden　オデン　練り物や野菜などのさまざまな具を、だし汁で煮込んだものです。

Oden《オデン》 bezeichnet《ベツァイヒネット》 ein《アイン》 Eintopfgericht.《アイントップフゲリヒト》 In《イン》 einer《アイナー》 Brühe《ブリューエ》 wird《ヴィルト》 eine《アイネ》 feste《フェステ》 Masse《マッセ》 aus《アウス》 zerkleinertem《ツェアクライナーテム》 Fisch《フィッシュ》 und《ウント》 Gemüse《ゲミューゼ》 langsam《ラングザーム》 gegart.《ゲガールト》

焼き鳥　Yakitori　ヤキトーリ　鶏肉などを串に刺して、タレや塩をまぶしてあぶったものです。

Yakitori《ヤキトーリ》 bezeichnet《ベツァイヒネット》 gegrillte《ゲグリルテ》 Hühnerfleischspießchen,《ヒューナーフライッシュシュピースヒェン》 die《ディ》 mit《ミット》 Soße《ゾーゼ》 oder《オーダ》 Salz《ザルツ》 gewürzt《ゲヴュルツト》 werden.《ヴェーアデン》

□ は日本でとても人気がある観光地です。

□ ist《イスト》 eine《アイネ》 sehr《ゼーア》 beliebte《ベリープテ》 Sehenswürdigkeit《ゼーエンスヴュルディヒカイト》 in《イン》 Japan《ヤーパン》.

Point 日本の地名や観光地は、ほとんど日本語と同じ発音で OK なので紹介しやすいですね。まずは、そこがどんな場所なのかをわかってもらいましょう。

富士山　Der Mount Fuji デア マウント フジ　日本で最も高い山で、海抜3776メートルあります。

Der《デア》 Mount《マウント》 Fuji《フジ》 ist《イスト》 der《デア》 höchste《ヘーヒステ》 Berg《ベルク》 in《イン》 Japan《ヤーパン》. Er《エア》 liegt《リークト》 3776《ドライタウゼントズィーベンフンダートゼクスウントズィブツィヒ》 Meter《メーター》 über《ユーバー》 dem《デム》 Meeresspiegel《メーレスシュピーゲル》.

京都　Kyoto キョウト　多くの文化遺産、伝統産業を今に伝える日本の歴史的な都市です。

Kyoto《キョウト》 ist《イスト》 eine《アイネ》 historische《ヒストーリッシェ》 japanische《ヤパーニッシェ》 Stadt《シュタット》 mit《ミット》 vielen《フィーレン》 Kulturerbestätten《クルトゥーアエルベシュテッテン》 und《ウント》 traditioneller《トラディツィオネーラー》 Industrie《インドゥストリー》, die《ディ》 noch《ノッホ》 heute《ホイテ》 weitergeführt《ヴァイターゲフュールト》 wird《ヴィルト》.

秋葉原　Akihabara アキハバラ　周辺に電気製品やアニメグッズが揃い、多くの外国人観光客も訪れる東京の街です。

Akihabara《アキハバラ》 ist《イスト》 ein《アイン》 Stadtteil《シュタットタイル》 in《イン》 Tokyo《トーキョー》, den《デン》 viele《フィーレ》 ausländische《アウスレンディッシェ》 Touristen《トゥーリステン》 besuchen《ベズーヘン》. In《イン》 Akihabara《アキハバラ》 hat《ハット》 man《マン》 die《ディ》 Möglichkeit《メークリヒカイト》 zahlreiche《ツァールライヒェ》 Elektroartikel《エレクトロアルティケル》 und《ウント》 Anime-Artikel《アニメアルティケル》 herauszufinden《ヘラウスツーフィンデン》.

大阪　Osaka オーザカ　西日本の経済・文化の中心で、豊かな食文化が魅力です。

Osaka《オーザカ》 ist《イスト》 das《ダス》 Wirtschafts《ヴィルトシャフツ》-und《ウント》-Kulturzentrum《クルトゥーアツェントルム》 Westjapans《ヴェストヤーパンス》. Dort《ドルト》 ist《イスト》 die《ディ》 reiche《ライヒェ》 Esskultur《エスクルトゥーア》 reizvoll《ライツフォル》.

知床　Shiretoko シレトコ　北海道の東端にある半島一帯で、2005年に世界自然遺産に登録されました。

Shiretoko《シレトコ》 ist《イスト》 eine《アイネ》 Halbinsel《ハルプインゼル》 im《イム》 östlichsten《エストリヒエン》 Teil《タイル》 von《フォン》 Hokkaido《ホッカイドウ》. 2005《ツヴァイタウゼントフュンフ》 wurde《ヴルデ》 diese《ディーゼ》 Halbinsel《ハルプインゼル》 zum《ツム》 Weltnaturerbe《ヴェルトナトゥーアエルベ》 erklärt《エアクレールト》.

日本を紹介しましょう

は日本の伝統文化です。

ist eine traditionelle japanische Kultur.

イスト　アイネ　トラディツィオネーレ　ヤパーニッシェ　クルトゥーア

Point　「伝統文化」を紹介するのはちょっと苦労するかもしれません。ジェスチャーもまじえて相手に伝えてみるのもいいでしょう。

歌舞伎　Kabuki　カブキ　江戸時代から続く、日本の伝統芸能です。男性役も女性役も男優が演じるのが特徴です。

Kabuki ist eine traditionelle japanische Bühnenkunst, die seit der Edo-Zeit gespielt wird. Die Schauspieler
カブキ　イスト　アイネ　トラディツィオネーレ ヤパーニッシェ　ビューネンクンスト　ディ　ザイト　デア　エド　ツァイト　ゲシュピールト　ヴィルト　ディ　シャウシュピーラー
spielen sowohl die männlichen als auch die weiblichen Rollen. Das ist ein charakteristisches Merkmal von Kabuki.
シュピーレン　ゾヴォール　ディ　メンリヒェン　アルス　アウホ　ディ　ヴァイブリヒェン　ロレンダス　イスト　アイン　キャラクタリスティッシェス　メルクマール　フォン　カブキ

相撲　Sumo　ズモウ　土俵上で2人の力士が競い合う、日本の伝統的なスポーツです。

Sumo ist ein traditioneller japanischer Sport. Zwei Sumoringer
ズモウ　イスト アイン　トラディツィオネーラー　ヤパーニッシャー　シュポルト　ツヴァイ　ズモウリンガー
kämpfen auf einem sandbedeckten Ringplatz.
ケンプフェン　アウフ　アイネム　ザントベデックテン　リングプラッツ

茶道　japanische Teezeremonie　ヤパーニッシェ　テーツェレモニー　伝統的な様式にのっとり、抹茶をふるまう行為のことです。

Die japanische Teezeremonie ist ein traditionelles Teeritual, bei dem grüner Tee
ディ　ヤパーニッシェ　テーツェレモニー　イスト　アイントラディツィオネーレス　テーリトゥアール　バイ　デーム　グリューナー　テー
serviert wird.
ザヴィーアト　ヴィルト

俳句　Haiku　ハイク　五・七・五の十七音から成る日本独自の詩で、季節を表す「季語」を使い心情を表現します。

Haiku ist ein originelles japanisches Kurzgedicht in der Form 5-7-5 Silben. Das Gefühl des Dichters
ハイク　イスト　アイン　オリギネレス ヤパーニッシェス　クルツゲディヒト　イン　デア　フォルム　フュンフ　ズィーベン　フュンフ　ズィルベン　ダス　ゲフュール　デス　ディヒタース
wird mit einem Wort, das auf eine bestimmte Jahreszeit hinweist, zum Ausdruck gebracht.
ヴィルト　ミット　アイネム　ヴォルト　ダス　アウフ　アイネ　ベシュティムテ　ヤーレスツァイト　ヒンヴァイスト　ツム　アウスドルック　ゲブラハト

落語　Rakugo　ラクゴ　寄席と呼ばれる演芸場などで行われる、日常を滑稽な話として語る伝統的な話芸です。

Rakugo bezeichnet eine traditionelle japanische Kunst des Geschichtenerzählens, die zum Beispiel
ラクゴ　ベツァイヒネット アイネ　トラディツィオネーレ　ヤーパーニッシェ　クンスト　デス　ゲシヒテンエアツェーレンス　ディ　ツム　バイシュピール
im "Yose" genannten Theater aufgeführt wird. Es wird vor allem das Alltagsleben parodiert.
イム　ヨセ　ゲナンテン　テアーター　アウフゲフュールト　ヴィルト　エス　ヴィルト　フォア　アレム　ダス　アルタークスレーベン　パロディーアト

日本の人口は
約1億2千万人です。

Japan hat ca. 120 Millionen Einwohner.
ヤーパン　ハット　ツィルカ　アインフンダートツヴァンツィヒ　ミリオーネン　アインヴォーナー
The population of Japan is about 120 million.

日本の首都は
東京です。

Die japanische Hauptstadt ist Tokyo.
ディ　ヤパーニッシェ　ハウプトシュタット　イスト　トーキョー
The capital of Japan is Tokyo.

夏になると
台風が増えます。

Im Sommer gibt es viele Taifune.
イム　ゾマー　ギプト　エス　フィーレ　タイフーネ
There are many storms in summer.

日本は地震が
多いです。

In Japan gibt es oft Erdbeben.
イン　ヤーパン　ギプト エス　オフト　エアトベーベン
We have many earthquakes in Japan.

日本は少子化が
進んでいます。

Die japanische Geburtenrate nimmt kontinuierlich ab.
ディ　ヤパーニッシェ　ゲブールテンラーテ　ニムト　コンティヌィアリヒ　アップ
Birthrate is dropping in Japan.

渡辺謙は日本の
有名な俳優です。

Ken Watanabe ist ein berühmter japanischer Schauspieler.
ケン　ワタナベ　イスト アイン ベリュームター　ヤパーニッシャー　シャウシュピーラー
Ken Watanabe is a famous Japanese actor.

綾瀬はるかは日本の
有名な女優です。

Haruka Ayase ist eine berühmte japanische Schauspielerin.
ハルカ　アヤセ　イスト　アイネ　ベリュームテ　ヤパーニッシェ　シャウシュピーラリン
Haruka Ayase is a famous Japanese actress.

日本では女子サッカー
も人気があります。

Frauenfußball ist auch in Japan beliebt.
フラウエンフースバル　イスト アウホ イン ヤーパン　ベリープト
Female soccer is popular in Japan.

日本にはたくさんの
温泉があります。

Es gibt viele heiße Quellen in Japan.
エス　ギプト フィーレ ハイセ　クヴェレン　イン ヤーパン
There are many hot springs in Japan.

日本の面積はドイツと
ほぼ同じです。

Die Fläche Deutschlands ist fast so groß wie die von Japan.
ディ　フレッヒェ　ドイチュランツ　イスト ファスト ゾー グロース　ヴィー　ディ　フォン　ヤーパン
Japan is as large as Germany.

東京スカイツリー®は東京
で人気のある観光地です。

Eine beliebte Sehenswürdigkeit in Tokyo ist der Tokyo Skytree.
アイネ　ベリープテ　ゼーエンスヴュルディヒカイト　イン　トーキョー　イスト　デア　トーキョー　スカイツリー
Tokyo Skytree is a popular place in Tokyo.

日本の夏は
蒸し暑いです。

Im Sommer ist es in Japan schwül.
イム　ゾマー　イスト　エス イン ヤーパン シュヴュール
It is hot and humid in summer in Japan.

基本単語を使いこなしましょう

数字、月、曜日や時間は、どんなときでも必要な基本的な単語です。
事前に覚えておくと旅行先でとても便利ですよ。

数字

0	1	2	3	4
null	eins	zwei	drei	vier
ヌル	アインス	ツヴァイ	ドライ	フィーア
5	6	7	8	9
fünf	sechs	sieben	acht	neun
フュンフ	ゼクス	ズィーベン	アハト	ノイン
10	11	12	13	14
zehn	elf	zwölf	dreizehn	vierzehn
ツェーン	エルフ	ツヴェルフ	ドライツェーン	フィアツェーン
15	16	17	18	19
fünfzehn	sechzehn	siebzehn	achtzehn	neunzehn
フュンフツェーン	ゼヒツェーン	ズィープツェーン	アハツェーン	ノインツェーン
20	21	22	30	40
zwanzig	einundzwanzig	zweiundzwanzig	dreißig	vierzig
ツヴァンツィヒ	アインウントツヴァンツィヒ	ツヴァイウントツヴァンツィヒ	ドライスィヒ	フィアツィヒ
50	60	70	77	80
fünfzig	sechzig	siebzig	siebenundsiebzig	achtzig
フュンフツィヒ	ゼヒツィヒ	ズィープツィヒ	ズィーベンウントズィープツィヒ	アハツィヒ
88	90	100	1000	10000
achtundachtzig	neunzig	hundert	tausend	zehntausend
アハトウントアハツィヒ	ノインツィヒ	フンダート	タウゼント	ツェーンタウゼント
10万	100万	2倍	3倍	
hunderttausend	eine Million	zweimal	dreimal	
フンダートタウゼント	アイネ　ミリオーン	ツヴァイマール	ドライマール	

1番目の	2番目の	3番目の
erst	zweit	dritt
エーアスト	ツヴァイト	ドリット

◆ 0～12までは固有の言い方。13～19は一の位のあとに-zehn(10)をつけます(ただし16、17はそれぞれ語尾のs、enが落ちます)。
◆ 20、30・・・は一の位のあとに-zig(30だけは-ßig)をつけます。ただし20はzwei→zwanに、60、70はそれぞれ語尾のs、enが落ちます。
◆ 末尾の数が1～9の2ケタの数は、一の位を先に言い、<und + 十の位>を続けます。

月・季節

1月	2月	3月	4月
Januar	**Februar**	**März**	**April**
ヤヌアール	フェブルアール	メルツ	アプリール
5月	6月	7月	8月
Mai	**Juni**	**Juli**	**August**
マイ	ユーニ	ユーリ	アウグスト
9月	10月	11月	12月
September	**Oktober**	**November**	**Dezember**
ゼプテンバー	オクトーバー	ノーヴェンバー	デェツェンバー
春	夏	秋	冬
Frühling	**Sommer**	**Herbst**	**Winter**
フリューリング	ゾマー	ヘルプスト	ヴィンター

日本には2月9日に帰ります

Ich fliege am 9. Februar nach Japan zurück.
イッヒ　フリーゲ　アム　ノインテン　フェブルアール　ナーハ　ヤーパン　ツーリュック
I'm going back to Japan on February 9 th.

曜日

※北部・中部ドイツでは土曜日はSonnabent（ゾンアーベント）とも言います。

日	月	火	水	木	金	土
Sonntag	**Montag**	**Dienstag**	**Mittwoch**	**Donnerstag**	**Freitag**	**Samstag**
ゾンターク	モーンターク	ディーンスターク	ミットヴォッホ	ドナースターク	フライターク	ザムスターク

平日	休日	祝日
Arbeitstag	**Ruhetag**	**Feiertag**
アルバイツターク	ルーエターク	ファイヤーターク

今日［明日／昨日］は何曜日ですか？

Welcher Tag ist heute [ist morgen / war gestern]?
ヴェルヒャー　ターク　イスト　ホイテ［イスト　モルゲン／ヴァール　ゲスターン］
What day is today [is tomorrow / was yesterday]?

今日［明日／昨日］は月曜日です。

Heute ist [Morgen ist / Gestern war] Montag.
ホイテ　イスト　［モルゲン　イスト／ゲスターン　ヴァール］モーンターク
Today is [Tomorrow is / Yesterday was] Monday.

基本単語を使いこなしましょう

時

朝	昼	夕	夜	午前
Morgen	**Mittag**	**Abend**	**Nacht**	**Vormittag**
モルゲン	ミッターク	アーベント	ナハト	フォーアミッターク
午後	**昨日**	**今日**	**明日**	**あさって**
Nachmittag	**gestern**	**heute**	**morgen**	**übermorgen**
ナーハミッターク	ゲスターン	ホイテ	モルゲン	ユーバーモルゲン

1日前	2日後	3番目の	1時間
vor einem Tag	**in zwei Tagen**	**dritt**	**eine Stunde**
フォーア　アイネム　ターク	イン　ツヴァイ　ターゲン	ドリット	アイネ　シュトゥンデ

時刻

時	分	時半	前[後]
Stunde	**Minute**	**halb ～**	**vor [nach]**
シュトゥンデ	ミヌーテ	ハルプ	フォーア　ナーハ

時計
Uhr
ウーア

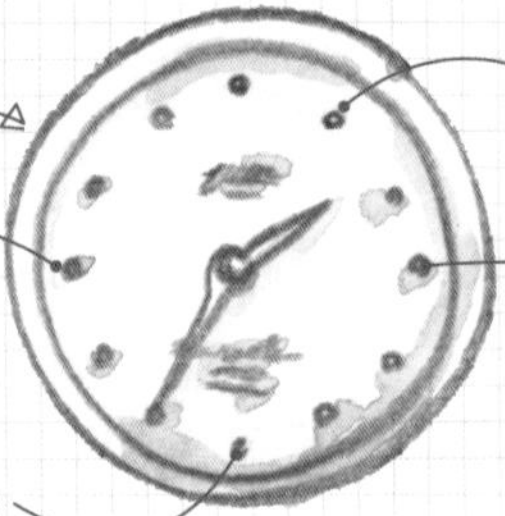

5分
fünf Minuten
フュンフ　ミヌーテン

15分
eine Viertelstunde
アイネ　フィアテルシュトゥンデ

45分
eine Dreiviertelstunde
アイネ　ドライフィアテルシュトゥンデ

30分
eine halbe Stunde
アイネ　ハルベ　シュトゥンデ

30分間は
dreißig Minuten lang といいま
ドライスィヒ　ミヌーテン　ラング

今何時ですか？

Wie spät ist es jetzt?
ヴィー シュペート　イスト　エス　イェツト
What time is it now?

何時から始まりますか？

Wann fängt es an?
ヴァン　フェングト エス アン
What time does it start?

8時20分
acht Uhr zwanzig
アハト　ウーア　ツヴァンツィヒ
eight twenty

昨日の11時
gestern um elf
ゲスターン　ウム　エルフ
yesterday at eleven

9時半
halb neun
ハルプ　ノイン
nine thirty

10時5分前
fünf vor zehn
フュンフ　フォーア　ツェーン
five to ten

午前11時
elf Uhr vormittags
エルフ　ウーア　フォーアミッタークス
eleven a.m.

15分後
in fünfzehn Minuten
イン　フュンフツェーン　ミヌーテン
fifteen minutes later

計量の単位のちがい

● 長さ

メートル	インチ	フィート	ヤード	マイル
1	39.37	3.28	1.094	0.00062
0.025	1	0.083	0.028	0.0000158
0.305	12	1	0.333	0.000189
0.914	36	3	1	0.00057
1609.3	63360	5280	1760	1

● 重さ

グラム	キログラム	オンス	ポンド
1	0.001	0.035	0.002
1000	1	35.274	2.205
28.3495	0.028	1	0.0625
453.59	0.453	16	1

● 体積

cc	リットル	クオート	米ガロン
1	0.001	0.0011	0.00026
1000	1	1.056	0.264
946.36	0.946	1	0.25
3785.4	3.785	4	1

● 速さ

キロ	マイル	ノット	キロ	マイル	ノット
10	6.2	5.4	60	37.3	32.4
20	12.4	10.8	70	43.5	37.8
30	18.6	16.2	80	49.7	43.2
40	24.9	21.6	90	55.9	48.6
50	31.1	27.0	100	62.1	54.0

Lesson 文法

さくっと ドイツ語講座

ドイツ語は、原則英語同様の語順で、しかもローマ字式に発音すればだいたい意味が通じるなど取り組みやすさがある一方、名詞に3種類の性があり、それにつく冠詞も変化するなど複雑な側面もあります。しかし、実際の観光旅行では細かい文法を駆使してコミュニケーションをとる必要はありません。必要なのは、カタコトでもいいので、相手に自分の意思を伝えようとする気持ちと、ちょっとした度胸なのです。

1. ドイツ語のアルファベット

●ドイツ語で用いられるアルファベットは26文字です。それぞれ大文字と小文字があります。

Aa [アー]　Bb [ベー]　Cc [ツェー]　Dc [デー]　Ee [エー]　Ff [エフ]　Gg [ゲー]

Hh [ハー]　Ii [イー]　Jj [ヨット]　Kk [カー]　Ll [エル]　Mm [エム]　Nn [エン]

Oo [オー]　Pp [ペー]　Qq [クー]　Rr [エル]　Ss [エス]　Tt [テー]　Uu [ウー]

Vv [ファウ]　Ww [ヴェー]　Xx [イックス]　Yy [ユプスィロン]　Zz [ツェット]

※そのほかに、A、O、Uの上に ¨（ウムラウト）がついた文字と、ß(エス・ツェット) が使われます。

Ää　Öö　Üü　ß

※ß（エス・ツェット）はssと表記してもよく、sが2つ重なったものです。発音はsよりも強調して言いましょう。ただし、エス・ツェットは単語の文頭にくることはありません。

2. 会話のスタートは「疑問詞」です

誰かに何かを尋ねたいときに便利な疑問詞を覚えましょう。

こうやって使います

何　was　ヴァス
→ これは何ですか？
例 Was ist das?
ヴァス イスト　ダス

だれ　Wer　ヴェア
→ あの人はだれですか？
例 Wer ist das?
ヴェア イスト　ダス

なぜ　Warum　ヴァルム
→ それはなぜですか？
例 Warum ist das so?
ヴァルム　イスト ダス　ゾー

どこ　Wo　ヴォー
→ トイレはどこですか？
例 Wo ist die Toilette?
ヴォー イスト　ディ　トイレッテ

どのように　どのくらい　Wie ／ Wie lange　ヴィー／　ヴィー　ランゲ
→ いくらですか？
例 Wie viel kostet es?
ヴィー フィール　コステット　エス

いつ　Wann　ヴァン
→ いつ出発ですか？
例 Wann ist die Abfahrt?
ヴァン　　イスト　ディ　アップファールト

3. 3つの基本の文を覚えましょう

肯定文、疑問文、否定文の基本の文をマスターすれば、基本的な会話をすることができます。

1. ～です

語順の基本は英語と同じです

主語(「私は」、「あなたは」 など)＋定動詞(「～します」)＋目的語(「～を」) という語順が基本です。

例 Ich《イッヒ》 heiße《ハイセ》 Hideo《ヒデオ》 Miyamoto《ミヤモト》.(私は宮本秀雄です。) Ich《イッヒ》 fahre《ファーレ》 nach《ナーハ》 Berlin《ベルリーン》.(私はベルリンへ行きます。)

2. ～ですか

作り方は２つあります

①定動詞を文頭に置きます。(疑問詞のない疑問文)
②疑問詞＋定動詞＋主語～？(疑問詞のある疑問文)

例 ①Lernen《レルネン》 Sie《ズィー》 Deutsch《ドイチュ》?(あなたはドイツ語を学んでいますか？)

②Was《ヴァス》 lernen《レルネン》 Sie《ズィー》?(あなたは何を学んでいますか？)

3. ～ではありません

① nicht を使って否定します。② 名詞の場合は冠詞の代わりに kein を使います。 ※kein は形が変化します。

例 ①Ich《イッヒ》 habe《ハーベ》 nicht《ニヒト》 Deutsch《ドイチュ》 gelernt《ゲレルント》.(私はドイツ語を学んだことがありません。)

②Ich《イッヒ》 habe《ハーベ》 keine《カイネ》 Zeit《ツァイト》.(私は時間がありません。)

4. アレンジして話してみましょう

伝えたい内容のニュアンスを表現したり、意味を付け加えたりして、会話にアクセントをつけてみましょう。

Darf《ダルフ》 ich《イッヒ》～? ～してもいいですか？

例 Darf《ダルフ》 ich《イッヒ》 hier《ヒーア》 rauchen《ラウヘン》?(ここでタバコを吸ってもいいですか？)

Könnten《ケンテン》 Sie《ズィー》 ～? ～していただけますか？

例 Könnten《ケンテン》 Sie《ズィー》 das《ダス》 noch《ノッホ》 einmal《アインマール》 sagen《ザーゲン》?(もう一度言っていただけますか？)

ワンポイント 主語と動詞の関係のさらっとマスター

あまり難しく考えず、主語が変われば動詞も変化するんだな、ぐらいの認識で。

● 人称代名詞

人称代名詞は「人」に使い、1～3人称にそれぞれ単数と複数があります。2人称の du と ihr は親しい間柄で使うので、旅先では Sie を使うのが無難です。

● 名詞と定冠詞・不定冠詞

ドイツ語の名詞には男性、女性、中性があり、定冠詞(der、die、das)と不定冠詞(ein、eine、ein)はそれらに対応して変化します。

主語	sein／ザイン（～ある、いる）
ich／イッヒ（私）	bin／ビン
Sie／ズィー（あなた）	sind／ズィント
du／ドゥー（君）	bist／ビスト
er／エア（彼）	ist／イスト
sie／ズィー（彼女）	ist／イスト
wir／ヴィーア（私たち）	sind／ズィント
Sie／ズィー（あなたたち）	sind／ズィント
ihr／イーア（君たち）	seid／ザイト
sie／ズィー（彼ら[彼女たち]）	sind／ズィント

単語集（和独）

Japanese → German

あ	
アーケード	Arkade アルカーデ
アーモンド	Mandel マンデル
愛	Liebe リーベ
合鍵	Nachschlüssel ナーハシュリュッセル
あいさつ	Begrüßung ベグリュースング
アイスクリーム	Eis アイス
アイススケート	Eislauf アイスラウフ
合図する	winken ヴィンケン
アイスホッケー	Eishockey アイスホッケー
（〜を）愛する	lieben リーベン
相手	Partner（男）／Partnerin（女） パートナー／パートナリン
アイディア	Idee イデー
空いている	frei フライ
あいにく	leider ライダー
相部屋	Mehrbettzimmer メーアベットツィマー
合間	Zwischenzeit ツヴィッシェンツァイト
アイロン	Bügeleisen ビューゲルアイゼン
アイロンをかける	bügeln ビューゲルン
会う	treffen／sehen トレッフェン／ゼーエン
合う	passen パッセン
アウトレット	Outlet-Store アウトレット　ストア
青い	blau ブラウ
青信号	grünes Licht グリューネス　リヒト
赤い	rot ロート
明かり	Licht リヒト
明るい	hell ヘル
赤ん坊	Baby ベイビー
空き	frei フライ
秋	Herbst ヘルプスト
空き部屋	freies Zimmer フライエス　ツィマー
握手	Händeschütteln ヘンデシュッテルン
握手する	Hände schütteln ヘンデ　シュッテルン
アクセサリー	Schmuck シュムック
アクセル	Gashebel ガースヘーベル
あくび	Gähnen ゲーネン
揚げた	frittiert フリティーアト
開ける	öffnen エフネン
あご	Kiefer キーファー
（〜に）あこがれる	sich sehnen ズィヒ　ゼーネン
朝	Morgen モルゲン
麻	Leinen ライネン
明後日	übermorgen ユーバーモルゲン
足	Fuß フース
味	Geschmack ゲシュマク
足首	Fußgelenk フースゲレンク
アシスタント	Assistent（男）／Assistentin（女） アスィステント／アスィステンティン
明日	morgen モルゲン
明日の午後	morgen Nachmittag モルゲン ナーハミッターク
明日の晩（夕方）	morgen Abend モルゲン　アーベント

足元灯	Fußlicht	フースリヒト
味をつけた	gewürzt	ゲヴュルツト
預かる	aufbewahren	アフウベヴァーレン
預け入れ手荷物引換証	Gepäckschein	ゲペックシャイン
預け入れ荷物	aufgegebenes Gepäck	アウフゲゲーベネス ゲペック
アスピリン	Aspirin	アスピリーン
汗	Schweiß	シュヴァイス
遊ぶ	spielen	シュピーレン
暖かい	warm	ヴァルム
アダプター	Adapter	アダプター
頭	Kopf	コップフ
頭金	Anzahlung	アンツァールング
新しい	neu	ノイ
あちら(向こう)側	drüben	ドリューベン
熱い／暑い	heiß	ハイス
扱う	behandeln	ベハンデルン
宛先	Anschrift	アンシュリフト
穴	Loch	ロッホ
アナウンサー	Ansager (男)／Ansagerin (女)	アンザーガー／アンザーガリン

アナウンス	Ansage	アンザーゲ
アニメ	Zeichentrickfilm	ツァイヒェントリックフィルム
アパート	Wohnung	ヴォーヌング
アヒル	Ente	エンテ
アフターサービス	Kundendienst	クンデンディーンスト
油	Öl	エール
油絵	Ölgemälde	エールゲメールデ
あぶり焼きにした	gebraten	ゲブラーテン
甘い	süß	ジュース
あまり(それほど)	nicht so	ニヒト ゾー
あまり高くない	nicht so teuer	ニヒト ゾー トイヤー
網	Netz	ネッツ
編物	Strickarbeit	シュトリックアルバイト
あめ	Bonbon	ボンボン
雨	Regen	レーゲン
怪しい	verdächtig	フェアデヒティヒ
洗う	waschen	ヴァッシェン
嵐	Sturm	シュトゥルム
争う	streiten	シュトライテン
歩く	laufen	ラウフェン

アルコール	Alkohol	アルコホール
アルコール類	alkoholische Getränke	アルコホーリッシェ ゲトレンケ
アルバイト	Job	ジョブ
アルバム	Album	アルブム
アレルギー	Allergie	アレルギー
アレルギーの	allergisch	アレルギッシュ
暗証番号	Geheimzahl	ゲハイムツァール
安全	Sicherheit	ズィッヒャーハイト
安全な	sicher	ズィッヒャー
安全ピン	Sicherheitsnadel	ズィッヒャーハイツナーデル
安全ベルト	Sicherheitsgürtel	ズィッヒャーハイツギュルテル
アンティーク	Antike	アンティケ
案内	Führung	フュールング
案内所	Information	インフォルマツィオーン
案内人	Führer (男)/Führerin (女)	フューラー/フューラーリン

い

胃	Magen	マーゲン
言い訳	Ausrede	アウスレーデ
言う	sagen	ザーゲン

家	Haus	ハウス
イカ	Tintenfisch	ティンテンフィッシュ
医学	Medizin	メディツィーン
息	Atem	アーテム
～行き	Richtung ～	リヒトゥング
行き先	Ziel	ツィール
行き止まり	Sackgasse	ザックガッセ
生き物	Lebewesen	レーベヴェーゼン
息を吸う	atmen	アートメン
池	Teich	タイヒ
胃けいれん	Magenkrampf	マーゲンクランプフ
意見	Meinung	マイヌング
囲碁	Go-Spiel	ゴ シュピール
居酒屋	Kneipe	クナイペ
意識が無い	ohnmächtig	オーンメヒティヒ
遺失物取扱所	Fundbüro	フントビューロー
医者	Arzt（男）／Ärztin（女）	アールツト／エールツティン
衣装	Kleidung	クライドゥング
異常な	ungewöhnlich	ウンゲヴェーンリヒ
いす	Stuhl	シュトゥール
遺跡	Ruine	ルイーネ
忙しい	beschäftigt	ベシェッフティッヒト
急ぐ	sich beeilen	ズィッヒ　ベアイレン
板	Brett	ブレット
委託する	auftragen	アウフトラーゲン
痛み	Schmerz	シュメルツ
痛む	schmerzen	シュメルツェン
市	Markt	マルクト
位置	Lage	ラーゲ
一時預かり所	Gepäckaufbewahrung	ゲペックアウフベヴァールング
一時停止	Anhalten	アンハルテン
1日	ein Tag	アイン ターク
1日券	Tageskarte	ターゲスカルテ
1日の	eintägig	アインテーギヒ
市場	Markt	マルクト
1枚	ein Blatt	アイン　ブラット
1ユーロ硬貨	1-Euro-Münze	アイン　オイロ　ミュンツェ
胃腸薬	Magen-Darmmedikament	マーゲン ダルムメディカメント
いつ	wann	ヴァン
胃痛	Magenschmerzen	マーゲンシュメルツェン
1階	Erdgeschoss	エアドゲショス
（劇場の）1階席	Parkett	パケット
1個	ein Stück	アイン　シュテュック
一式	ein Satz	アイン　ザッツ
一緒に	zusammen	ツザメン
炒った	gebraten	ゲブラーテン
一対	ein Paar	アイン　パール
いつでも	immer	イマー
1等	erste Klasse	エアステ クラッセ
1杯	eine Tasse	アイネ　タッセ
一般的な	allgemein	アルゲマイン
一品料理	à-la-carte-Gericht	ア　ラ　カルト　ゲリヒト
一方通行	Einbahnverkehr	アインバーンフェアケア
いつも	immer	イマー
糸	Faden	ファーデン
いとこ	Cousin（男）／Cousine（女）	クザーン／クズィーネ
田舎	Land	ラント
犬	Hund	フント
命	Leben	レーベン

今	jetzt	イェツト
イヤホン	Kopfhörer	コップフヘーラー
イヤリング	Ohrring	オーアリング
入口	Eingang	アインガング
いり卵(スクランブルエッグ)	Rührei	リューアライ
衣料品	Kleidung	クライドゥング
色	Farbe	ファルベ
岩	Fels	フェルス
イワシ	Sardine	ザルディーネ
インク	Tinte	ティンテ
印刷物	Drucksache	ドルックザッヘ
飲酒	Trinken	トリンケン
印象	Eindruck	アインドルック
飲食代	Verpflegungskosten	フェアプフレーグングスコステン
インスタント食品	Fertiggericht	フェアティヒゲリヒト
インターネット	Internet	インターネット
インフルエンザ	Grippe	グリッペ

う

ウイスキー	Whisky	ヴィスキー
ウインカー	Blinklicht	ブリンクリヒト
ウール	Wolle	ヴォレ
上	Oberteil	オーバータイル
ウエイター	Kellner	ケルナー
ウエイトレス	Kellnerin	ケルナリン
ウエスト	Taille	タイレ
上の	oben	オーベン
上の階	Obergeschoss	オーバーゲショス
ウォッカ	Wodka	ヴォトカ
浮き袋	Rettungsring	レットゥングスリング
受け入れる	akzeptieren	アクツェプティーレン
受付	Empfang	エンプファング
受取人	Empfänger	エンプフェンガー
受け取る	empfangen	エンプファンゲン
ウサギ	Hase	ハーゼ
失う	verlieren	フェアリーレン
後ろ	Rückseite／hinter	リュックザイテ／ヒンター
薄い	dünn	デュン
薄い色	dünne Farbe	デュネ　ファルベ
薄切りにした	dünn geschnittene Scheibe	デュン　ゲシュニッテネ　シャイベ
右折	rechts abbiegen	レヒツ　アップビーゲン
うそ	Lüge	リューゲ
歌	Lied	リート
歌う	singen	ズィンゲン
宇宙	Weltall	ヴェルトアル
宇宙ステーション	Weltraumstation	ヴェルトラウムスタツィオーン
宇宙飛行士	Astronaut (男)／Astronautin (女)	アストロナウト／アストロナウティン
美しい	schön	シェーン
腕時計	Armbanduhr	アルムバントウーア
馬	Pferd	プフェールト
うまい(美味)	lecker	レッカー
海	Meer	メーア
海側の	am Meer	アム　メーア
売り切れ	ausverkauft	アウスフェアカウフト
うるさい	laut	ラウト
うれしい	froh	フロー
上着	Jacke	ヤッケ
運河	Kanal	カナール
運賃	Fahrkosten	ファールコステン

運転手	Fahrer（男）／ Fahrerin（女）	ファーラー／ファーラリン
運転免許証	Führerschein	フューラーシャイン
運動	Sport	シュポルト
運動靴	Sortschuhe	シュポルトシューエ

え

絵	Gemälde	ゲメールデ
エアコン	Klimaanlage	クリーマアンラーゲ
エアコン付き	mit Klimaanlage	ミット クリーマアンラーゲ
映画	Film	フィルム
映画館	Kino	キーノ
営業時間	Öffnungszeit	エフヌングスツァイト
営業中	geöffnet	ゲエフネット
英語	Englisch	エングリシュ
衛星	Satellit	ザテリート
映像	Film	フィルム
衛兵	Wache	ヴァッヘ
栄養	Nahrung	ナールング
描く	zeichnen	ツァイヒネン
駅	Bahnhof	バーンホーフ
駅員	Bahnpersonal	バーンペルゾナール
エキストラベッド	Zusatzbett	ツーザッツベット
駅で	am Bahnhof	アム　バーンホーフ
エコノミークラス	Economy-Klasse	エコノミー クラッセ
エコノミークラスの席	Sitzplatz in der Economy-Klasse	ズィッツプラッツ　イン　デア エコノミー クラッセ
エスカレーター	Rolltreppe	ロールトレッペ
エステ	Schönheitssalon	シェーンハイツザローン
絵はがき	Ansichtskarte	アンズィヒツカルテ
エビ	Garnele	ガルネーレ
絵本	Bilderbuch	ビルダーブーフ
選ぶ	auswählen	アウスヴェーレン
えり	Kragen	クラーゲン
エレベーター	Aufzug	アウフツーク
炎症	Entzündung	エントツュンドゥング
エンジン	Motor	モートア
演奏会	Konzert	コンツェルト
延長	Verlängerung	フェアレンガルング
エンドースメント［乗機変更承認］	Indossament	インドサメント
煙突	Schornstein	ショルンシュタイン
鉛筆	Bleistift	ブライシュティフト

お

甥	Neffe	ネッフェ
おいしい	lecker／gut schmecken	レッカー／グート　シュメッケン
置いていく	liegen lassen	リーゲン　ラッセン
置いてくる	lassen	ラッセン
オイル	Öl	エール
応急処置	Erste Hilfe	エアステ　ヒルフェ
横断歩道	Zebrastreifen	ツェブラシュトライフェン
嘔吐	Erbrechen	エアブレッヒェン
嘔吐袋	Hygienebeutel	ヒギーネボイテル
往復	Hin-und-Zurück	ヒン　ウント　ツーリュック
往復切符	Rückfahrkarte	リュックファールカルテ
大型車	großes Auto	グローセス　アウト
大きい	groß	グロース
大きさ	Größe	グレーセ
オーケストラ	Orchester	オーヒェスター
オーストリア	Österreich	エーステライヒ
大道具	Kulisse	クリッセ
大通り	Hauptstraße	ハウプトシュトラーセ

オートマティック車	Auto mit Automatik アウト　ミット アウトマーティク
オートロック	automatischer Verschluss アウトマーティシャー フェアシュルス
丘	Hügel ヒューゲル
お金	Geld ゲルト
お粥	Brei ブライ
置き時計	Standuhr シュタントゥーア
起きる	aufstehen アウフシュテーエン
奥	hinterer Teil ヒンテラー　タイル
屋上	Dach ダッハ
送り迎え	bringen und abholen ブリンゲン　ウント アップホーレン
贈り物	Geschenk ゲシェンク
送る	schicken シッケン
遅れる	sich verspäten ズィヒ　フェアシュペーテン
怒った	böse ベーゼ
おじいさん	alter Mann アルター　マン
おじさん	älterer Mann エルテラー　マン
押す	drücken ドリュッケン
お宅	Ihr Haus イーア　ハウス

夫	Mann マン
おつり	Wechselgeld ヴェクセルゲルト
音	Klang クラング
男	Mann マン
男の子	Junge ユンゲ
落とす	fallen ファレン
おととい	vorgestern フォーアゲスターン
大人	Erwachsener エアヴァクセナー
踊り／踊る	Tanz ／ tanzen タンツ ／ タンツェン
驚く	überraschen ユーバーラッシェン
同じ	dasselbe ／ gleich ダスゼルベ ／ グライヒ
おばあさん	alte Frau アルテ　フラウ
おばさん	ältere Frau エルテレ　フラウ
オペラ	Oper オーパー
覚えている	sich erinnern ズィヒ　エアイネルン
覚える	merken メルケン
おみやげ	Souvenir ズベニーア
おみやげ店	Souvenirladen ズベニーアラーデン
重い	schwer シュヴェーア
思い出	Erinnerung エアイネルング

重さ	Gewicht ゲヴィヒト
おもちゃ	Spielzeug シュピールツォイク
おもちゃ店	Spielzeugladen シュピールツォイクラーデン
親	Eltern エルターン
親指	Daumen ダウメン
お湯	warmes Wasser ヴァルメス　ヴァッサー
泳ぐ	schwimmen シュヴィメン
オリーブオイル	Olivenöl オリーフェンエール
折り返し	umgehend ウムゲーエンド
折り返し電話する	zurückrufen ツリュックルーフェン
オリジナルギフト	ein originelles Geschenk アイン　オリギネレス ゲシェンク
降りる	aussteigen アウスシュタイゲン
オリンピック	Olympische Spiele オリンピッシェ シュピーレ
オルガン	Harmonium ／ Orgel ハルモーニウム／ オルゲル
オルゴール	Spieldose シュピールドーゼ
オレンジ	Orange オランジェ
終わる	enden エンデン
音楽	Musik ムズィーク

音楽祭	Musikfest	ムズィークフェスト
温泉	heiße Quelle	ハイセ　クヴェレ
温度	Temperatur	テムペラトゥーア
温度計	Thermometer	テルモメーター
女	Frau	フラウ
女の子	Mädchen	メートヒェン

か

蚊	Mücke	ミュッケ
ガーゼ	Gaze	ガーゼ
カーテン	Vorhang	フォーアハング
カート	Kofferkuli	コッファークーリ
カーペット	Teppich	テピッヒ
貝	Muschel	ムシェル
会員証	Mitgliedsausweis	ミットグリーツアウスヴァイス
絵画	Gemälde	ゲメールデ
外貨	ausländische Währung	アウスレンディッシェ　ヴェールング
海外旅行	Auslandsreise	アウスランツライゼ
外貨交換証明書	Fremdwährungswechselausweis	フレムドヴェールングスヴェクセルアウスヴァイス
海岸	Küste ／ Strand	キュステ ／シュトラント
開館時間	Öffnungszeit	エフヌングスツァイト
会議	Besprechung	ベシュプレッフング
海峡	Meeresstraße	メーアシュトラーセ
会計	Rechnung	レヒヌング
外国人	Ausländer（男）／Ausländerin（女）	アウスレンダー／アウスレンダリン
改札口	Bahnsteigsperre	バーンシュタイクシュペレ
会社員	Firmenangestellter（男）／Firmenangstellte（女）	フィルメンアンゲシュテルター／フィルメンアンゲシュテルテ
海水浴	Baden	バーデン
回数券	Mehrfahrtenkarte	メーアファールテンカルテ
階段	Treppe	トレッペ
懐中電灯	Taschenlampe	タッシェンラムペ
快適な	bequem	ベクヴェーム
開店時間	Öffnungszeit	エフヌングスツァイト
ガイド付きツアー	mit Führung	ミット　フュールング
ガイドブック	Reiseführer	ライゼフューラー
ガイド料	Führungsgebühr	フュールングスゲビューア
買い物	Einkaufen	アインカウフェン
街路	Straße	シュトラーセ
会話	Gespräch	ゲシュプレーヒ
買う	einkaufen	アインカウフェン
カウンター	Theke	テーケ
カエル	Frosch	フロッシュ
帰る	zurückgehen	ツーリュックゲーエン
変える	sich verändern	ズィヒ　フェアエンダーン
顔	Gesicht	ゲズィヒト
顔のお手入れ	Gesichtspflege	ゲズィヒツプフレーゲ
香り	Duft	ドゥフト
画家	Maler（男）／Malerin（女）	マーラー／マーラリン
価格	Preis	プライス
化学	Chemie	ヒェミー
科学	Wissenschaft	ヴィッセンシャフト
鏡	Spiegel	シュピーゲル
係員	Personal	ペルゾナール
かかる	dauern	ダウアーン
鍵	Schlüssel	シュリュッセル
書留	Einschreiben	アインシュライベン
書きとめる	aufschreiben	アウフシュライベン
書く	schreiben	シュライベン
家具	Möbel	メーベル

学生	Student (男) / Studentin (女)	シュトゥデント/シュトゥデンティン
学生証	Studentenausweis	シュトゥデンテンアウスヴァイス
拡大する	vergrößern	フェアグレーサーン
カクテル	Cocktail	コックテイル
家具店	Möbelgeschäft	メーベルゲシェフト
確認	Bestätigung	ベシュテーティグング
確認する	bestätigen	ベシュテーティゲン
過激な	radikal	ラディカール
掛け金	Rate	ラーテ
賭ける	wetten	ヴェッテン
かご	Korb	コルプ
傘	Regenschirm	レーゲンシルム
火山	Vulkan	ヴルカーン
菓子	Süßigkeiten	ジューシヒカイテン
火事	Feuer	フォイアー
カジノ	Spielcasino	シュピールカズィーノ
カシミア	Kaschmirwolle	カシュミーアヴォレ
歌手	Sänger (男) / Sängerin (女)	ゼンガー/ゼンガリン
カジュアルな	leger	レジェア
数	Zahl	ツァール
ガス	Gas	ガース
ガス欠	Gasmangel	ガースマンゲル
風	Wind	ヴィント
風邪	Erkältung	エアケルトゥング
課税	Besteuerung	ベシュトイヤルング
風が吹く	Wind weht	ヴィント　ヴェート
風邪薬	Erkältungsmittel	エアケルトゥングスミッテル
河川	Fluss	フルス
画像	Bild	ビルト
家族	Familie	ファミーリエ
ガソリン	Benzin	ベンツィーン
ガソリンスタンド	Tankstelle	タンクシュテレ
ガソリンポンプ	Benzinpumpe	ベンツィーンプムペ
固い	hart	ハルト
形	Form	フォルム
片道	einfach	アインファッハ
片道切符	einfache Fahrkarte	アインファッヘ ファールカルテ
カタログ	Katalog	カタローク
花壇	Blumenbeet	ブルーメンベート
楽器	Musikinstrument	ムズィークインストゥルメント
楽器店	Musikinstrumentladen	ムズィークインストゥルメントラーデン
学校	Schule	シューレ
家庭	Familie	ファミーリエ
角	Ecke	エッケ
悲しい	traurig	トラウリヒ
金物店	Metallwarengeschäft	メタルヴァーレンゲシェフト
金(かね)	Geld	ゲルト
可能性	Chance	シャンス
カバーチャージ	Tischgebühr	ティッシュゲビューア
かばん	Tasche	タッシェ
花瓶	Vase	ヴァーゼ
カフェ	Café	カフェー
カフェオレ	Milchkaffee	ミルヒカフェ
カフェテリア	Cafeteria	カフェテリーア
壁	Wand	ヴァント
壁紙	Tapete	タペーテ
カボチャ	Kürbis	キュルビス
紙	Papier	パピーア

神	Gott	ゴット
髪	Haar	ハール
紙おむつ	Wegwerfwindel	ヴェックヴェルフヴィンデル
紙コップ	Papierbecher	パピーアベッヒャー
かみそり	Rasiermesser	ラズィーアメッサー
紙タオル	Papiertuch	パピーアトゥーフ
雷	Donner	ドナー
紙袋	Papiertasche	パピーアタッシェ
亀	Schildkröte	シルトクレーテ
仮面	Maske	マスケ
ガム	Kaugummi	カウグミ
カメラ	Fotoapparat	フォートアパラート
カメラ店	Fotogeschäft	フォートゲシェフト
かゆい	jucken	ユッケン
カラーフィルム	Farbfilm	ファルブフィルム
辛い	scharf	シャルフ
カラオケ	Karaoke	カラオケ
ガラス	Glas	グラース
体	Körper	ケルパー
空の	leer	レーア
借りる	ausleihen	アウスライエン
軽い	leicht	ライヒト
カレンダー	Kalender	カレンダー
過労	Überarbeitung	ユーバーアルバイトゥング
画廊	Galerie	ガレリー
革	Leder	レーダー
川	Fluss	フルス
かわいい	niedlich	ニートリヒ
乾く	trocknen	トロッケン
為替レート	Wechselkurs	ヴェクセルクルス
革のジャケット	Lederjacke	レーダーヤッケ
缶	Dose	ドーゼ
眼科医	Augenarzt (男)／Augenärztin (女)	アウゲンアールツト/アウゲンエールツティン
環境	Umwelt	ウムヴェルト
環境破壊	Umweltzerstörung	ウムヴェルトツェアシュテールング
缶切り	Dosenöffner	ドーゼンエフナー
玩具店	Spielzeugladen	シュピールツォイクラーデン
管弦楽団	Orchester	オーヒェスター
観光	Besichtigung	ベズィヒティグング
観光案内所	Touristeninformation	トゥーリステンインフォルマツィオーン
観光クルーズ	Kreuzfahrt	クロイツファールト
観光地	Sehenswürdigkeit	ゼーエンスヴュルディヒカイト
観光ツアー	Stadtrundfahrt	シュタットルントファールト
観光バス	Reisebus	ライゼブス
観光パンフレット	Reisebroschüre	ライゼブロシューレ
看護師	Krankenpfleger (男)／Krankenpflegerin (女)	クランケンプフレーガー／クランケンプフレーガリン
患者	Patient	パツィエント
感謝する	danken	ダンケン
勘定	Rechnung	レヒヌング
勘定書	Rechnung	レヒヌング
歓声	Jubel	ユーベル
関税	Zoll	ツォル
乾燥肌	trockene Haut	トロッケネ　ハウト
簡単な	einfach	アインファッハ
缶詰食品	Konserve	コンゼルヴェ
乾電池	Trockenbatterie	トロッケンバテリー
館内図	Etagenplan	エタージェンプラーン
館内電話	Haustelefon	ハウステレフォーン
乾杯	Prost!／Zum Wohl!	プロースト／ツム　ヴォール

看板	Schild シルト
漢方薬	chinesische Arzneimittel ヒネーズィシェ アルツナイミッテル
管理	Verwaltung フェアヴァルトゥング
管理人	Verwalter (男)／Verwalterin (女) フェアヴァルター／フェアヴァルタリン

き

キーホルダー	Schlüsselhalter シュリュッセルハルター
黄色	gelb ゲルプ
気温	Temperatur テムペラトゥーア
機械	Maschine マシーネ
着替える	sich umkleiden ズィヒ ウムクライデン
期間	Zeit ツァイト
気管支炎	Bronchitis ブロンヒーティス
貴金属	Edelmetall エーデルメタル
聞く	hören ヘーレン
喜劇	Komödie コメーディエ
危険	Gefahr ゲファール
気候	Klima クリーマ
記事	Artikel アルティケル
技師	Techniker (男)／Technikerin (女) テヒニカー／テヒニカリン
技術	Technik テヒニク
傷	Wunde ヴンデ
季節	Jahreszeit ヤーレスツァイト
規則	Regel レーゲル
北	Norden ノルデン
ギター	Gitarre ギタレ
汚い	schmutzig シュムッツィヒ
機長	Flugkapitän フルークカピテーン
貴重品	Wertgegenstände ヴェーアトゲーゲンシュテンデ
きつい	eng エング
喫煙	Rauchen ラウヘン
喫煙所	Raucherbereich ラウハーベライヒ
喫煙席	Raucherplatz ラウハープラッツ
喫茶店	Café カフェー
キッチン	Küche キュッヒェ
切手	Briefmarke ブリーフマルケ
切手代	Porto ポルト
切符	Fahrkarte ファールカルテ
切符売場	Fahrkartenschalter ファールカルテンシャルター
切符自動販売機	Fahrkartenautomat ファールカルテンアウトマート
機内食	Verpflegung im Flugzeug フェアプフレーグング イム フルークツォイク
機内持ち込み手荷物	Handgepäck ハントゲペック
絹／シルク	Seide ザイデ
記念切手	Sondermarke ゾンダーマルケ
記念碑	Denkmal デンクマール
記念日	Jubiläum ユビレーウム
昨日	gestern ゲスターン
寄付	Spende シュペンデ
決める	bestimmen ベシュティメン
気持ちが悪い	übel ユーベル
客	Kunde／Gast クンデ／ガスト
客席	Sitz ズィッツ
客船	Passagierschiff パサジーアシフ
キャバレー	Kabarett カバレット
キャンセル	Stornierung シュトルニールング
キャンセルする	stornieren シュトルニーレン
キャンセル待ち	auf die Warteliste setzen アウフ ディ ヴァルテリステ ゼッツェン
休暇	Urlaub ウアラウプ
救急車	Krankenwagen クランケンヴァーゲン

休憩室	Erfrischungsraum エアフリッシュングスラウム
急行料金	Zuschlag ツーシュラーク
休日	Ruhetag ルーエターク
旧跡	historische Sehenswürdigkeiten ヒストーリッシェ ゼーエンスヴュルディヒカイテン
宮殿	Palast パラスト
牛肉	Rindfleisch リントフライシュ
牛乳	Milch ミルヒ
救命胴衣	Rettungsweste レットゥングスヴェステ
給料	Gehalt ゲハルト
今日	heute ホイテ
教育	Erziehung エアツィーウング
教会	Kirche キルヒェ
教科書	Lehrbuch レーアブーフ
競技場	Stadion シュターディオン
教師	Lehrer (男)／Lehrerin (女) レーラー／レーラリン
教室	Klassenzimmer クラッセンツィマー
兄弟	Bruder ブルーダー
兄弟姉妹	Geschwister ゲシュヴィスター
共同シャワー	Gemeinschaftsdusche ゲマインシャフツドゥーシェ

共同トイレ	Gemeinschaftstoilette ゲマインシャフツトイレッテ
共同浴場	Gemeinschaftsbad ゲマインシャフツバート
郷土料理	lokale Küche ロカーレ　キュッヒェ
今日の午後	heute Nachmittag ホイテ　ナーハミッターク
今日の午前	heute Vormittag ホイテ　フォーアミッターク
興味深い	interessant インテレサント
許可	Erlaubnis エアラウプニス
居住者	Bewohner (男)／Bewohnerin (女) ベヴォーナー／ベヴォーナリン
去年	letztes Jahr レッツテス　ヤール
距離	Entfernung エントフェルヌング
嫌い	Hass ハス
霧	Nebel ネーベル
キリキリ痛む	krampfartige Schmerzen haben クランプファルティゲ シュメルツェン ハーベン
着る	anziehen アンツィーエン
きれい	schön シェーン
きれいな	sauber ザウバー
記録	Rekord レコルト
金(の)	gold ゴルト

銀(の)	silber ズィルバー
禁煙	Rauchen verboten! ラウヘン　フェアボーテン
禁煙車	Nichtraucherabteil ニヒトラウハーアップタイル
禁煙席	Nichtraucherplatz ニヒトラウハープラッツ
金額	Betrag ベトラーク
緊急	Notfall ノートファル
緊急の	dringend ドリンゲント
金庫	Tresor トレゾーア
銀行	Bank バンク
銀行員	Bankangestellter (男)／Bankangestellte (女) バンクアンゲシュテルター ／バンクアンゲシュテルテ
禁止	Verbot フェアボート
筋肉	Muskel ムスケル
勤務外	außer Dienst アウサー　ディーンスト

く

空気	Luft ルフト
空港	Flughafen フルークハーフェン
空港税	Flughafengebühr フルークハーフェンゲビューア
空室	freies Zimmer フライエス　ツィマー
空席	freier Platz フライヤー　プラッツ

偶然に	zufällig	ツーフェリヒ
空腹である	hungrig sein	フングリヒ　ザイン
空腹な	hungrig	フングリヒ
クーポン	Gutschein	グートシャイン
区間	Strecke	シュトレッケ
釘	Nagel	ナーゲル
臭い	Geruch	ゲルッフ
鎖	Kette	ケッテ
腐る	verderben	フェアデルベン
くし	Kamm	カム
孔雀	Pfau	プファウ
くしゃみ	Niesen	ニーゼン
苦情	Beschwerde	ベシュヴェーアデ
クジラ	Wal	ヴァール
くずかご	Mülleimer	ミュルアイマー
薬	Medikament	メディカメント
果物	Obst	オーブスト
口当たり	Geschmack	ゲシュマック
口当たりの良い	schmackhaft	シュマックハフト
口紅	Lippenstift	リッペンシュティフト
靴	Schuhe	シューエ
靴下	Socken	ゾッケン
靴店	Schuhladen	シューラーデン
靴ひも	Schnürsenkel	シュニューアゼンケル
国	Land	ラント
首	Hals	ハルス
区分	Kategorie	カテゴリー
雲	Wolke	ヴォルケ
曇り	bewölkt	ベヴェルクト
悔しい	bedauerlich	ベダウアリヒ
暗い	dunkel	ドゥンケル
クラシック音楽	klassische Musik	クラスィシェ　ムズィーク
クラス	Klasse	クラッセ
グラス	Glas	グラース
クラブ	Klub	クルプ
グラム	Gramm	グラム
クリーニング	Reinigung	ライニグング
クリーニング代	Reinigungskosten	ライニグングスコステン
クリーム	Creme	クレーメ
クリスマス	Weihnachten	ヴァイナハテン
クリックする	klicken	クリッケン
クルーズ	Kreuzfahrt	クロイツファールト
車	Auto	アウト
車椅子	Rollstuhl	ロールシュトゥール
車椅子用トイレ	Toiletten für den Rollstuhlfahrer / die Rollstuhlfahrerin	トイレッテン　フュア　デン　ロールシュトゥールファーラー／ディ　ロールシュトゥールファーラリン
クレイムタッグ［荷物預かり証］	Gepäckschein	ゲペックシャイン
クレジットカード	Kreditkarte	クレディートカルテ
クレンジング	Reinigungscreme	ライニグングスクレーメ
黒い	schwarz	シュヴァルツ
クローク	Garderobe	ガルデローベ
クロゼット	Wandschrank	ヴァントシュランク
クロワッサン	Croissant	クロワッソーン
燻製にした	geräuchert	ゲロイヒャート

け

計画	Plan	プラーン
経済	Wirtschaft	ヴィルトシャフト
警察	Polizei	ポリツァイ
警察官	Polizist（男）／Polizistin（女）	ポリツィスト／ポリツィスティン

警察署	Polizeipräsidium	ポリツァイプレズィディウム
計算する	rechnen	レヒネン
掲示板	Anschlagtafel	アンシュラークターフェル
芸術家	Künstler (男)／Künstlerin (女)	キュンストラー／キュンストラリン
軽食／軽食堂	Imbiss	イムビス
携帯電話	Handy	ヘンディ
芸能人	Entertainer (男)／Entertainerin (女)	エンターテイナー／エンターテイナリン
警備員	Wächter (男)／Wächterin (女)	ヴェヒター／ヴェヒタリン
警報	Alarm	アラーム
契約	Vertrag	フェアトラーク
契約書	Vertrag	フェアトラーク
ケーキ	Kuchen	クーヘン
ケーブルカー	Seilbahn	ザイルバーン
毛織物	Wollstoff	ヴォルシュトッフ
けが	Verletzung	フェアレッツング
外科医	Chirurg	ヒルルク
毛皮	Pelz	ペルツ
ケガをした	verletzt	フェアレッツト
劇場	Theater	テアーター

下剤	Abführmittel	アップフュールミッテル
消印	Poststempel	ポストシュテムペル
景色	Landschaft	ラントシャフト
消しゴム	Radiergummi	ラディーアグミ
化粧水	Gesichtswasser	ゲズィヒツヴァッサー
化粧品	Kosmetikartikel	コスメティークアルティケル
化粧品会社	Kosmetikfirma	コスメティークフィルマ
ケチャップ	Ketchup	ケチャップ
血圧	Blutdruck	ブルートドルック
血液	Blut	ブルート
血液型	Blutgruppe	ブルートグルッペ
結婚	Ehe	エーエ
月食	Mondfinsternis	モーントフィンスターニス
解熱剤	Fiebermittel	フィーバーミッテル
煙	Rauch	ラウホ
下痢	Durchfall	ドゥルヒファル
下痢止め	Durchfallmittel	ドゥルヒファルミッテル
検疫	Quarantäne	カランテーネ
原価	Kosten	コステン
見学	Besichtigung	ベズィヒティグング

現金	Bargeld	バーゲルト
言語	Sprache	シュプラーヘ
健康	Gesundheit	ゲズントハイト
健康な	gesund	ゲズント
検査	Untersuchung	ウンターズーフング
研修	Ausbildung	アウスビルドゥング
現像	Entwicklung	エントヴィックルング
建築	Architektur	アルヒテクトゥーア
建築家	Architekt (男)／Architektin (女)	アルヒテクト／アルヒテクティン
現地時間	Ortszeit	オルツツァイト
見物	Besichtigung	ベズィヒティグング

こ

濃い	stark ／ dunkel	シュタルク／ドゥンケル
コインロッカー	Münzschließfach	ミュンツシュリースファッハ
更衣室	Ankleideraum	アンクライデラウム
強引な	gewaltsam	ゲヴァルトザーム
幸運な	glücklich	グリュックリヒ
公園	Park	パルク
公演	Aufführung	アウフフュールング
公演中の	aufgeführt／auf der Bühne	アウフゲフュールト／アウフ デア ビューネ

効果	Wirkung	ヴィルクング
硬貨（コイン）	Münze	ミュンツェ
後悔	Bedauern	ベダウアーン
航海	Seefahrt	ゼーファールト
郊外	Vorort	フォーアオルト
公害	Umweltverschmutzung	ウムヴェルトフェアシュムッツング
硬貨投入口	Münzeinwurfschlitz	ミュンツアインヴルフスシュリッツ
硬貨返却レバー	Münzrückgabehebel	ミュンツリュックガーベヘーベル
交換	Austausch	アウスタウシュ
交換手	Telefonist（男）／Telefonistin（女）	テレフォニスト／テレフォニスティン
講義	Vorlesung	フォーアレーズング
高級な	erstklassig	エアストクラシヒ
公共の	öffentlich	エフェントリヒ
公共料金	Gebühren öffenticher Einrichtungen	ゲブューレン　エッフェントリヒャー　アインリヒトゥンゲン
航空会社	Fluggesellschaft	フルークゲゼルシャフト
航空券	Flugticket	フルークティケット
航空便	Luftpost	ルフトポスト
合計	Summe	ズメ
高血圧	Bluthochdruck	ブルートホーホドルック
高原	Hochebene	ホーホエーベネ
高校生	Oberschüler（男）／Obershülerin（女）	オーバーシューラー／オーバーシューラリン
広告	Werbung	ヴェルブング
口座	Konto	コント
考察	Überlegung	ユーバーレーグング
交差点	Kreuzung	クロイツゥング
口座番号	Kontonummer	コントヌマー
講師（大学の）	Dozent（男）／Dozentin（女）	ドツェント／ドツェンティン
工事	Bau	バウ
公衆電話	Telefonzelle	テレフォーンツェレ
公衆トイレ	öffentliche Toilette	エッフェントリヒェ　トイレッテ
工場	Fabrik	ファブリーク
交渉する	verhandeln	フェアハンデルン
香辛料のよく効いた	würzig	ヴュルツィヒ
香水	Perfüm	パーフューム
降雪	Schneefall	シュネーファル
高層ビル	Wolkenkratzer	ヴォルケンクラッツァー
高速道路	Autobahn	アウトバーン
紅茶	Tee	テー
交通事故	Verkehrsunfall	フェアケーアスウンファル
交通渋滞	Verkehrsstau	フェアケーアスシュタウ
強盗	Einbrecher	アインブレッヒャー
購入	Einkauf	アインカウフ
公認両替商	anerkannte Wechselstube	アンエアカンテ　ヴェクセルシュトゥーベ
交番	Polizeirevier	ポリツァイレヴィーア
興奮する	sich aufregen	ズィヒ　アウフレーゲン
紅葉	Laubfärbung	ラウブフェルブング
合流	Verbindung	フェアビンドゥング
声	Stimme	シュティメ
コース	Kurs	クルス
コート	Spielplatz	シュピールプラッツ
コート（服）	Mantel	マンテル
コーヒー	Kaffee	カフェ
コーヒーショップ	Café	カフェー
コーラ	Cola	コーラ
凍らせた	gefroren	ゲフローレン
氷	Eis	アイス

凍る	einfrieren	アインフリーレン
コールボタン	Rufknopf	ルーフクノップフ
小型車	Kompaktwagen	コンパクトヴァーゲン
小切手	Scheck	シェック
故郷	Heimat	ハイマート
国際の	international	インターナツィオナール
国際運転免許証	internationaler Führerschein	インターナツィオナーラ　フューラーシャイン
国際線	internationale Fluglinie	インターナツィオナーレ　フルークリーニエ
国際電話	Auslandsgespräch	アウスランツゲシュプレーヒ
国産ビール	heimisches Bier	ハイミッシェス　ビーア
国籍	Staatsangehörigkeit	シュターツアンゲヘーリヒカイト
国道（ドイツの）	Bundesstraße	ブンデスシュトラーゼ
国内線	Inlandsfluglinie	インランツフルークリーニエ
国内の	inländisch	インレンディシュ
国立公園	Nationalpark	ナツィオナールパルク
国立の	national	ナツィオナール
ここ	hier	ヒーア
午後	Nachmittag	ナーハミッターク
心地よい	angenehm	アンゲネーム

午後の便	Flug am Nachmittag	フルーク　アム　ナーハミッターク
腰	Hüfte	ヒュフテ
個室	Einzelzimmer	アインツェルツィマー
コショウ	Pfeffer	プフェファー
故障	Panne	パネ
故障する	kaputt gehen	カプット　ゲーエン
故障中	außer Betrieb	アウサー　ベトリーブ
個人用	für den persönlichen Gebrauch	フュア　デン　ペルゼーンリヒエン　ゲブラウホ
個性	Charakteristikum	カラクタリスティクーム
小銭	Kleingeld	クラインゲルト
小銭入れ	Münzbörse	ミュンツベールゼ
午前	Vormittag	フォーアミッターク
午前の便	Flug am Vormittag	フルーク　アム　フォーアミッターク
答える	antworten	アントヴォルテン
国家	Staat	シュタート
国会議事堂	Parlamentsgebäude	パルラメンツゲボイデ
国旗	Nationalflagge	ナツィオナールフラッゲ

国境	Grenze	グレンツェ
骨折	Knochenbruch	クノッヘンブルッフ
小包	Päckchen	ペックヒェン
骨董品	Antiquität	アンティクヴィテート
骨董品店	Antiquitätenhandlung	アンティクヴィテーテンハンドルング
コットン	Baumwolle	バウムヴォレ
コップ	Becher	ベッヒャー
小道具	Bühnenausstattung	ビューネンアウスシュタットゥング
言葉	Sprache	シュプラーヘ
子供	Kind	キント
子供と一緒に	mit dem Kind	ミット　デム　キント
子供服	Kinderkleidung	キンダークライドゥング
子供料金	Kinderpreis	キンダープライス
小鳥	Vögelchen	フェーゲルヒェン
ことわざ	Sprichwort	シュプリヒヴォルト
ことわる	ablehnen	アップレーネン
粉	Pulver	プルファー
粉ミルク	Trockenmilch	トロッケンミルヒ
コネクティング・ルーム	Verbindungszimmer	フェアビンドゥングスツィマー
琥珀	Bernstein	ベルンシュタイン

コピー	Kopie	コピー
胡麻油	Sesamöl	ゼーザムエール
困る	verlegen sein	フェアレーゲン　ザイン
ごみ	Müll	ミュル
ごみ箱	Mülleimer	ミュルアイマー
ゴム	Gummi	グミ
小麦	Weizen	ヴァイツェン
小麦粉	Weizenmehl	ヴァイツェンメール
米	Reis	ライス
ゴルフ	Golf	ゴルフ
ゴルフコース	Golfplatz	ゴルフプラッツ
ゴルフボール	Golfball	ゴルフバル
コレクトコール	R-Gespräch	エル　ゲシュプレーヒ
壊れ物	leicht zerbrechliche Ware	ライヒト　ツァアブレヒリヒェ　ヴァーレ
壊れる	kaputt gehen	カプット　ゲーヘン
今月	dieser Monat	ディーザー　モーナト
コンサート	Konzert	コンツェルト
混雑	voll	フォル
コンシェルジュ	Concierge	コンシェルジュ
今週	diese Woche	ディーゼ　ヴォッヘ
コンセント	Steckdose	シュテックドーゼ
コンタクトレンズ	Kontaktlinse	コンタクトリンゼ
コンドーム	Kondom	コンドーム
今晩	heute Abend	ホイテ　アーベント
コンビニエンスストア	Convenience Shop	コンヴィニエンス　ショップ
コンピュータ	Computer	コンピュータ
さ		
サーカス	Zirkus	ツィルクス
サービス	Bedienung	ベディーヌング
サービス料	Bedienungsgeld	ベディーヌングスゲルト
サーフィン	Surfen	サーフェン
災害	Katastrophe	カタストローフェ
再確認する	rückbestätigen	リュックベシュテーティゲン
最近	in letzter Zeit	イン　レッツター　ツァイト
サイクリング	Radfahren	ラートファーレン
在庫	Vorrat	フォーアラート
最後の	letzt	レッツト
サイコロ	Würfel	ヴュルフェル
祭日	Feiertag	ファイヤーターク
材質	Material	マテリアール
最終目的地	Endziel	エントツィール
最終列車	letzter Zug	レッツター　ツーク
最小の	minimal	ミニマール
菜食主義者	Vegetarier (男)／Vegetarierin (女)	ヴェゲターリア／ヴェゲタリアリン
最初の	erst	エアスト
最新の	neuest	ノイエスト
サイズ	Größe	グレーセ
最前列	erste Reihe	エアステ　ライエ
最大の	maximal	マクシィマール
財団	Stiftung	シュティフトゥング
最低料金	Mindestgebühr	ミンデストゲビューア
再発行する	neu ausstellen	ノイ　アウスシュテレン
裁判	Gericht	ゲリヒト
財布	Geldbeutel	ゲルトボイテル
材料	Material	マテリアール
サイン	Unterschrift	ウンターシュリフト
サウナ	Sauna	ザウナ

探す・捜す	suchen ズーヘン
魚	Fisch フィッシュ
酒店	Getränkemarkt ゲトレンケマルクト
詐欺	Betrug ベトルーク
先払い	Vorausbezahlung フォラウスベツァールング
桜	Kirschbaum キルシュバウム
サクランボ	Kirsche キルシェ
酒	Sake ザーケ
差出人	Absender アップゼンダー
刺身	roher Fisch ローアー　フィッシュ
査証	Visum ヴィーズム
座席	Sitzplatz ズィッツプラッツ
座席番号	Sitznummer ズィッツヌマー
左折禁止	Linksabbiegen verboten! リンクスアップビーゲン フェアボーテン
札入れ	Brieftasche ブリーフタッシェ
撮影禁止	Fotografieren verboten フォートグラフィーレン フェアボーテン
作家	Autor(男)／Autorin(女) アウトーア／アウトアリン
サッカー	Fußball フースバル
雑貨店	Gemischtwarenladen ゲミッシュトヴァーレンラーデン

雑誌	Zeitschrift ツァイトシュリフト
砂糖	Zucker ツッカー
茶道	Teezeremonie テーツェレモニー
砂漠	Wüste ヴュステ
(サッカーなどの) サポーター	Anhänger (男)／Anhängerin (女) アンヘンガー／アンヘンガリン
サマータイム	Sommerzeit ゾマーツァイト
様々な	verschieden フェアシーデン
寒い	kalt カルト
寒気	Schüttelfrost シュッテルフロスト
冷める	kalt werden カルト　ヴェーアデン
皿	Teller テラー
サラダ	Salat ザラート
猿	Affe アッフェ
ざる	Sieb ズィーブ
さわやかな	frisch フリッシュ
三角	Dreieck ドライエック
三脚	Dreifuß ドライフース
サングラス	Sonnenbrille ゾネンブリレ
珊瑚礁	Korallenriff コラーレンリフ

酸素マスク	Sauerstoffmaske ザウアーシュトッフマスケ
産地	Herkunftsort ヘアクンフツオルト
サンドイッチ	Sandwich サンドヴィッチ
桟橋	Kai カイ
散髪	Haareschneiden ハーレシュナイデン
散歩	Spaziergang シュパツィーアガング
	し
痔	Hämorrhoide ヘモールホイデ
試合	Spiel シュピール
シーツ	Betttuch ベットトゥーフ
CD店	CD-Laden ツェーデーラーデン
シートベルト	Sitzgurt ズィッツグルト
寺院	Tempel テムペル
ジーンズ	Jeans ジーンズ
自営業	selbständig ゼルプシュテンディヒ
塩	Salz ザルツ
塩辛い	salzig ザルツィヒ
歯科医	Zahnarzt ツァーンアールツト
市街	Innenstadt イネンシュタット
市街地図	Stadtplan シュタットプラーン

市外通話	Ferngespräch	フェルンゲシュプレーヒ
四角	Viereck	フィーアエック
自画像	Selbstbildnis	ゼルプストビルトニス
時間	Zeit	ツァイト
至急	dringend	ドリンゲント
刺激物	Reizstoff	ライツシュトッフ
試験	Prüfung	プリューフング
資源	Ressource	リソース
事件	Ereignis	エアアイグニス
事故	Unfall	ウンファル
時刻	Uhrzeit	ウーアツァイト
時刻表	Fahrplan	ファールプラーン
事故証明書	Unfallmeldung	ウンファルメルドゥング
仕事	Arbeit	アルバイト
時差ボケ	Jetlag	ジェットラーク
磁石	Magnet	マグネート
刺繍	Stickerei	シュティッケライ
辞書	Wörterbuch	ヴェルターブーフ
地震	Erdbeben	エアドベーベン
静か	ruhig	ルーイヒ

静かな	leise	ライゼ
静かに	still	シュティル
史跡	historischer Ort	ヒストーリッシャー　オルト
施設	Einrichtung	アインリヒトゥング
自然	Natur	ナトゥーア
下	Unterteil	ウンタータイル
舌	Zunge	ツンゲ
下着	Unterwäsche	ウンターヴェッシェ
親しい	befreundet	ベフロインデット
下の	unter	ウンター
下の階	Untergeschoss	ウンターゲショス
試着室	Umkleidekabine	ウムクライデカビーネ
試着する	anprobieren	アンプロビーレン
市庁舎	Rathaus	ラートハウス
質	Qualität	クヴァリテート
歯痛	Zahnschmerzen	ツァーンシュメルツェン
失業	Arbeitslosigkeit	アルバイツローズィヒカイト
実際に	tatsächlich	タートゼヒリヒ
湿度	Feuchtigkeit	フォイヒティヒカイト
湿度が高い	feucht	フォイヒト

失敗する	scheitern	シャイターン
湿布	Umschlag	ウムシュラーク
質問	Frage	フラーゲ
質問する	fragen	フラーゲン
室料	Zimmerpreis	ツィマープライス
指定席	reservierter Sitzplatz	レゼァヴィーアター ズィッツプラッツ
自転車	Fahrrad	ファールラート
自動	automatisch	アウトマーティシュ
自動車	Auto	アウト
自動販売機	Automat	アウトマート
市内	in der Stadt	イン　デア　シュタット
市内通話	Ortsgespräch	オルツゲシュプレーヒ
市内へ	in die Stadt	イン　ディ　シュタット
品切れの	ausverkauft	アウスフェアカウフト
品物	Artikel	アルティケル
市の中心部	Innenstadt	イネンシュタット
芝居	Theaterstück	テアーターシュテュック
支配人	Manager（男）／Managerin（女）	マニジャー／マニジャリン
始発電車	erster Zug	エアスター　ツーク

芝生	Rasen	ラーゼン
支払い	Bezahlung	ベツァールング
持病	chronische Krankheit	クローニッシェ クランクハイト
紙幣	Geldschein	ゲルトシャイン
脂肪	Fett	フェット
島	Insel	インゼル
姉妹	Schwester	シュヴェスター
閉まる	schließen	シュリーセン
シミ	Fleck	フレック
地味	Schlichtheit	シュリヒトハイト
ジム	Fitnessstudio	フィットネスシュトゥーディオ
事務所	Büro	ビューロー
湿った	feucht	フォイヒト
閉める	schließen／zumachen	シュリーセン／ツーマッヘン
地面	Boden	ボーデン
社会福祉	soziale Wohlfahrt	ゾツィアーレ ヴォールファールト
ジャガイモ	Kartoffel	カルトッフェル
市役所	Rathaus	ラートハウス
蛇口	Wasserhahn	ヴァッサーハーン
車掌	Schaffner (男)／Shaffnerin (女)	シャフナー／シャフナリン
写真	Foto	フォート
写真店	Fotogeschäft	フォートゲシェフト
ジャズ	Jazz	ジャズ
ジャズクラブ	Jazzklub	ジャズクルブ
社長	Firmenchef	フィルメンシェフ
シャツ	Hemd	ヘムト
シャッター	Rollladen	ロラーデン
車道	Fahrbahn	ファールバーン
ジャム	Marmelade	マルメラーデ
車両	Wagen	ヴァーゲン
シャワー	Dusche	ドゥーシェ
シャワー付き	mit Dusche	ミット　ドゥーシェ
シャンプー	Shampoo	シャンプー
週	Woche	ヴォッヘ
銃	Gewehr	ゲヴェーア
自由	Freiheit	フライハイト
習慣	Gewohnheit	ゲヴォーンハイト
宗教	Religion	レリギオーン
集合場所	Treffpunkt	トレッフプンクト
(〜の)収集	Sammlung (von)	ザムルング　フォン
住所	Adresse	アドレッセ
ジュース	Saft	ザフト
修正する	korrigieren	コリギーレン
自由席	nicht reservierter Platz	ニヒト レゼァヴィーアター プラッツ
渋滞	Stau	シュタウ
終電	letzter Zug	レッツター　ツーク
充電器	Ladegerät	ラーデゲレート
充電する	aufladen	アウフラーデン
週末	Wochenende	ヴォッヘンエンデ
10ユーロ紙幣	10-Euro-Schein	ツェーン　オイロ　シャイン
修理工場	Reparaturwerkstatt	レパラトゥーアヴェルクシュタット
修理する	reparieren	レパリーレン
授業料	Unterrichtsgebühr	ウンターリヒツゲビューア
祝日	Feiertag	ファイヤーターク
宿泊カード	Gästekarte	ゲステカルテ
宿泊客	Gäste	ゲステ
手術	Operation	オペラツィオーン

首相	Premierminister(男)／Premierministerin(女)	プレミーアミニスター／プレミーアミニスタリン
出血する	bluten	ブルーテン
出国カード	Ausreisekarte	アウスライゼカルテ
出国税	Ausreisesteuer	アウスライゼシュトイヤー
出身地	Geburtsort	ゲブーアツオルト
出入国管理	Immigration	イミグラツィオーン
出発（飛行機／電車）	Abflug／Abfahrt	アップフルーク／アップファールト
出発時間（飛行機／電車）	Abflugzeit／Abfahrtzeit	アップフルークツァイト／アップファールトツァイト
出発する（飛行機／電車）	abfliegen／abfahren	アップフリーゲン／アップファーレン
出発ロビー	Abflughalle	アップフルークハレ
出版社	Verlag	フェアラーク
首都	Hauptstadt	ハウプトシュタット
主婦／主夫	Hausfrau／Hausmann	ハウスフラウ／ハウスマン
趣味	Hobby	ホビー
主役	Hauptrolle	ハウプトロレ
種類	Sorte	ゾルテ
受話器	Hörer	ヘーラー
準備	Vorbereitung	フォーアベライトゥング
順路	richtiger Weg	リヒティガー　ヴェーク
上演	Aufführung	アウフフュールング
ショウガ	Ingwer	イングヴァール
紹介する	vorstellen	フォーアシュテレン
消火器	Feuerlöscher	フォイヤーレッシャー
小学校	Grundschule	グルントシューレ
消化不良	Verdauungsstörung	フェアダウウングスシュテールング
乗客	Passagier	パサジーア
状況	Zustand	ツーシュタント
条件	Bedingung	ベディングング
証拠	Beweis	ベヴァイス
正午	Mittag	ミッターク
詳細	Detail	デタイ
錠剤	Tablette	タブレッテ
正直な	ehrlich	エーアリヒ
症状	Symptom	ズュムプトーム
乗船券	Bordkarte	ボートカルテ
小説	Roman	ロマーン
肖像画	Porträt	ポートレー
醸造所	Brauerei	ブラウアライ
招待	Einladung	アインラードゥング
招待する	einladen	アインラーデン
冗談	Witz	ヴィッツ
使用中	besetzt	ベゼッツト
消毒液	Desinfektionsmittel	デスインフェクツィオーンスミッテル
衝突	Anstoß	アンシュトース
乗馬	Reiten	ライテン
情報	Information	インフォルマツィオーン
情報誌	Info-Magazin	インフォ　マガツィーン
消防署	Feuerwehr	フォイヤーヴェーア
照明	Beleuchtung	ベロイヒトゥング
正面スタンド	Haupttribüne	ハウプトトリビューネ
醤油	Sojasoße	ゾーヤゾーゼ
常用薬	Hausapotheke	ハウスアポテーケ
使用料	Benutzungsgebühr	ベヌッツングスゲビューア
ショー	Aufführung	アウフフュールング
ジョギング	Jogging	ヨギング
食あたり	Lebensmittelvergiftung	レーベンスミッテルフェアギフトゥング
職業	Beruf	ベルーフ
食事	Essen	エッセン

食堂	Speisesaal	シュパイゼザール
食堂車	Speisewagen	シュパイゼヴァーゲン
職人	Handwerker (男) / Handwerkerin (女)	ハントヴェルカー／ハントヴェルカリン
植物	Pflanze	プフランツェ
植物園	botanischer Garten	ボターニッシャー ガルテン
食欲	Appetit	アペティート
食料品店	Lebensmittelgeschäft	リーベンスミッテルゲシェフト
食器	Geschirr	ゲシル
食器店	Geschirrladen	ゲシルラーデン
ショッピング街	Einkaufsviertel	アインカウフスフィアテル
ショッピングセンター	Einkaufszentrum	アインカウフスツェントルム
書店	Buchhandlung	ブーフハンドルング
処方箋	Rezept	レツェプト
署名	Unterschrift	ウンターシュリフト
所有物	Besitz	ベズィッツ
書類	Dokument	ドクメント
調べる	untersuchen	ウンターズーヘン
シリアル	Müsli	ミューズリ
シルク	Seide	ザイデ

知る	wissen／kennen	ヴィッセン/ケネン
城	Burg／Schloss	ブルク/シュロス
白い	weiß	ヴァイス
シワ	Falte	ファルテ
シングルルーム	Einzelzimmer	アインツェルツィマー
信号	Ampel	アムペル
人口	Bevölkerung	ベフェルカルング
人工皮革	Kunstleder	クンストレーダー
申告書	Erklärungsformular	エアクレールングスフォルムラール
申告する	erklären	エアクレーン
新婚旅行	Hochzeitstreise	ホーホツァイツライゼ
診察	Untersuchung	ウンターズーフング
寝室	Schlafzimmer	シュラーフツィマー
真実	Wahrheit	ヴァールハイト
真珠	Perle	ペルレ
紳士用	Herren	ヘーレン
親戚	Verwandte	フェアヴァンテ
親切な	nett	ネット
心臓	Herz	ヘルツ
寝台車	Schlafwagen	シュラーフヴァーゲン

寝台料金	Liegeplatzzuschlag	リーゲプラッツツーシュラーク
診断書	ärztliches Attest	エルツトリヒエス アテスト
新年	Neujahr	ノイヤール
新聞	Zeitung	ツァイトゥング
じんましん	Nesselausschlag	ネッセルアウスシュラーク
深夜	Mitternacht	ミッターナハト
親友	guter Freund／gute Freundin	グーター フロイント／グーテ フロインディン

す

酢	Essig	エスィヒ
スイートルーム	Suite	スイーテ
水泳	Schwimmen	シュヴィメン
水彩画	Aquarell	アクヴァレル
水晶	Kristall	クリスタル
スイス	die Schweiz	ディ シュヴァイツ
推薦	Empfehlung	エンプフェールング
水族館	Aquarium	アクヴァーリウム
スイッチ	Schalter	シャルター
水道	Wasserleitung	ヴァッサーライトゥング
睡眠	Schlaf	シュラーフ

睡眠不足	Schlafmangel	シュラーフマンゲル
睡眠薬	Schlafmittel	シュラーフミッテル
数字	Zahl	ツァール
スーツ	Anzug	アンツーク
スーツケース	Koffer	コッファー
スーパーマーケット	Supermarkt	ズーパーマルクト
スエード	Wildleder	ヴィルトレーダー
スカート	Rock	ロック
スカーフ	Schal	シャール
スキー	Ski	シー
ズキズキ痛む	stechende Schmerz haben	シュテッヒェンデ シュメルツ　ハーベン
過ぎる	vorbeigehen	フォーアバイゲーエン
すぐに	sofort	ゾフォルト
スケジュール	Plan	プラーン
スケッチ禁止	Skizzieren verboten	スキッツィーレン フェアボーテン
スコアボード	Anzeigetafel	アンツァイゲターフェル
少し	ein bisschen	アイン　ビスヒェン
寿司	Sushi	ズーシ
涼しい	kühl	キュール

勧める	empfehlen	エムプフェーレン
スター	Star	シュター
スタイル	Figur	フィグーア
スタンド	Tribüne	トリブューネ
頭痛	Kopfschmerzen	コップフシュメルツェン
すっぱい	sauer	ザウアー
ステージ	Bühne	ビューネ
素敵な	schön	シェーン
捨てる	wegwerfen	ヴェックヴェルフェン
ストッキング	Strümpfe	シュトリュンプフェ
ストレート／真っ直ぐ	gerade	ゲラーデ
ストレス	Stress	シュトレス
ストロー	Strohhalm	シュトローハルム
スナック菓子	Knabberzeug	クナバーツォイク
砂浜	Strand	シュトラント
スニーカー	Sportschuhe	シュポルトシューエ
スピーカー	Lautsprecher	ラウトシュプレッヒャー
スプーン	Löffel	レッフェル
すべての	alles	アレス
すべりやすい	rutschig	ルッツィヒ

スポーツ	Sport	シュポルト
スポーツ用品店	Sportwarengeschäft	シュポルトヴァーレンゲシェフト
ズボン	Hose	ホーゼ
隅の席	Eckplatz	エックプラッツ
住む	wohnen	ヴォーネン
すり	Taschendieb	タッシェンディープ
すりおろした	gerieben	ゲリーベン
スリッパ	Pantoffel	パントッフェル
座る	sich setzen	ズィヒ ゼッツェン

せ

姓	Familienname	ファミーリエンナーメ
(～の)生家	Geburtshaus (von～)	ゲブーアツハウス　フォン
生花店	Blumenladen	ブルーメンラーデン
税関	Zoll	ツォル
税関申告書	Zollerklärungsformular	ツォルエアクレールングスフォルムラール
請求(書)	Rechnung	レヒヌング
税金	Steuer	シュトイヤー
清潔な	sauber	ザウバー
政治	Politik	ポリティーク

生鮮食品	frische Lebensmittel フリッシェ レーベンスミッテル
正装	Gala ガラ
生年月日	Geburtsdatum ゲブーアツダートゥム
制服	Uniform ウニフォルム
性別	Geschlecht ゲシュレヒト
姓名	Name ナーメ
生理痛	Menstruationsschmerzen メンストルアツィオーンスシュメルツェン
生理日	Menstruationstage メンストルアツィオーンスターゲ
生理用品	Damenbinde ダーメンビンデ
西暦	gregorianischer Kalender グレゴーリアーニシャー カレンダー
税を払う	Steuer bezahlen シュトイヤー　ベツァーレン
セーター	Pullover プルオーヴァー
セーフティ・ボックス	Tresor トレゾーア
セール	Schlussverkauf シュルスフェアカウフ
セールスマン	Verkäufer（男）／Verkäuferin（女） フェアコイファー／フェアコイファリン
世界	Welt ヴェルト
世界遺産	Weltkulturerbe ヴェルトクルトゥーアエルベ
咳	Husten フーステン

席	Sitz ／ Platz ズィッツ/プラッツ
席を予約する	Sitzplatz reservieren ズィッツプラッツ レゼァヴィーレン
石けん	Seife ザイフェ
接続(交通機関の)	Verbindung ファエビンドゥング
接着剤	Klebstoff クレープシュトッフ
セット	Satz ザッツ
セットメニュー	Menü メニュー
説明書	Gebrauchsanweisung ゲブラウフスアンヴァイズング
せともの	Porzellan ポルツェラーン
背中	Rücken リュッケン
セルフサービス	Selbstbedienung ゼルプストベディーヌング
栓	Stöpsel シュテップセル
先月	letzten Monat レッツテン　モナート
洗剤	Waschmittel ヴァッシュミッテル
船室	Kabine カビーネ
船室係	Kabinenbegleiter(男)／Kabinenbegleiterin(女) カビーネンベグライター／カビーネンベグライタリン
船室手荷物	Handgepäck ハントゲペック
先週	letzte Woche レッツテ　ヴォッヘ

先住民	Ureinwohner ウアアインヴォーナー
洗浄ボタン	Ausspültaste アウスシュピュールタステ
戦争	Krieg クリーク
ぜんそく	Asthma アストマ
洗濯	Waschen ヴァッシェン
洗濯機	Waschmachine ヴァッシュマシーネ
洗濯する	waschen ヴァッシェン
洗濯物	Wäsche ヴェッシェ
船長	Kapitän カピテーン
宣伝	Werbung ヴェアブング
栓抜き	Flaschenöffner フラッシェンエフナー
扇風機	Ventilator ヴェンティラートア
前方の	vorn フォルン
前方の席	Vordersitz フォルダーズィッツ
専門医	Facharzt ファッハアールツト
専門店	Fachgeschäft ファッハゲシェフト

そ

像	Bild ビルト
双眼鏡	Fernglas フェルングラース
走行距離	Kilometerstand キロメーターシュタント

総合検診	allgemeine Untersuchung アルゲマイネ ウンターズーフング
掃除	Reinigung ライニグング
掃除する	reinigen／putzen ライニゲン／プッツェン
痩身	Diät ディエート
騒々しい	laut ラウト
送付先	Anschrift アンシュリフト
ソーセージ	Wurst ヴルスト
速達	Eilpost アイルポスト
速度計	Tachometer タホメーター
底	Boden ボーデン
素材	Stoff シュトッフ
率直な	offen オッフェン
外	draußen ドラウセン
ソファ	Sofa ゾーファ
ソフトウェア	Software ゾフトヴェア
ソプラノ	Sopran ゾプラーン
空	Himmel ヒメル
(～を)尊敬する	achten アハテン

た

体温	Körpertemperatur ケルパーテムペラトゥーア
体温計	Fieberthermometer フィーバーテルモメーター
大学	Universität ウニヴェルズィテート
大学生	Student (男)／Studentin (女) シュトゥデント／シュトゥデンティン
退屈な	langweilig ラングヴァイリヒ
滞在する	bleiben ブライベン
滞在予定期間	Aufenthaltsdauer アウフエントハルツダウアー
大寺院	Kathedrale カテドラーレ
大使館	Botschaft ボートシャフト
体質	Körperbeschaffenheit ケルパーベシャッフェンハイト
体重	Gewicht ゲヴィヒト
大丈夫	in Ordnung イン　オルドヌング
大聖堂	Kathedrale／Dom カテドラーレ／ドーム
大切な	wichtig ヴィヒティヒ
体操	Gymnastik ギムナスティック
大統領	Präsident (男)／Präsidentin (女) プレズィデント／プレズィデンティン
台所	Küche キュッヒェ
台風	Taifun タイフーン
タイヤ	Reifen ライフェン
ダイヤモンド	Diamant ディアマント
太陽	Sonne ゾネ
タオル	Handtuch ハントトゥーフ
高い(高さ)	hoch ホーホ
高い(値段)	teuer トイヤー
滝	Wasserfall ヴァッサーファル
たくさんの	viel フィール
タクシー	Taxi タクシー
タクシー乗り場	Taxistand タクシーシュタント
託児所	Kinderhort キンダーホート
宅配便	Zustelldienst ツーシュテルディーンスト
助ける	helfen ヘルフェン
ただ…だけ	nur ヌーア
正しい	richtig リヒティヒ
立ち見席	Stehplatz シュテープラッツ
脱脂綿	Watte ヴァッテ
建物	Gebäude ゲボイデ
建てる	bauen バウエン
立つ	sich stellen ズィヒ　シュテレン

種	Samen	ザーメン
楽しい	fröhlich	フレーリヒ
タバコ	Zigarette	ツィガレッテ
タバコを吸う	rauchen	ラウヘン
ダブルルーム	Doppelzimmer	ドッペルツィマー
食べる	essen	エッセン
打撲	Schlag	シュラーク
卵	Ei	アイ
タマネギ	Zwiebel	ツヴィーベル
試す	probieren	プロビーレン
足りない	fehlen	フェーレン
タワー	Turm	トゥルム
単語	Wort	ヴォルト
炭酸水	Wasser mit Kohlensäure	ヴァッサー　ミット　コーレンゾイレ
炭酸なしの水	Wasser ohne Kohlensäure	ヴァッサー　オーネ　コーレンゾイレ
男女	Männer und Frauen	メナー　ウント　フラウエン
誕生日	Geburtstag	ゲブーアツターク

男女共同	Gemeinsamkeit von Männern und Frauen	ゲマインザムカイト　フォン　メナーン　ウント　フラウエン
ダンス	Tanz	タンツ
団体	Gruppe	グルッペ
団体旅行	Gruppenreise	グルッペンライゼ
暖房	Heizung	ハイツング
ダンボール	Pappkarton	パプカルトーン
暖炉	Kamin	カミーン

ち

血	Blut	ブルート
地域	Region	レギオーン
小さい	klein	クライン
チェックアウト	Auschecken	アウスチェッケン
チェックアウトの時間	Check-Out-Zeit	チック　アウト　ツァイト
チェックイン	Einchecken	アインチェッケン
地下	Untergrund	ウンターグルント
近くにある	in der Nähe sein	イン　デア　ネーエ　ザイン
地下鉄	U-Bahn	ウーバーン
地下鉄駅	U-Bahnhof	ウーバーンホーフ

地下鉄路線図	U-Bahn-Streckenplan	ウーバーン　シュトレッケンプラーン
近道	Abkürzung	アップキュルツング
近道する	abkürzen	アップキュルツェン
地球	Erde	エールデ
チケット	Karte	カルテ
チケットショップ	Ticketladen	ティケットラーデン
地図	Stadtplan	シュタットプラーン
父	Vater	ファーター
チップ	Trinkgeld	トリンクゲルト
チップ(カジノでのゲームコイン)	Spielgeld	シュピールゲルト
地方	Region	レギオーン
着陸	Landung	ランドゥング
チャンス	Chance	シャンセ
注意	Vorsicht	フォーアズィヒト
中学生	Mittelschüler (男) / Mittelschülerin (女)	ミッテルシューラー／ミッテルシューラリン
中型車	mittelgroßes Auto	ミッテルグローセス　アウト
中学校	Mittelschule	ミッテルシューレ
中くらい	mittelgroß	ミッテルグロース

中国産	in China hergestellt イン　ヒィーナ　ヘアゲシュテルルト
中国料理	chinesisches Essen ヒネーズィッシェス　エッセン
中古品	Gebrauchtware ゲブラウフトヴァーレ
注射	Spritze シュプリッツェ
駐車禁止	Parken verboten! パルケン　フェアボーテン
駐車場	Parkplatz パルクプラッツ
駐車する	parken パルケン
駐車料金	Parkgebühr パルクゲビューア
昼食	Mittagessen ミッタークエッセン
虫垂炎	Blinddarmentzündung ブリントダルムエントツュンドゥング
注文	Bestellung ベシュテルング
注文する	bestellen ベシュテレン
長距離電話	Ferngespräch フェルンゲシュプレーヒ
彫刻	Skulptur／Bildhauerei スクルプトゥーア／ビルトハウエライ
彫刻家	Bildhauer（男）／Bildhauerin（女） ビルトハウアー／ビルトハウアリン
頂上	Gipfel ギプフェル
朝食	Frühstück フリューシュテュック

長方形	Rechteck レヒトエック
調味料	Gewürze ゲヴュルツェ
チョコレート	Schokolade ショコラーデ
直行バス	Direktbus ディレクトブス
直行便	Direktflug ディレクトフルーク
治療	Behandlung ベハンドルング
鎮痛剤	Schmerzmittel シュメルツミッテル

つ

ツアー	Tour トゥーア
ツアー料金	Tourpreis トゥーアプライス
追加する	zusetzen／nachbestellen ツーゼッツェン／ナーハベシュテレン
追加料金	Zuschlag ツーシュラーク
ツインルーム	Doppelzimmer ドッペルツィマー
通貨申告	Währungserklärung ヴェールングスエアクレールング
通行止め	gesperrt ゲシュペルト
通訳する	dolmetschen ドルメチェン
通路側の席	Gangplatz ガングプラッツ
疲れる	müde sein ミューデ　ザイン
月	Mond モーント
次の	nächst ネーヒスト
月日	Tag und Monat ターク　ウント　モナート
机	Tisch ティッシュ
続ける	fortsetzen／weitermachen フォルトゼッツェン／ヴァイターマッヘン
包んで	verpackt フェアパックト
つぶした	zerquetscht ツェアクヴェッチュト
爪	Nagel ナーゲル
爪切り	Nagelknipser ナーゲルクニプサー
冷たい	kalt カルト
梅雨	Regenzeit レーゲンツァイト
強い	stark シュタルク
釣り銭	Wechselgeld ヴェクセルゲルト
連れ	Gefährte（男）／Gefährtin（女） ゲフェーアテ／ゲフェーアティン

て

手	Hand ハント
提案	Vorschlag フォーアシュラーク
Tシャツ	T‐Shirt ティーシャート
ティーバッグ	Teebeutel テーボイテル
ディーラー	Händler ヘンドラー

庭園	Garten ガルテン
定価	fester Preis フェスター　プライス
テイクアウト（持ち帰り）	zum Mitnehmen ツム　ミットネーメン
定刻の	pünktlich／planmäßig ピュンクトリヒ／プラーンメースィヒ
停車場（長距離バスの）	Busstation ブススタツィオーン
定食	Menü メニュー
ティッシュ	Papiertaschentuch パピーアタッシェントゥーフ
停留所（バスの）	Bushaltestelle ブスハルテシュテレ
テーブル	Tisch ティッシュ
テーブルクロス	Tischdecke ティッシュデッケ
手紙	Brief ブリーフ
できたての	frisch フリッシュ
（～で）出来ている	aus ～ gemacht アウス　ゲマハト
出口	Ausgang アウスガング
デザート	Nachtisch ナーハティッシュ
デザートスプーン	Dessertlöffel デゼーアレッフェル
デザイナー	Designer（男）／Designerin（女） ディザイナー／ディザイナリン
デザイン	Design ディザイン
デジタルカメラ	Digitalkamera ディギタールカメラ

手数料	Gebühr ゲビューア
手帳	Notizbuch ノティーツブーフ
手作りの	hausgemacht ハウスゲマハト
手伝う	helfen ヘルフェン
鉄道	Eisenbahn アイゼンバーン
鉄道駅	Bahnhof バーンホーフ
テニス	Tennis テニス
テニスコート	Tennisplatz テニスプラッツ
テニスボール	Tennisball テニスバル
手荷物	Handgepäck ハントゲペック
手荷物預かり所	Gepäckaufbewahrung ゲペックアウフベヴァールング
手荷物預かり札	Gepäckschein ゲペックシャイン
デパート	Kaufhaus カウフハウス
手袋	Handschuhe ハントシューエ
寺	Tempel テムペル
出る	ausgehen アウスゲーエン
テレビ	Fernsehapparat フェルンゼーアパラート
テロ	Terror テロア
店員	Verkäufer（男）／Verkäuferin（女） フェアコイファー／フェアコイファリン

天気	Wetter ヴェッター
電気	Elektrizität エレクトリツィテート
電気製品	Elektroartikel エレクトロアルティケル
天気予報	Wettervorhersage ヴェッターフォーアヘーアザーゲ
伝言	Nachricht ナーハリヒト
展示	Ausstellung アウスシュテルング
展示する	ausstellen アウスシュテレン
電車	Zug ツーク
天井	Decke デッケ
電池	Batterie バッテリー
テント	Zelt ツェルト
伝統	Tradition トラディツィオーン
伝統行事	traditionelles Fest トラディツィオネーレス　フェスト
電報	Telegramm テレグラム
展望台	Aussichtsplattform アウスズィヒツプラットフォルム
展覧会	Ausstellung アウスシュテルング
電話	Telefon テレフォーン
電話代	Telefongebühr テレフォーンゲビューア
電話帳	Telefonbuch テレフォーンブーフ

電話ボックス	Telefonzelle テレフォーンツェレ

と

ドア	Tür テューア
ドイツ	Deutschland ドイチュラント
トイレ	Toilette トイレッテ
トイレットペーパー	Toilettenpapier トイレッテンパピーア
唐辛子	rote Paprika ローテ　パプリカ
陶磁器店	Porzellanladen ポルツェラーンラーデン
搭乗	an Bord アン　ボルト
搭乗ゲート	Flugsteig フルークシュタイク
搭乗券	Bordkarte ボルトカルテ
搭乗時間	Einstiegszeit アインシュティークスツァイト
銅像	Bronzestatue ブロンツシュターテュア
到着	Ankunft アンクンフト
到着が遅い	spät ankommen シュペート　アンコメン
到着時間	Ankunftszeit アンクンフツツァイト
到着する	erreichen／ankommen エアライヒェン／アンコメン
盗難証明書	Diebstahlmeldung ディーブシュタールメルドゥング
糖尿病	Zuckerkrankheit ツッカークランクハイト

動物	Tier ティーア
動物園	Zoo ツォー
同僚	Kollege（男）／Kollegin（女） コレーゲ／コレーギン
道路	Straße シュトラーセ
道路地図	Straßenkarte シュトラーセンカルテ
遠い	fern／weit フェルン／ヴァイト
トースト	Toast トースト
通り	Straße シュトラーセ
都会の	städtisch シュテティシュ
特産品	spezielle Produkt シュペツィエーレ プロドゥクト
読書灯	Leselampe レーゼラムペ
特徴	Eigenschaft アイゲンシャフト
特別行事	Sonderveranstaltung ゾンダーフェアアンシュタルトゥング
時計	Uhr ウーア
時計店	Uhrengeschäft ウーレンゲシェフト
図書館	Bibliothek ビブリオテーク
土地の名物料理	lokale Spezialität ロカーレ シュペツィアリテート
とっておく	aufbewahren アウフベヴァーレン
届ける	liefern／shicken リーファーン／シッケン

とどまる	bleiben ブライベン
どのくらい	wie ヴィー
徒歩	zu Fuß ツー　フース
トマト	Tomate トマーテ
停まる	anhalten アンハルテン
泊まる	übernachten ユーバーナハテン
友だち	Freund（男）／Freundin（女） フロイント／フロインディン
ドライアイス	Trockeneis トロッケンアイス
ドライクリーニング	chemische Reinigung ヒェーミッシェ ライニグング
ドライブ	Spazierfahrt シュパツィーアファールト
ドライヤー	Föhn フェーン
ドラッグストア	Drogerie ドロゲリー
トラブル	Problem プロブレーム
トラベラーズ・チェック	Reisescheck ライゼシェック
ドラマ	Drama ドラーマ
トランク（自動車の）	Kofferraum コッファーラウム
トランプ	Spielkarte シュピールカルテ
鳥	Vogel フォーゲル

取扱い注意	Vorsichtig behandeln フォーアズィヒティヒ ベハンデルン
取り替える	austauschen／wechseln アウスタウシェン／ヴェクセルン
取り消す	stornieren シュトルニーレン
鶏肉	Hühnerfleisch ヒューナーフライシュ
ドレス	Kleid クライト
泥棒	Dieb ディープ

な

内科医	Internist (男)／Internistin (女) インターニスト／インターニスティン
内線	Hausruf ハウスルーフ
ナイトクラブ	Nachtklub ナハトクルブ
ナイトスポット	Nachtlokal ナハトロカール
ナイトツアー	Nachttour ナハトトゥーア
ナイトテーブル	Nachtkästchen ナハトケストヒェン
ナイフ	Messer メッサー
ナイロン	Nylon ナイロン
治す	heilen ハイレン
長い	lang ラング
長袖	mit langen Ärmeln ミット ランゲン エルメルン
中庭	Hof ホーフ
中身	Inhalt インハルト
眺め	Ausblick アウスブリック
眺めがよい	mit gutem Ausblick ミット グーテム アウスブリック
泣く	weinen ヴァイネン
夏	Sommer ゾマー
何か	etwas エトヴァス
ナプキン	Serviette ゼルヴィエッテ
名札	Namensschild ナーメンスシルト
鍋	Topf トップフ
名前	Name ナーメ
生ジュース	frisch gepresster Saft フリッシュ ゲプレスタール ザフト
生の	roh ロー
生ハム	roher Schinken ローアー シンケン
生もの	frische Lebensmittel フリッシェ レーベンスミッテル
波	Welle ヴェレ
涙	Träne トレーネ
軟膏	Salbe ザルベ
何でも	alles アレス

に

似合う	passen パッセン
匂う	riechen リーヒェン
2階	erster Stock エアスター シュトック
苦い	bitter ビター
2階席（劇場の）	erster Rang エアスター ラング
2階前方席（劇場の）	erster Rang vorne エアスター ラング フォルネ
逃がす	entkommen lassen エントコメン ラッセン
ニキビ	Pickel ピッケル
賑やかな	lebhaft レープハフト
煮込んだ	geköchelt ゲケッヘルト
西	Westen ヴェステン
24時間営業	rund um die Uhr geöffnet ルント ウム ディ ウーア ゲエフネット
偽物	Fälschung フェルシュング
日用品	der tägliche Bedarfsartikel デア テークリッヒェ ベダルフスアルティケル

日記	Tagebuch ターゲブーフ
日食	Sonnenfinsternis ゾネンフィンスターニス
2等	zweiter Klasse ツヴァイター　クラッセ
日本	Japan ヤーパン
日本語	Japanisch ヤパーニシュ
日本車	japanisches Auto ヤパーニッシェス　アウト
日本人	Japaner (男)／ Japanerin (女) ヤパーナ／ヤパーナリン
日本大使館	Japanische Botschaft ヤパーニッシェ ボートシャフト
日本の 連絡先	Kontaktadresse in Japan コンタクトアドレッセ イン　ヤーパン
日本料理	japanisches Essen ヤパーニッシェス エッセン
荷物	Gepäck ゲペック
荷物 受取所	Gepäckausgabe ゲペックアウスガーベ
荷物棚	Gepäckregal ゲペックレガール
入院	Krankenhausaufenthalt クランケンハウスアウフエントハルト
乳液	Emulsion エムルズィオーン
入学	Einschulung アインシュールング
入国	Einreise アインライゼ
入国カード	Einreiseformular アインライゼフォルムラール
入国審査	Passkontrolle パスコントロレ
入国目的	Grund der Einreise グルント　デア アインライゼ
入場料	Eintritt アイントリット
ニュース	Nachrichten ナーハリヒテン
入力	Eingabe アインガーベ
尿	Urin ウリーン
庭	Garten ガルテン
人気のある	beliebt ベリーブト
人気の高い ツアー	beliebte Tour ベリーブテ　トゥーア
人形	Puppe プッペ
人数	Anzahl von Menschen アンツァール　フォン メンシェン
ニンニク	Knoblauch クノーブラウホ
妊婦	Schwangere Frau シュヴァンゲレ　フラウ

ぬ

盗まれた品物	gestohlene Sache ゲシュトーレネ　ザッヘ
ぬるい	lauwarm ラウヴァルム
濡れる	nass werden ナス　ヴェーアデン

ね

ネクタイ	Krawatte クラヴァッテ
猫	Katze カッツェ
ネズミ	Maus マウス
値段	Preis プライス
熱	Fieber フィーバー
熱狂的な	leidenschaftlich ライデンシャフトリヒ
ネックレス	Halskette ハルスケッテ
値引き	Rabatt／ Ermäßigung ラバット／ エアメースィグング
値札	Preisschild プライスシルト
眠い	schläfrig シュレーフリヒ
寝る	schlafen シュラーフェン
ねんざ	Verstauchung フェアシュタウフング
年中行事	jährliche Veranstaltung イェーリヒェ フェアアンシュタルトゥング
年齢	Lebensalter レーベンスアルター

の

脳	Gehirn ゲヒルン
農家	Bauernhaus バウアンハウス
農業	Landwirtschaft ラントヴィルトシャフト
脳しんとう	Gehirnerschütterung ゲヒルンエアシュッタルング
脳卒中	Hirnschlag ヒルンシュラーク

のど	Kehle	ケーレ
のどが痛い	Halsschmerzen	ハルスシュメルツェン
飲み物	Getränk	ゲトレンク
飲む	trinken	トリンケン
のり（文房具）	Klebstoff	クレープシュトッフ
乗り換え	Umsteigen	ウムシュタイゲン
乗換え券	Umsteigefahrkarte	ウムシュタイゲファールカルテ
乗り換える	umsteigen	ウムシュタイゲン
乗り込む	einsteigen	アインシュタイゲン
乗りそこなう	verpassen	フェアパッセン
乗り継ぎ／トランジット	Transit	トランズィト
乗り継ぎカウンター	Anschlussflugschalter	アンシュルスフルークシャルター
乗り物酔い	Bewegungskrankheit	ベヴェーグングスクランクハイト
乗る	einsteigen	アインシュタイゲン

は

歯	Zahn	ツァーン
バー	Bar	バール
バーゲン	Ausverkauf	アウスフェアカウフ
パーティ	Party	パーティ
ハードウェア	Hardware	ハートヴェアー
肺炎	Lungenentzündung	ルンゲンエントツュンドゥング
バイオリン	Geige ／ Violine	ガイゲ／ヴィオリーネ
バイキング	Büffet	ビュフェー
灰皿	Aschenbecher	アッシェンベッヒャー
俳優	Schauspieler（男）／ Schauspielerin（女）	シャウシュピーラー／シャウシュピーラーリン
入る	eintreten ／ hineingehen	アイントレーテン／ヒナインゲーエン
ハエ	Fliege	フリーゲ
ハガキ	Postkarte	ポストカルテ
はかり	Waage	ヴァーゲ
吐き気	Brechreiz	ブレッヒライツ
吐く	erbrechen	エアブレッヒェン
拍手	Beifall	バイファル
博物館	Museum	ムゼーウム
博覧会	Ausstellung	アウスシュテルング
箱	Schachtel	シャハテル
はさみ	Schere	シェーレ
橋	Brücke	ブリュッケ
はし（箸）	Essstäbchen	エスシュテーブヒェン
始まる	anfangen ／ beginnen	アンファンゲン／ベギネン
初めての	erst	エーアスト
パジャマ	Pyjama	ピジャーマ
場所	Ort	オルト
バス	Bus	ブス
バスタオル	Badetuch	バーデトゥーフ
バスタブ	Badewanne	バーデヴァネ
バスタブ付き	mit Badewanne	ミット　バーデヴァネ
浴室付き	mit Bad	ミット　バート
バス停	Bushaltestelle	ブスハルテシュテレ
パスポート（旅券）	Reisepass	ライゼパス
バス路線図	Busstreckenplan	ブスシュトレッケンプラーン
パソコン	PC	ペーツェー
旗	Fahne	ファーネ
肌	Haut	ハウト
バター	Butter	ブッター
蜂蜜	Honig	ホーニヒ
バッグ	Tasche	タッシェ
バッテリー	Batterie	バッテリー
派手な	bunt	ブント

花	Blume	ブルーメ
鼻	Nase	ナーゼ
花火	Feuerwerk	フォイアーヴェルク
母	Mutter	ムッター
歯ブラシ	Zahnbürste	ツァーンビュルステ
葉巻	Zigarre	ツィガーレ
浜辺	Strand	シュトラント
歯磨き粉	Zahnpasta	ツァーンパスタ
早く	schnell	シュネル
払う	bezahlen	ベツァーレン
パラソル	Sonnenschirm	ゾネンシルム
針	Nadel	ナーデル
春	Frühling	フリューリング
バルコニー	Balkon	バルコーン
晴れ	schönes Wetter	シェーネス　ヴェッター
バレエ	Ballett	バレット
パン	Brot	ブロート
バン(車)	Lieferwagen	リーファーヴァーゲン
ハンガー	Kleiderbügel	クライダービューゲル
繁華街	Einkaufsviertel	アインカウフスフィアテル
ハンカチ	Taschentuch	タッシェントゥーフ
パンク	Reifenpanne	ライフェンパネ
番号	Nummer	ヌマー
番号案内	Telefonauskunft	テレフォーンアウスクンフト
絆創膏	Pflaster	プフラスター
半袖	mit kurzen Ärmeln	ミット　クルツェン　エルメルン
パンダ	Panda	パンダ
反対する	dagegen sein	ダーゲーゲン　ザイン
(車の)ハンドル	Lenkrad	レンクラート
半日の	halbtägig	ハルプテーギヒ
ハンバーガー	Hamburger	ハムバーガー
パンフレット	Broschüre	ブロシューレ
半分	Hälfte	ヘルフテ

ひ

火	Feuer	フォイアー
日	Tag	ターク
ピアス	Ohrstecker	オーアシュテッカー
ピアノ	Klavier	クラヴィーア
ビアホール	Bierhaus	ビーアハウス
ビーチ	Strand	シュトラント
ビール	Bier	ビーア
日帰り観光	Tagesausflug	ターゲスアウスフルーク
日帰り旅行	Tagereise	ターゲライゼ
皮革	Leder	レーダー
皮革製品	Lederartikel	レーダーアルティケル
東	Osten	オステン
引き出し	Schublade	シュブラーデ
引く	ziehen	ツィーエン
悲劇	Tragödie	トラゲーディエ
髭剃り	Rasierapparat	ラズィーアアパラート
飛行機	Flugzeug	フルークツォイク
ビザ(査証)	Visum	ヴィーズム
美術館	Galerie／Kunsthalle	ガレリー／クンストハレ
非常口	Notausgang	ノートアウスガング
非常ボタン	Nottaste	ノートタステ
左	links	リンクス
左へ曲がる	nach links abbiegen	ナーハ　リンクス　アップビーゲン
日付	Datum	ダートゥム
引っ越す	umziehen	ウムツィーエン

必需品	Notwendigkeiten ノートヴェンディヒカイテン
必要な	notwendig ノートヴェンディヒ
ビデオカメラ	Videokamera ヴィデオカメラ
ひどく痛い	sehr weh tun ゼーア　ヴェー　トゥン
1人あたり	pro Person プロ　ペルゾーン
皮膚	Haut ハウト
秘密	Geheimnis ゲハイムニス
100ユーロ紙幣	100 Euro-Schein フンダート　オイロ　シャイン
日焼け	Sonnenbrand ゾネンブラント
日焼け止めクリーム	Sonnencreme ゾネンクレーメ
ビュッフエ	Büffet ビュフェー
費用	Kosten コステン
秒	Sekunde ゼクンデ
美容液	Schönheitsmittel シェーンハイツミッテル
病院	Krankenhaus／Klinik クランケンハウス／クリーニク
美容院	Frisiersalon フリゼーアザローン
病気	Krankheit クランクハイト
表紙	Deckel デッケル
標識	Schild シルト
漂白剤	Bleichmittel ブライヒミッテル
昼の部（マチネ）	Matinee マティネー
ヒロイン	Heldin ヘルディン
拾う	aufheben アウフヘーベン
広場	Platz プラッツ
瓶	Flasche フラッシェ
（飛行機の）便	Flug フルーク
敏感肌	empfindliche Haut エンプフィンドリヒェ ハウト
貧血	Anämie／Blutarmut アネミー／ブルートアルムート
品質	Qualität クヴァリテート
便箋	Briefpapier ブリーフパピーア
（飛行機の）便名	Flugnummer フルークヌマー

ふ

ファストフード	Fastfood ファストフード
ファンデーション	Grundschminke グルントシュミンケ
風景画	Landschaftsbild ラントシャフツビルト
封書	Brief ブリーフ
ブーツ	Stiefel シュティーフェル
封筒	Umschlag ウムシュラーク
プール	Schwimmbad シュヴィムバート
フェリー	Fähre フェーレ
フォーク	Gabel ガーベル
付加価値税（VAT）	Mehrwertsteuer (MwSt.) メーアヴェーアツシュトイヤー
服	Kleidung クライドゥング
服装のきまり	Kleiderordnung クライダーオルドヌング
腹痛	Bauchschmerzen バウホシュメルツェン
含む	enthalten エントハルテン
袋	Tüte トューテ
婦人科医	Frauenarzt（男）／Frauenärztin（女） フラウエンアールツト／フラウエンエールツティン
婦人用	Damen ダーメン
舞台	Bühne ビューネ
物価	Preise プライゼ
船便	Seepost ゼーポスト
船酔い	Seekrankheit ゼークランクハイト
船	Schiff シフ
船に乗る	mit dem Schiff fahren ミット　デム　シフ　ファーレン
冬	Winter ヴィンター

フライト	Flug	フルーク
フライパン	Pfanne	プファネ
ブラウス	Bluse	ブルーゼ
プラグ	Stecker	シュテカー
ブラジャー	BH	ベーハー
フラッシュ	Blitz	ブリッツ
フラッシュ禁止	Blitzlicht verboten!	ブリッツリヒト フェアボーテン
プラットホーム	Bahnsteig	バーンシュタイク
フランス料理	französisches Essen	フランツォーズィッシェス エッセン
ブランド	Marke	マルケ
不良品	Ausschussware	アウスシュスヴァーレ
プリンター	Drucker	ドルッカー
古い	alt	アルト
ブレーキ	Bremse	ブレムゼ
風呂	Badezimmer	バーデツィマー
ブロー	Föhnen	フェーネン
ブローチ	Brosche	ブローシェ
プログラム	Programm	プログラム
ブロック（街区）	Häuserblock	ホイザーブロック
プロレス	Profi-Catchen	プローフィ キャッチェン
フロント	Rezeption	レツェプツィオーン
雰囲気	Atmosphäre	アトモスフェーレ
文化	Kultur	クルトゥーア
文学	Literatur	リテラトゥーア
紛失物	verlorene Sachen	フェアローレネ ザッヘン
紛失報告書	Verlustmeldung	フェアルストメルドゥング
噴水	Brunnen	ブルネン
文法	Grammatik	グラマティク
文房具店	Schreibwarenladen	シュライブヴァーレンラーデン

へ

ヘアブラシ	Haarbürste	ハールビュルステ
閉館時間	Schließungszeit	シュリースングスツァイト
平均	Durchschnitt	ドゥルヒシュニット
閉鎖	Schließung	シュリースング
平日	Arbeitstag	アルバイツターク
閉店	Ladenschluss	ラーデンシュルス
平和	Frieden	フリーデン
別室	anderes Zimmer	アンデレス ツィマー
ベッド	Bett	ベット
ヘッドフォン	Kopfhörer	コップフヘーラー
別々に	getrennt	ゲトレント
別々に払う	getrennt zahlen	ゲトレント ツァーレン
別料金	Extrakost	エクストラコスト
ヘビ	Schlange	シュランゲ
ベビーカー	Kinderwagen	キンダーヴァーゲン
部屋	Zimmer	ツィマー
部屋代	Zimmerpreis	ツィマープライス
部屋の鍵	Zimmerschlüssel	ツィマーシュリュッセル
部屋番号	Zimmernummer	ツィマーヌマー
ベランダ	Balkon	バルコーン
ヘリコプター	Hubschrauber	フーブシュラウバー
ベルト	Gürtel	ギュルテル
ペン	Stift	シュティフト
勉強	Lernen	レルネン
弁護士	Rechtsanwalt（男）／Rechtsanwältin（女）	レヒツアンヴァルト／レヒツアンヴェルティン
便座／便器	Toilettensitz／Toilettenbecken	トイレッテンズィッツ／トイレッテンベッケン
弁償	Entschädigung	エントシェーディグング
弁償する	entschädigen	エントシェーディゲン

ペンダント	Anhänger	アンヘンガー
ベンチ	Bank	バンク
弁当	Lunchpaket	ランチパケート
扁桃腺炎	Mandelentzündung	マンデルエントツュンドゥング
変な音	komisches Geräusch	コーミッシェス ゲロイシュ
便秘	Verstopfung	フェアシュトップフング
便秘薬	Abführmittel	アップフュールミッテル
返品する	zurückgeben	ツーリュックゲーベン
便利な	praktisch	プラクティシュ

ほ

棒	Stange	シュタンゲ
貿易	Handel	ハンデル
方角	Himmelsrichtung	ヒメルスリヒトゥング
帽子	Hut	フート
宝石	Edelstein	エーデルシュタイン
宝石店	Juweliergeschäft	ユヴェリーアゲシェフト
包装	Verpackung	フェアパックング
包帯	Verband	フェアバント
包丁	Messer	メッサー
暴動	Aufruhr	アウフルーア
方法	Art und Weise／Methode	アルト　ウント　ヴァイゼ／メトーデ
法律	Gesetz	ゲゼッツ
ポーター	Gepäckträger	ゲペックトレーガー
ボート	Boot	ボート
ホームページ	Homepage	ホームページ
ボールペン	Kugelschreiber	クーゲルシュライバー
ボクシング	Boxen	ボクセン
ポケット	Tasche	タッシェ
保険	Versicherung	フェアズィヒェルング
保険会社	Versicherungsfirma	フェズィヒェルングスフィルマ
歩行者優先	Vorrang für Fußgänger	フォーアラング　フュア　フースゲンガー
ほこり	Staub	シュタウプ
星	Stern	シュテルン
保証金（前金）	Kaution	カウツィオーン
保証書	Garantieschein	ガランティーシャイン
ポスター	Plakat	プラカート
ポスト	Briefkasten	ブリーフカステン
ボストンバッグ	Reisetasche	ライゼタッシェ
ボタン	Knopf	クノップフ
墓地	Friedhof	フリートホーフ
ホッチキス	Hefter	ヘフター
ホットケーキ	Pfannkuchen	プファンクーヘン
ホットドッグ	Hot Dog	ホット　ドック
ホテル	Hotel	ホテル
ホテルリスト	Hotelliste	ホテルリステ
歩道	Bürgersteig	ビュルガーシュタイク
哺乳瓶	Saugflasche	ザウクフラッシェ
骨	Knochen	クノッヘン
ボランティアの	ehrenamtlich	エーレンアムトリヒ
ポリエステル	Polyester	ポリエステル
ポロシャツ	Polohemd	ポロヘムト
本	Buch	ブーフ
ほんの少し	nur ein bisschen	ヌーア　アイン　ビスヒェン
本物	Original	オリギナール
本屋	Buchhandlung	ブーフハンドルング
翻訳	Übersetzung	ユーバーゼッツング

ま

マーマレード	Marmelade	マルメラーデ

迷子	vermisstes Kind フェアミステス　キント
毎日	jeden Tag イェーデン　ターク
前売券	Vorverkaufskarte フォーアフェアカウフスカルテ
前髪	Pony ポニー
曲がる	abbiegen アップビーゲン
幕間	Pause パウゼ
枕	Kopfkissen コップフキッセン
孫	Enkelkind エンケルキント
まずい	nicht schmecken ニヒト　シュメッケン
貧しい	arm アルム
マスタード	Senf ゼンフ
混ぜ合わせた	gemischt ゲミッシュト
街／町	Stadt シュタット
待合室	Wartezimmer ヴァルテツィマー
間違う	verwechseln フェアヴェクセルン
待つ	warten ヴァルテン
マッサージ	Massage マッサージェ
マッシュルーム	Champignon シャンピニオン
マッチ	Streichholz シュトライヒホルツ
祭り	Fest フェスト
窓／ウインドー	Fenster フェンスター
窓側の席	Fensterplatz フェンスタープラッツ
マナー	Manieren マニーレン
マニキュア	Maniküre マニキューレ
マフラー	Schal シャール
マヨネーズ	Majonäse マヨネーゼ
マラソン	Marathonlauf マーラトンラウフ
丸い	rund ルント
漫画	Manga マンガ
満席	voll besetzt フォル　ベゼッツト
満足	Zufriedenheit ツーフリーデンハイト
真ん中	Mitte ミッテ
万年筆	Füllfeder フューフェーダー

み

右	rechts レヒツ
右へ曲がる	nach rechts abbiegen ナーハ　レヒツ　アップビーゲン
岬	Kap カップ
短い	kurz クルツ
ミシン	Nähmaschine ネーマシーネ
水	Wasser ヴァッサー
湖	See ゼー
水着	Badeanzug バーデアンツーク
水を流す	Wasser fließen lassen ヴァッサー　フリーセン　ラッセン
店	Geschäft ゲシェフト
味噌	Miso ミーゾ
道	Straße シュトラーセ
道順	Route ルーテ
道で	auf der Straße アウフ　デア　シュトラーセ
道に迷う	sich verlaufen ズィヒ　フェアラウフェン
緑	grün グリューン
港	Hafen ハーフェン
南	Süden ズューデン
ミニバー	Minibar ミニバー
ミネラルウォーター	Mineralwasser ミネラールヴァッサー
身分証明書	Personalausweis ペルゾナールアウスヴァイス
脈拍	Puls プルス
みやげ	Souvenir ズヴェニーア
ミュージカル	Musical ミューズィカル

見る	sehen	ゼーエン
ミルクティ	Tee mit Milch	テー　ミット　ミルヒ
民芸品店	Volkskunstartikelhandlung	フォルクスクンストアルティケルハントルング
民族衣装	Volkstracht	フォルクストラハト

む

迎えに行く	abholen	アップホーレン
昔	früher	フリューアー
無効	ungültig	ウンギュルティヒ
虫	Insekt	インゼクト
無地	ungemustert	ウンゲムスタート
蒸し暑い	schwül	シュヴュール
蒸した	gedämpft	ゲデンプフト
難しい	schwer	シュヴェーア
息子	Sohn	ゾーン
娘	Tochter	トホター
無制限の	unbeschränkt	ウンベシュレンクト
無駄な	vergeblich	フェアゲーブリヒ
無着色	ohne farbliche Zusatzstoffe	オーネ　ファルブリッヒェ　ツーザッツシュトッフェ
無添加	ohne Zusatzstoffe	オーネ　ツーザッツシュトッフェ
村	Dorf	ドルフ
無料の	kostenlos／frei	コステンロース／フライ

め

明細	Detail	デタイ
名所	Sehenswürdigkeit	ゼーエンスヴュルディヒカイト
メイド	Dienstmädchen	ディーンストメートヒェン
眼鏡	Brille	ブリレ
眼鏡店	Optiker	オプティカー
目薬	Augentropfen	アウゲントロップフェン
目覚まし時計	Wecker	ヴェッカー
目印	Kennzeichen／Merkmal	ケンツァイヒェン／メルクマール
珍しい	seltsam	ゼルトザーム
目玉焼き	Spiegelei	シュピーゲルアイ
メニュー	Speisekarte	シュパイゼカルテ
めまいがする	schwindlig sein	シュヴィントリヒ　ザイン
メモ	Notiz	ノティーツ
綿	Watte	ヴァッテ
麺	Nudel	ヌーデル
免税	Zollbefreiung	ツォルベフライウング
免税店	Duty-free-Shop	デューティーフリーショップ
免税品	zollfreie Ware	ツォルフライエ　ヴァーレ
綿素材	Baumwolle	バウムヴォレ

も

もう一度	noch einmal	ノッホ　アインマール
申込み	Anmeldung	アンメルドゥング
毛布	Decke	デッケ
モーニングコール	Weckanruf	ヴェックアンルーフ
目的	Ziel	ツィール
目的地	Zielort	ツィールオルト
文字	Schriftzeichen	シュリフトツァイヒェン
もしもし	Hallo	ハロー
持ち帰り（テイクアウト）	zum Mitnehmen	ツム　ミットネーメン
持ち込み禁止品	Verbotsartikel	フェアボーツアルティケル
持ち主	Eigentümer	アイゲンテューマー
もっと大きい	noch größere	ノッホ　グレーサレ
もっと小さい	noch kleinere	ノッホ　クライネレ
もっと安い	noch billigere	ノッホ　ビリゲレ
もっと良い	noch bessere	ノッホ　ベッサレ
戻ってくる	zurückkommen	ツーリュックコメン

模様	Muster ムスター
森	Wald ヴァルト
門	Tor トーア
文句	Beschwerde ベシュヴェアデ

や

焼いた	gebacken ゲバッケン
やかん	Kessel ケッセル
焼く	backen バッケン
役者	Schauspieler（男）／ Schauspielerin（女） シャウシュピーラー／ シャウシュピーラリン
約束	Versprechen フェアシュプレッヒェン
夜景	Nachtansicht ナハトアンズィヒト
やけど	Verbrennung フェアブレヌング
野菜	Gemüse ゲミューゼ
やさしい	nett ネット
安い	billig ビリヒ
安売り店	Discountladen ディスカウントラーデン
薬局	Apotheke アポテーケ
屋根	Dach ダッハ
山	Berg ベルク
山側の	an der Bergseite アン　デア　ベルクザイテ

ゆ

湯	warmes Wasser ヴァルメス　ヴァッサー
遊園地	Freizeitpark フライツァイトパルク
夕方の便	Flug am Abend フルーク　アム　アーベント
有効な	gültig ギュルティヒ
有効期間	Gültigkeitsdauer ギュルティヒカイツダウアー
有効にする	aktivieren アクティヴィーレン
友情	Freundschaft フロイントシャフト
夕食	Abendessen アーベントエッセン
友人	Freund（男）／ Freundin（女） フロイント／フロインディン
ユース ホステル	Jugendherberge ユーゲントヘアベルゲ
夕立	Regenschauer レーゲンシャウアー
郵便	Post ポスト
郵便局	Postamt ポストアムト
郵便番号	Postleitzahl ポストライトツァール
郵便料金	Porto ポルト
有名	Berühmtheit ベリュームトハイト
有名な	berühmt ベリュームト
ユーモア	Humor フモーア
遊覧船	Ausflugsschiff アウスフルークスシフ
有料トイレ	gebührenpflichtige Toilette ゲビューレンプフリヒティゲ トイレッテ
有料道路	gebührenpflichtige Straße ゲビューレンプフリヒティゲ シュトラーセ
有料の	gebührenpflichtig ゲビューレンプフリヒティヒ
床	Boden ボーデン
雪	Schnee シュネー
輸血	Transfusion ／ Blutübertragung トランスフズィオーン／ ブルートユーバートラーグング
ゆでた	gekocht ゲコッホト
ゆで卵	gekochtes Ei ゲコッホテス　アイ
輸入	Import イムポート
指輪	Ring リング
夢	Traum トラウム
ゆるい	weit ／ locker ヴァイト／ロッカー

よ

酔う （酒などに）	sich betrunken ズィヒ　ベトルンケン
用具	Werkzeug ヴェルクツォイク
ようじ	Zahnstocher ツァーンシュトッヒャー
様子	Zustand ツーシュタント

曜日	Wochentag ヴォッヘンターク
洋服タンス	Kleiderschrank クライダーシュランク
洋服店	Bekleidungsgeschäft ベクライドゥングスゲシェフト
ヨーグルト	Joghurt ヨーグルト
浴室	Badezimmer バーデツィマー
浴槽	Badewanne バーデヴァネ
横	Seite ザイテ
横になる	sich legen ズィヒ　レーゲン
汚れ	Fleck フレック
予算	Budget ブュジェー
予想	Prognose／ Erwartungen プログノーゼ／ エアヴァルトゥンゲン
予定	Plan プラーン
夜中	Mitternacht ミッターナハト
呼び出し ボタン	Rufknopf ルーフクノップフ
予約	Reservierung レゼァヴィールング
予約確認票	Reservierungsbestätigung レゼァヴィールングスベシュテーティグング
予約する	reservieren レゼァヴィーレン
予約席	reservierter Platz レゼァヴィールター プラッツ
予約リスト	Reservierungliste レゼァヴィールングスリステ

夜	Nacht ナハト

ら

来月	nächsten Monat ネーヒステン　モナート
来週	nächste Woche ネーヒステ　ヴォッヘ
ライター	Feuerzeug フォイアーツォイク
来年	nächstes Jahr ネーヒステス　ヤール
ラケット	Schläger／Rakett シュレーガー／ラケット
ラジオ	Radio ラーディオ
ラベル	Etikett エティケット
ランプ	Lampe ラムペ

り

理解する	verstehen フェアシュテーエン
リスト	Liste リステ
リハビリ	Rehabilitation レハビリタツィオーン
リムジン バス(空港)	Flughafenbus フルークハーフェンブス
理由	Grund グルント
留学する	im Ausland studieren イム　アウスラント シュトゥディーレン
両替	Geldwechsel ゲルトヴェクセル
両替所	Wechselstube ヴェクセルシュトゥーベ

料金	Gebühr ゲビューア
料金表	Preisliste／ Tarif プライスリステ／ タリーフ
料金 メーター	Taxameter タクサメーター
漁師	Fischer フィッシャー
領収書	Quittung クヴィットゥング
両親	Eltern エルターン
料理	Gericht／Kochen ゲリヒト／コッヘン
旅行	Reise ライゼ
旅行会社	Reisebüro ライゼビューロー
離陸	Abflug アップフルーク
隣人	Nachbar (男)／ Nachbarin (女) ナッハバール／ ナッハバーリン
リンス	Spülung シュピュールング

る

ルーム サービス	Zimmerservice ツィマーサービス
ルーム サービス代	Zimmerservicegebühr ツィマーサービスゲビューア
ルームメイト	Mitbewohner (男)／ Mitbewohnerin (女) ミットベヴォーナー／ ミットベヴォーナリン
ルーレット	Roulette ルレット
留守	Abwesenheit アップヴェーゼンハイト

れ

冷蔵庫	Kühlschrank キュールシュランク
冷房	Klimaanlage クリーマーアンラーゲ
レイルパス	Railpass レイルパス
レーヨン	Kunstseide クンストザイデ
歴史	Geschichte ゲシヒテ
レギュラーガソリン	Normalbenzin ノルマールベンツィーン
レコード店	Schallplattenladen シャルプラッテンラーデン
レジ	Kasse カッセ
レシート	Kassenzettel / Quittung カッセンツェッテル/クヴィトゥング
レストラン	Restaurant レストラーン
列車	Zug ツーク
列車内で	im Zug イム　ツーク
レベル	Ebene エーベネ
レモン	Zitrone ツィトローネ
連休	aufeinander folgende Feiertage アウフアイナンダー フォルゲンデ ファイヤーターゲ
レンズ	Linse リンゼ
レンタカー	Leihwagen / Mietwagen ライヴァーゲン/ミートヴァーゲン
連泊する	mehrere Nächte übernachten メーレレ　ネヒテ ユーバーナハテン
連絡先	Kontaktadresse コンタクトアドレッセ

ろ

廊下	Korridor / Flur コリドーア/フルーア
老人	alte Leute アルテ　ロイテ
ろうそく	Kerze ケルツェ
ローマ字	lateinischer Buchstabe ラタイニッシャー ブーフシュターベ
ロールパン	Brötchen ブレートヒェン
路線図	Streckenplan シュトレッケンプラーン
ロッカー	Schließfach シュリースファッハ
ロビー	Lobby ロビー
ロマンチックな	romantisch ロマンティシュ

わ

ワイシャツ	Hemd ヘムト
ワイン	Wein ヴァイン
ワインオープナー	Korkenzieher コルケンツィーヤー
ワインリスト	Weinkarte ヴァインカルテ
ワインを一杯	ein Glas Wein アイン　グラース　ヴァイン
若い	jung ユング
輪ゴム	Gummiband グミバント
忘れる	vergessen フェアゲッセン
ワッフル	Waffel ヴァフェル
別々に払う	getrennt zahlen ゲトレント　ツァーレン
割引き	Rabatt / Ermäßigung ラバット/エアメースィグング
割増料金	Zuschlag ツーシュラーク
割れ物	zerbrechlicher Gegenstand ツェアブレッヒリヒャー ゲーゲンシュタント
湾	Bucht ブフト
ワンピース	Kleid クライト

単語集（独和）

German → Japanese

A

Abendessen	アーベントエッセン	夕食
Abfahrtszeit	アップファールツツァイト	出発時間（電車）
Abflughalle	アップフルークハレ	出発ロビー
Abflugzeit	アップフルークツァイト	出発時間（飛行機）
Abführmittel	アップフュールミッテル	便秘薬
abgeben	アップゲーベン	預かる
Abholschein	アップホールシャイン	引換証
Abreise	アップライゼ	出発
Abreisetag	アップライゼターク	出発日
Adresse／Anschrift	アドレッセ／アンシュリフト	住所／宛先
à-la-carte-Gericht	アラカルトゲリヒト	一品料理
Alarm	アラーム	警報
Allergie	アレルギー	アレルギー
alt	アルト	古い
am Fenster	アム　フェンスター	窓側の
Anämie／Blutarmut	アネミー／ブルートアルムート	貧血
an Bord	アン　ボート	搭乗
anerkannte Wechselstube	アンエアカンテ ヴェクセルシュトゥーベ	公認両替商
Angeln	アンゲルン	釣り
Ankunft	アンクンフト	到着
anordnen	アンオルドネン	整理する
anrufen／telefonieren	アンルーフェン／テレフォニーレン	電話をかける
Ansage	アンザーゲ	アナウンス
Ansichtskarte	アンズィヒツカルテ	絵はがき
Apotheke	アポテーケ	薬局
Appetit	アペティート	食欲
Aquarium	アクヴァーリウム	水族館
Arbeit	アルバイト	仕事
Arzt (男)／Ärztin (女)	アールツト／エールツティン	医者
Aschenbecher	アッシェンベッヒャー	灰皿
Aspirin	アスピリーン	アスピリン
Asthma	アストマ	ぜんそく
Aufführung	アウフフュールング	上演
Aufzug	アウフツーク	エレベーター
Augenbraue	アウゲンブラウエ	眉毛
Augentropfen	アウゲントロップフェン	目薬
Auschecken	アウスチェッケン	チェックアウト
Ausflugsschiff	アウスフルークスシフ	遊覧船
Ausgang	アウスガング	出口
Auslandsreise	アウスランツライゼ	海外旅行
auslaufen	アウスラウフェン	漏れる
Ausreiseformular	アウスライゼフォルムラール	出国カード
Außenseite	アウセンザイテ	表
Ausspültaste	アウスシュピュールタステ	洗浄ボタン
aussteigen	アウスシュタイゲン	降りる
Ausstellung	アウスシュテルング	展覧会
Ausverkauf	アウスフェアカウフ	バーゲン

ausverkauft	アウスフェアカウフト	売り切れ
Auto	アウト	自動車
Automat	アウトマート	自動販売機

B

Baby	ベイビー	赤ん坊
Bäckerei	ベッカライ	パン屋
Badetuch	バーデトゥーフ	バスタオル
Bahnhof	バーンホーフ	駅
Bank	バンク	銀行
Bar	バー	バー
Bargeld	バーゲルト	現金
Baseball	ベースバル	野球
Bauchschmerzen	バウホシュメルツェン	腹痛
Becher	ベッヒャー	コップ
Bedienungsgeld	ベディーヌングスゲルト	サービス料
Behandlung	ベハンドルング	治療
Bekleidungsgeschäft	ベクライドゥングスゲシェフト	洋服店
Benzin	ベンツィーン	ガソリン
Berg	ベルク	山
Bergsteigen	ベルクシュタイゲン	登山
Beruf	ベルーフ	職業
berühmt	ベリュームト	有名な
besetzt	ベゼッツト	使用中／通話中
Besichtigung	ベズィヒティグング	観光
bestellen	ベシュテレン	注文する
Bett	ベット	ベッド
Bibliothek	ビブリオテーク	図書館
Bier	ビーア	ビール
billig	ビリヒ	安い
blau	ブラウ	青
Blitzlicht verboten!	ブリッツリヒト フェアボーテン	フラッシュ禁止
Blut	ブルート	血
Blutdruck	ブルートドルック	血圧
bluten	ブルーテン	出血する
Blutgruppe	ブルートグルッペ	血液型
Bonbon	ボンボン	あめ
Bordkarte	ボートカルテ	搭乗券
Botschaft	ボートシャフト	大使館
Brief	ブリーフ	手紙
Briefkasten	ブリーフカステン	ポスト
Briefmarke	ブリーフマルケ	切手
Brille	ブリレ	眼鏡
Broschüre	ブロシューレ	パンフレット
Buch	ブーフ	本
Buchhandlung	ブーフハンドルング	書店
Büffet	ビュフェー	バイキング
Bügeleisen	ビューゲルアイゼン	アイロン
Bus	ブス	バス
Bushaltestelle	ブスハルテシュテレ	バス停
Busstation	ブスシュタツィオーン	停留所（長距離バスの）

C

chinesisches Arzneimittel	ヒネーズィッシェス アルツナイミッテル	漢方薬
Cocktail	コックテイル	カクテル
Concierge	コンシェルジュ	コンシェルジュ
Convenience Shop	コンヴィニエンス ショップ	コンビニ

D

Dach	ダッハ	屋根

Dauerwelle ダウアーヴェレ	パーマ
Decke デッケ	毛布
Deckengemälde デッケンゲメールデ	天井画
deklarierte Artikel デクラリールテ アルティケル	申告品
der betreffende Tag デア　ベトレッフェンデ ターク	当日
Design ディザイン	デザイン
dick ディック	厚い
Dieb ディーブ	泥棒
Diebstahl ディーブシュタール	盗難
Differenz ディフェレンツ	差額
Digitalkamera ディギタールカメラ	デジタル カメラ
Diskothek ディスコテーク	ディスコ
Dokument ドクメント	書類
dolmetschen ドルメチェン	通訳する
Dom／Kathedrale ドーム／カテドラーレ	大聖堂
Doppelzimmer ドッペルツィマー	ツイン ルーム
draußen ドラウセン	外
drücken ドリュッケン	押す
dunkel ドゥンケル	暗い
dünn デュン	薄い(厚さ)
Dusche ドゥーシェ	シャワー
Duty-free-Shop デューティーフリーショップ	免税店

E

Edelstein エーデルシュタイン	宝石
Ei アイ	卵
Eilpost アイルポスト	速達
Einchecken アインチェッケン	チェックイン
einfach アインファッハ	簡単な／ 質素な
Eingang アインガング	入り口
Einkaufen アインカウフェン	買い物
Einladung アインラードゥング	招待
Einreiseformular アインライゼフォルムラール	入国カード
einsteigen アインシュタイゲン	乗る
Einstiegszeit アインシュティークスツァイト	搭乗時間
Eintritt アイントリット	入場料
Eis アイス	氷
Eisenbahn アイゼンバーン	鉄道
Ellbogen エルボーゲン	肘
Empfang エムプファング	受付
empfangen エムプファンゲン	受け取る
Englisch エングリシュ	英語
Entwicklung エントヴィックルング	現像
erbrechen エアブレッヒェン	吐く
Erfrischungsraum エアフリッシュングスラウム	休憩室
Erinnerung エアイネルング	思い出
Erkältung エアケルトゥング	風邪
Erkältungsmittel エアケルトゥングスミッテル	風邪薬
Erklärung エアクレールング	申告
erster Zug エアスター ツーク	始発列車
Erwachsener エアヴァクセナー	大人
Essen エッセン	食事／ おかず
Essig エスィヒ	酢
Essstäbchen エスシュテープヒェン	箸
Excel エクセル	エクセル
Expresszug エクスプレスツーク	特急

F

Fahrer（男）／Fahrerin（女） ファーラー／ファーラリン	運転手

Fahrkarte ファールカルテ	切符
Fahrkartenschalter ファールカルテンシャルター	切符売り場
Fahrplan ファールプラーン	時刻表
Fahrpreis ファールプライス	運賃
Fahrrad ファールラート	自転車
Fälschung フェルシュング	偽物
Familie ファミーリエ	家族
Farbe ファルベ	色
Fax ファックス	ファクシミリ
fern ／ weit フェルン／ヴァイト	遠い
Ferngespräch フェルンゲシュプレーヒ	長距離電話
Fernsehapparat フェルンゼーアパラート	テレビ
Fertiggericht フェアティヒゲリヒト	インスタント
Fest フェスト	祭り
fester Preis フェスター　プライス	正札価格
Fieber フィーバー	熱
Fiebermittel フィーバーミッテル	解熱剤
Film フィルム	映画／ フィルム

Finger フィンガー	指
Firma ／ Gesellschaft フィルマ／ ゲゼルシャフト	会社
Flaschenöffner フラッシェンエフナー	栓抜き
Fleck フレック	しみ
Flughafen フルークハーフェン	空港
Flughafenbus フルークハーフェンブス	リムジン バス
Flughafengebühr フルークハーフェンゲビューア	空港税
Flugnummer フルークヌマー	便名
Flugsteig フルークシュタイク	搭乗ゲート
Flugticket フルークティケット	航空券
Flugzeug フルークツォイク	飛行機
Fluss フルス	川
Flüssigkeit フリュッスィヒカイト	液体
Föhn フェーン	ドライヤー
Foto フォート	写真
Fotoapparat フォートアパラート	カメラ
Fotografieren verboten! フォートグラフィーレン フェアボーテン	撮影禁止
Frau フラウ	女性

Freizeit フライツァイト	自由時間
Frosch フロッシュ	かえる
früher フリューアー	昔
Frühstück フリューシュテュック	朝食
Fundbüro フントビューロー	遺失物 取扱所
für Kinder フュア　キンダー	子供用
Fuß フース	足
Fußgelenk フースゲレンク	足首

G

Garnele ガルネーレ	小エビ
Garten ガルテン	庭
Gebrauchsanweisung ゲブラウフスアンヴァイズング	説明書
Gebühr ゲビューア	手数料
gebührenpflichtig ゲビューレンプフリヒティヒ	有料の
Geburtstag ゲブーアツターク	誕生日
Gefahr ゲファール	危険
Geheimnis ゲハイムニス	秘密
Geheimzahl ゲハイムツァール	暗証番号
Geld ゲルト	金(かね)
Geldbeutel ゲルトボイテル	財布

Gemälde	ゲメールデ	絵
geöffnet	ゲエフネット	営業中
geradeaus	ゲラーデアウス	まっすぐ
Gericht	ゲリヒト	料理
gesalzene Fische	ゲザルツェネ　フィッシェ	塩辛
Geschäft / Laden	ゲシェフト/ラーデン	店
Geschenk	ゲシェンク	贈り物
Geschlecht	ゲシュレヒト	性別
gesperrt	ゲシュペルト	通行止め
gestern	ゲスターン	昨日
Getränke	ゲトレンケ	飲み物
getrennt	ゲトレント	別々
Gewürze	ゲヴュルツェ	調味料
Glas	グラース	グラス
Glasmalerei	グラースマーレライ	ステンドグラス
Grippe	グリッペ	インフルエンザ
groß	グロース	広い
Größe	グレーセ	サイズ
Gültigkeitszeitraum	ギュルティヒカイツツァイトラウム	有効期間
Gutschein	グートシャイン	クーポン

H

Haar	ハール	髪
Hals	ハルス	首
Halskette	ハルスケッテ	ネックレス
Hammelfleisch	ハメルフライシュ	羊肉
Hand	ハント	手
handgefertigte Ware	ハントゲフェアティヒテヴァーレ	手芸品
Handgepäck	ハントゲペック	手荷物
Handtuch	ハントトゥーフ	タオル
Handy	ヘンディ	携帯電話
Haus	ハウス	家
Haut	ハウト	皮膚
heiß	ハイス	熱い
Heizung	ハイツング	暖房
hell	ヘル	明るい
heute	ホイテ	今日
hineingehen / eintreten	ヒナインゲーン/アイントレーテン	入る
Himmelsrichtung	ヒメルスリヒトゥング	方角
Hobby	ホビー	趣味
Höflichkeit	ヘーフリヒカイト	礼儀
Höhe	ヘーエ	高さ
Hose	ホーゼ	ズボン
Hotel	ホテル	ホテル
Hühnerfleisch	ヒューナーフライシュ	鶏肉
Hund	フント	犬
Hut	フート	帽子

I

Information	インフォルマツィオーン	案内所
Inlandsfluglinie	インランツフルークリーニエ	国内線
Innenstadt	イネンシュタット	市街
Insekt	インゼクト	虫
internationale Fluglinie	インターナツィオナーレ フルークリーニエ	国際線
internationaler Führerschein	インターナツィオナーラー フューラーシャイン	国際運転免許証
Internet	インターネット	インターネット

J

Jacke	ヤッケ	上着
Jahreszeit	ヤーレスツァイト	季節

Japanische Botschaft ヤパーニッシェ ボートシャフト	日本大使館
Jubiläum ユビレーウム	記念日
Junge ユンゲ	男の子

K

Kabarett カバレット	キャバレー
Kaffee ／ Café カフェ／カフェー	コーヒー／ 喫茶店
kalt カルト	寒い
Karate カラーテ	空手
Karte カルテ	チケット／ 地図
Kathedrale ／ Dom カテドラーレ／ドーム	大聖堂
Katze カッツェ	猫
kaufen カウフェン	買う
Kaufhaus カウフハウス	デパート
Kaugummi カウグミ	ガム
Kellner(男)/Kellnerin(女) ケルナー／ケルナリン	給仕人
Keramik ケラーミク	陶器
Ketchup ケチャップ	ケチャップ
Kiefer キーファー	あご
Kind キント	子供
Kirche キルヒェ	教会
Kirsche キルシェ	サクランボ
Klebstoff クレープシュトッフ	のり （文房具）
Kleid クライト	ワンピース
Klimaanlage クリーマアンラーゲ	エアコン
Knoblauch クノーブラウホ	ニンニク
kommen コメン	来る
Kontaktadresse コンタクトアドレッセ	連絡先
Kontakt aufnehmen コンタクト アウフネーメン	連絡する
Kontoguthaben コントグートハーベン	預金
Kopf コップフ	頭
Kopfkissen コップフキッセン	枕
Kopfschmerzen コップフシュメルツェン	頭痛
Kopie コピー	コピー
Körper ケルパー	体
Körpertemperatur ケルパーテムペラトゥーア	体温
Korridor ／ Flur コリドーア／フルーア	廊下
kostenlos ／ frei コステンロース／フライ	無料の
Krankenhaus ／ Klinik クランケンハウス／ クリーニク	病院
Krankenwagen クランケンヴァーゲン	救急車
Krawatte クラヴァッテ	ネクタイ
Kreditkarte クレディートカルテ	クレジット カード
Küche キュッヒェ	台所
Kühlschrank キュールシュランク	冷蔵庫
Kultur クルトゥーア	文化
Kunde ／ Gast クンデ／ガスト	客
kurz クルツ	短い

L

Ladenschluss ラーデンシュルス	閉店
Lampe ラムペ	ランプ／ 電灯
Land ラント	国
Landschaft ラントシャフト	景色
lang ラング	長い
langsam ラングザーム	ゆっくりと
Langstreckenbus ラングシュトレッケンブス	長距離 バス
laut ラウト	うるさい
Lebensalter レーベンスアルター	年齢
Lebensmittelgeschäft レーベンスミッテルゲシェフト	食料品店

lecker／gut schmecken	レッカー／グート　シュメッケン	おいしい
leger	レジェア	カジュアルな
leicht	ライヒト	軽い
Leihwagen／Mietwagen	ライヴァーゲン／ミートヴァーゲン	レンタカー
Leinen	ライネン	麻
letzter Zug	レッツター　ツーク	最終列車
Licht	リヒト	明かり
Lied	リート	歌
links	リンクス	左
Lippenstift	リッペンシュティフト	口紅
Löffel	レッフェル	スプーン
lokal	ロカール	（その）地方の

M

Mädchen	メートヒェン	女の子
Magen	マーゲン	胃
Majonäse	マヨネーゼ	マヨネーズ
Maniküre	マニキューレ	マニキュア
Markt	マルクト	市場
Marmelade	マルメラーデ	マーマレード
Massage	マッサージェ	マッサージ
Medikament	メディカメント	薬
Meer	メーア	海
Mehrfahrtenkarte	メーアファールテンカルテ	回数券
Mehrwertsteuer (MwSt.)	メーアヴェーアツシュトイヤー	付加価値税（VAT）
Milch	ミルヒ	牛乳
Minderjähriger	ミンダーイェーリガー	未成年
Mindestgebühr	ミンデストゲビューア	最低料金
Mineralwasser	ミネラールヴァッサー	ミネラルウォーター
mit der Hand gemacht	ミット　デア　ハント　ゲマハト	手製の
Mitte／Zentrum	ミッテ／ツェントルム	真ん中／中心
Möbel	メーベル	家具
Möglichkeit	メークリヒカイト	可能
Möhre／Karotte	メーレ／カロッテ	ニンジン
morgen	モルゲン	明日
Morgen	モルゲン	朝
Mücke	ミュッケ	蚊
müde werden	ミューデ　ヴェーアデン	疲れる
Mülleimer	ミュルアイマー	ごみ箱
Münze	ミュンツェ	硬貨
Museum	ムゼーウム	博物館
Musik	ムズィーク	音楽
Muster	ムスター	見本

N

Nachricht	ナーハリヒト	メッセージ
Nachrichten	ナーハリヒテン	ニュース
Nacht	ナハト	夜間
Nachtclub	ナハトクルブ	ナイトクラブ
Nachtisch	ナーハティッシュ	デザート
Nachzahlung	ナーハツァールング	後払い
Name	ナーメ	名前
Narkose	ナルコーゼ	麻酔
Natur	ナトゥーア	自然
neu	ノイ	新しい
Neuausstellung	ノイアウスシュテルング	再発行
nicht reservierter Platz	ニヒト　レゼァヴィーアター　プラッツ	自由席
Nichtraucherplatz	ニヒトラウハープラッツ	禁煙席
nicht schmecken	ニヒト　シュメッケン	まずい

niedlich	ニートリヒ	かわいい
Norden	ノルデン	北
Notausgang	ノートアウスガング	非常口
Nummer	ヌマー	番号

O

Oberteil	オーバータイル	上
Obst	オープスト	果物
öffnen	エフネン	開ける
Öffnungszeit	エフヌングスツァイト	開館(営業)時間
ohne farbliche Zusatzstoffe	オーネ　ファルプリヒュ ツーザッツシュトッフェ	無着色
ohne Zusatzstoffe	オーネ ツーザッツシュトッフェ	無添加
Öl	エール	油
Onkel	オンケル	叔父／伯父
Operation	オペラツィオーン	手術
Ortsgespräch	オルツゲシュプレーヒ	市内通話
Ortszeit	オルツツァイト	現地時間
Osten	オステン	東

P

Päckchen	ペックヒェン	小包
Papierbecher	パピーアベッヒャー	紙コップ
Papier	パピーア	紙
Papiertasche	パピーアタッシェ	紙袋
Parken verboten!	パルケン　フェアボーテン	駐車禁止
Parkplatz	パルクプラッツ	駐車場
Passkontrolle	パスコントローレ	入国審査
PC	ペーツェー	パソコン
Pelz	ペルツ	毛皮
Pfeffer	プフェッファー	コショウ
Plan	プラーン	予定
Polizei	ポリツァイ	警察
Polizeipräsidium	ポリツァイプレズィディウム	警察署
Polizeiwache	ポリツァイヴァッヘ	派出所
Porto	ポルト	郵便料金
Porzellan	ポルツェラーン	陶磁器
Post	ポスト	郵便
Postamt	ポストアムト	郵便局
Präsident	プレズィデント	大統領
Preis	プライス	値段
Preise	プライゼ	物価
Preisliste／Tarif	プライスリステ／タリーフ	料金表
Profi-Baseball	プローフィ　ベースバル	プロ野球
Prognose	プログノーゼ	予想／予報
Programm	プログラム	プログラム
pünktlich	ピュンクトリヒ	定刻に

Q

Quittung	クヴィットゥング	領収書

R

Rabatt	ラバット	割引き
Radio	ラーディオ	ラジオ
Ramen	ラーメン	ラーメン
Rasierapparat	ラズィーアアパラート	剃刀
Rauchen verboten!	ラウヘン　フェアボーテン	禁煙
Raucherplatz	ラウハープラッツ	喫煙席
Rechnung	レヒヌング	請求書
Rechnung	レヒヌング	会計
rechts	レヒツ	右
Regel	レーゲル	規則
Regen	レーゲン	雨
Regenschirm	レーゲンシルム	傘

Region	レギオーン	地域／地方
reif	ライフ	熟した
rein	ライン	純粋な
Reinigung	ライニグング	クリーニング
Reis	ライス	米
Reise	ライゼ	旅行
Reisebus	ライゼブス	観光バス
Reiseführer	ライゼフューラー	ガイドブック
Reisepass	ライゼパス	パスポート（旅券）
Reisescheck	ライゼシェック	トラベラーズチェック
Religion	レリギオーン	宗教
rennen	レネン	走る
reservieren	レゼァヴィーレン	予約する
reservierter Platz	レゼァヴィーアター プラッツ	指定席／予約席
Reservierung	レゼァヴィールング	予約
Reservierungsnummer	レゼァヴィールングスヌマー	予約番号
Restaurant	レストラーン	レストラン
Rettich	レティヒ	大根
Rettungsweste	レットゥングスヴェステ	救命胴衣
Rezept	レツェプト	処方箋
Rezeption	レツェプツィオーン	フロント
R-Gespräch	エル　ゲシュプレーヒ	コレクトコール
Rindfleisch	リントフライシュ	牛肉
Ring	リング	指輪
Rollstuhl	ロルシュトゥール	車椅子
Rolltreppe	ロールトレッペ	エスカレーター
Röntgen	レントゲン	レントゲン
rot	ロート	赤
rote Paprika	ローテ　パプリカ	唐辛子
rückbestätigen	リュックベシュテーティゲン	再確認する
Rückfahrkarte	リュックファールカルテ	往復切符
Ruine	ルイーネ	遺跡
Rundflug	ルントフルーク	遊覧飛行
rund um die Uhr geöffnet	ルント　ウム　ディ　ウーア　ゲエフネット	24時間営業

S

Saft	ザフト	汁
sagen	ザーゲン	言う
Sake	ザーケ	酒
Salz	ザルツ	塩
Sand	ザント	土
Satz	ザッツ	セット
sauer	ザウアー	すっぱい
Schal	シャール	スカーフ
Scheck	シェック	小切手
Schere	シェーレ	はさみ
schicken	シッケン	送る
Schiff	シフ	船
schließen	シュリーセン	閉める
Schließfach	シュリースファッハ	コインロッカー
Schließungszeit	シュリースングスツァイト	閉館時間
Schmerz	シュメルツ	痛み
schmerzen	シュメルツェン	痛む
Schmerzmittel	シュメルツミッテル	鎮痛剤
Schmuck	シュムック	アクセサリー
schmutzig	シュムッツィヒ	汚い
Schnee	シュネー	雪
schnell	シュネル	早い
schön	シェーン	美しい

schönes Wetter sein シェーネス　ヴェッター ザイン	晴れている
schreiben シュライベン	書く
Schuhe シューエ	靴
Schule シューレ	学校
Schulter シュルター	肩
Schweinefleisch シュヴァイネフライシュ	豚肉
schwer シュヴェーア	難しい／重い
Schwimmen シュヴィメン	水泳
seicht ザイヒト	浅い
Seide ザイデ	絹
Seife ザイフェ	石けん
Selbstbedienung ゼルプストベディーヌング	セルフサービス
seltsam ゼルトザーム	珍しい
Shampoo シャンプー	シャンプー
sich beeilen ズィヒ　ベアイレン	急ぐ
Sicherheit ズィヒャーハイト	安全
Silber ズィルバー	銀
singen ズィンゲン	歌う
Sitzgurt ズィッツグルト	シートベルト
Sitznummer ズィッツヌマー	座席番号
Sitzplatz ／ Platz ズィッツプラッツ／プラッツ	座席／席
Socken ゾッケン	靴下
Sohn ゾーン	息子
Souvenir ズヴェニーア	おみやげ
Speisekarte シュパイゼカルテ	メニュー
Speisesaal シュパイゼザール	食堂
speziell シュペツィエル	特別な
spezielle Produkt シュペツィエーレ　プロドゥクト	特産品
Spezifikation シュペツィフィカツィオーン	明細書
Spiegel シュピーゲル	鏡
Spielcasino シュピールカズィーノ	カジノ
spielen シュピーレン	遊ぶ
Sport シュポルト	運動
Sprache シュプラーヘ	ことば
sprechen シュプレッヒェン	話す
Spritze シュプリッツェ	注射
Spülung シュピュールング	リンス
staatlich シュタートリヒ	国立の
Staatsangehörigkeit シュターツアンゲヘーリヒカイト	国籍
Stadtplan シュタットプラーン	市街地図
Steuer シュトイヤー	税金
stornieren シュトルニーレン	取り消す
Straße シュトラーセ	道／通り
Streckenplan シュトレッケンプラーン	路線図
Strohhalm シュトローハルム	ストロー
Stromausfall シュトロームアウスファル	停電
Student（男）／Studentin（女） シュトゥデント／シュトゥデンティン	学生
suchen ズーヘン	探す
Summe ズメ	合計
Supermarkt ズーパーマルクト	スーパーマーケット
süß ジュース	甘い

T

Tankstelle タンクシュテレ	ガソリンスタンド
Tante タンテ	叔母／伯母
Tanz タンツ	舞踊
Tasche タッシェ	バッグ
Taschendieb タッシェンディープ	スリ
Taschentuch タッシェントゥーフ	ハンカチ

Taxi	タクシー	タクシー
Taxigebühr	タクシーゲビューア	タクシー料金
Taxistand	タクシーシュタント	タクシー乗り場
Tee	テー	紅茶
Telefon	テレフォーン	電話
Telefongebühr	テレフォーンゲビューア	電話料金
Telefonnummer	テレフォーンヌマー	電話番号
Telegramm	テレグラム	電報
Teller	テラー	皿
Tempel	テムペル	寺
Temperatur	テムペラトゥーア	気温
Tennis	テニス	テニス
Teppich	テピッヒ	カーペット
teuer	トイヤー	高い(値段)
Theater	テアーター	劇場
Thermometer	テルモメーター	体温計
tief	ティーフ	深い
Tisch	ティッシュ	テーブル
Tochter	トホター	娘
Tofu	トーフ	豆腐
Toilette	トイレッテ	トイレ
Toilettenbecken	トイレッテンベッケン	便器
Tourgebühr	トゥーアゲビューア	ツアー料金
Touristeninformation	トゥーリステンインフォルマツィオーン	観光案内所
traurig	トラウリヒ	悲しい
treffen / sehen	トレッフェン/ゼーエン	会う
Treppe	トレッペ	階段
Tresor	トレゾーア	金庫/セーフティ・ボックス
Trinkgeld	トリンクゲルト	チップ

U

U-Bahn	ウーバーン	地下鉄
U-Bahnhof	ウーバーンホーフ	地下鉄駅
überlassen	ユーバーラッセン	任せる
übermorgen	ユーバーモルゲン	明後日
Uhr	ウーア	時計
Umschlag	ウムシュラーク	封筒
Unfall	ウンファル	事故
Unfallmeldung	ウンファルメルドゥング	事故証明書
Unterschrift	ウンターシュリフト	サイン/署名
untersuchen	ウンターズーヘン	調査する
Unterteil	ウンタータイル	下
Urlaub	ウアラウプ	休暇/バカンス

V

Verband	フェアバント	包帯
Verbrennung	フェアブレヌング	やけど
Verkehrsunfall	フェアケーアスウンファル	交通事故
Verletzung	フェアレッツング	けが
verlorene Sachen	フェアローレネ　ザッヘン	紛失物
Verlust	フェアルスト	紛失
Verpackung	フェアパックング	包装
verschieben	フェアシーベン	延期する
verschieden	フェアシーデン	違う
Versicherung	フェアズィヒェルング	保険
Verstopfung	フェアシュトップフング	便秘
verzögern	フェアツェーゲルン	遅れる
Visitenkarte	ヴィズィーテンカルテ	名刺
Vogel	フォーゲル	鳥
Vorhang	フォーアハング	カーテン
Vorsicht	フォーアズィヒト	注意

Vorsichtig behandeln! フォーアズィヒティヒ ベハンデルン	取扱い注意

W

Waage ヴァーゲ	はかり
warm ヴァルム	暖かい
warmes Wasser ヴァルメス　ヴァッサー	湯
Wartezimmer ヴァルテツィマー	待合室
waschen ヴァッシェン	洗う
Wasser ヴァッサー	水
Wasser mit Kohlensäure ヴァッサー　ミット コーレンゾイレ	炭酸水
Wasser ohne Kohlensäure ヴァッサー　オーネ コーレンゾイレ	炭酸なしの水
Watte ヴァッテ	コットン／綿
Wechselgeld ヴェクセルゲルト	お釣り
Wechselkurs ヴェクセルクルス	為替レート
Wechselstube ヴェクセルシュトゥーベ	両替所
Weckanruf ヴェックアンルーフ	モーニングコール
Wecker ヴェッカー	目覚し時計
weich ヴァイヒ	柔らかい
Weihnachten ヴァイナハテン	クリスマス
Weinkarte ヴァインカルテ	ワインリスト
weiß ヴァイス	白い
Welt ヴェルト	世界
Werbung ヴェアブング	広告
Wertgegenstände ヴェーアトゲーゲンシュテンデ	貴重品
Westen ヴェステン	西
westlicher Stil ヴェストリッヒャー シュティール	洋式
Wetter ヴェッター	天気
Wettervorhersage ヴェッターフォーアヘーアザーゲ	天気予報
Wind ヴィント	風
Wirkung ヴィルクング	効果
Wohnung ヴォーヌング	アパート
Wolle ヴォレ	ウール／毛織物
Wunde ヴンデ	傷

Z

Zahl ツァール	数
Zahn ツァーン	歯
Zahnbürste ツァーンビュルステ	歯ブラシ
Zebrastreifen ツェブラシュトライフェン	横断歩道
Zeitung ツァイトゥング	新聞
zerbrechlich ツェアブレヒリヒ	壊れやすい
ziehen ツィーエン	引く
Ziel ツィール	行き先
Zigarette ツィガレッテ	たばこ
Zimmer ツィマー	部屋
Zimmernummer ツィマーヌマー	部屋番号
Zimmerpreis ツィマープライス	宿泊料
Zimmerservice ツィマーサービス	ルームサービス
Zoll ツォル	税関
Zollbefreiung ツォルベフライウング	免税
Zollerklärungsformular ツォルエアクレールングスフォルムラール	税関申告書
zollfreie Ware ツォルフライエ　ヴァーレ	免税品
Zoo ツォー	動物園
Zucker ツッカー	砂糖
Zug ツーク	列車
zurückgeben ツーリュックゲーベン	返品する
Zusatzbett ツーザッツベット	エキストラベッド
Zuschauer ツーシャウアー	観客
Zuschlag ツーシュラーク	別料金
Zweck ツヴェック	目的

ことりっぷ co-Trip 会話帖

ドイツ語

STAFF
●編集
ことりっぷ編集部
カルチャー・プロ
●執筆
ことりっぷ編集部
カルチャー・プロ
●ドイツ語監修
深見麻奈
●写真
ことりっぷ編集部
●表紙
GRiD
●フォーマットデザイン
GRiD
●キャラクターイラスト
坂崎千春
スズキトモコ
(シリーズキャラクター)
●本文イラスト
ずんだちるこ
●DTP制作
明昌堂
●校正
山下さをり
アークコミュニケーションズ

2024年3月1日 2版1刷発行

発行人　川村哲也
発行所　昭文社
本社：〒102-8238 東京都千代田区麹町3-1
☎0570-002060（ナビダイヤル）
IP電話などをご利用の場合は☎03-3556-8132
※平日9:00～17:00（年末年始、弊社休業日を除く）

ホームページ：https://www.mapple.co.jp/

ISBN978-4-398-21587-1
定価は表紙に表示してあります。